关键点位

交易中最重要的问题

凌 波 ◎ 著

中国宇航出版社

·北京·

版权所有　侵权必究

图书在版编目（CIP）数据

关键点位：交易中最重要的问题 / 凌波著. -- 北京：中国宇航出版社，2023.8
　　ISBN 978-7-5159-2266-9

Ⅰ．①关… Ⅱ．①凌… Ⅲ．①金融交易－研究 Ⅳ．①F830.9

中国国家版本馆CIP数据核字(2023)第134620号

策划编辑	卢　珊	封面设计	王晓武	
责任编辑	卢　珊	责任校对	吴媛媛	

出版发行	中国宇航出版社			
社　址	北京市阜成路8号		邮　编	100830
	（010）68768548			
网　址	www.caphbook.com			
经　销	新华书店			
发行部	（010）68767386		（010）68371900	
	（010）68767382		（010）88100613（传真）	
零售店	读者服务部			
	（010）68371105			
承　印	三河市君旺印务有限公司			
版　次	2023年8月第1版		2023年8月第1次印刷	
规　格	710×1000		开　本	1/16
印　张	15.5		字　数	230千字
书　号	ISBN 978-7-5159-2266-9			
定　价	59.00元			

本书如有印装质量问题，可与发行部联系调换

前　言

最近AIGC（AI generated content，人工智能生成内容）站上了风口，与人工智能相关的应用可以用"雨后春笋一般"来形容。人工智能概念股也应声上涨，交投日益活跃起来。但就在不久之前，元宇宙概念也曾经这样火爆过，而现在的元宇宙俨然已经成为"前浪"，开始被市场中的热钱抛弃。

其实，人工智能早在几年前就已经被应用到了市场交易当中，只是因为它不是以通用型AI的面貌出现，所以没有得到更多人的注意。领先的交易者已经在用AI来训练交易模型，改进自己交易模型的不足之处，寻找市场交易中的优势解法。不过，这种专业领域内的AI应用需要非常高昂的训练成本。

有人说，AI会颠覆很多行业，其中就包括交易领域。就目前情况来看，这种说法有些炒作成分在里面，有些言过其实了。AI也是一种为人所用的工具。从生成交易策略方面来看，在博弈的市场里，AI策略也会有它的对手盘AI策略，这可能会对微观波动产生影响，但很难改变长期趋势。从辅助交易方面来看，程序在运算和执行能力方面的优势早就体现了出来。量化交易者的难点不在于编写程序，而在于确立一个有优势的交易策略。

科技进步一直在对交易市场产生影响，从股票大作手杰西·利弗莫尔（Jesse Livermore）活跃的上世纪20年代就开始了。那时，交易者还只能通过电报传送的报价纸来分析价格走势，这是最早的盘口解读方式。上世纪 30 年代出现了道氏理论、波浪理论和量价理论；40 年代出现了经典技术分析理论；80 年代出现了诸如 MACD（moving average convergence divergence，异同移动平均线）、KDJ（随机指标）和 BOLL（布林线）之类的大量技术指标，这些指标得益于个人电脑的使用以及电脑软件和操作系统的发展，如今仍然被广泛使用。新世纪以来，在交易领域又先后兴起了量化交易和机器学习。

虽然市场交易工具一直在升级，但价格走势本身似乎并没有发生根本性的变化。从大量历史行情资料可以看出，一百多年以来，各种市场伴随着一轮又一轮的牛市与熊市循环，相似的价格图形始终在不断重演，价格背后那只"看不见的手"一直在发挥作用。

我们相信，价格趋势在以前存在，在当前存在，在未来也将存在。利弗莫尔和理查德·威科夫（Richard Wyckoff）用早期的盘口解读术和量价理论发现的趋势初期进场点，在未来将仍然有效。我们现在看到的新兴技术也只不过是科技发展历程中的一个节点，未来一定还会出现其他技术革新，这是一个永无止境的过程。但是，市场的波动特征和规律不会改变，交易工具背后的人性也从未改变。（炒作新科技本身也是市场规律的一部分，不是吗？）

本书包括适用于股票、基金、期货和外汇市场的 20 多个交易话题，涉及交易系统的四大部分——技术分析、风险控制、资金管理和交易心理。这其中贯穿着利弗莫尔的关键点位操作方法、威科夫的量价理论、艾略特（Ralph Nelson Elliott）的波浪理论，以及经典技术分析方法。我们还将和交易者一起重温一些经典价格形态和常用技术指标，当然，还会介绍一些新的技术方法，例如针对衍生价格形态的波段操作方法，以及一些好用的交易策略。

本书内容十分丰富，案例分析透彻，图表绘制清晰，涉及了一系列交易中经常遇到的重要问题。其中的一个话题可能涉及形态说明、指标运用、策略制定以及风险管理等多项内容，为了目录清晰起见，我们对其进行了简单的归类，实际上交易者可以按照自己感兴趣的顺序阅读本书。希望本书能够让你加深对交易细节的理解，掌握价格波动规律，对提升你的交易水平和交易业绩提供一些帮助。

从 2010 年开始，我陆续完成了 9 本交易类书籍，覆盖了 A 股市场在这期间的几乎所有主要行情阶段，书中包括大量的行情图表和经典案例，这些分析图可以说是一种很好的样本或者说"标本"。交易者在盘后时间不妨多做复盘，回顾并研究经典图形、经典策略，对提升看盘能力，确立完备的交易策略，都会有很大帮助。

在写作过程中，我收到了许多交易者朋友的意见和建议，这其中有不少真知灼见，在此也很感谢你们的反馈。本书难免存在不足之处，还请交易者朋友多多指正。与交易相关的问题和建议还请发邮件到邮箱 lingbostock@163.com，也可以关注我的微博（凌波的交易室，weibo.com/lingbostock），发私信或留言。作为一名实战交易者，我非常喜欢与各位交易者互相交流、共同进步！

目 录

第 1 章 形态对策 　　1
1.1 利用关键低点在日内做空 　　2
1.2 接"飞刀" 　　10
1.3 跳板形态 　　17
1.4 看跌跳板形态 　　27
1.5 利用技术分析应对高风险"庄股" 　　34
1.6 "涨不上去就下跌"形态 　　40

第 2 章 多空陷阱 　　57
2.1 多头陷阱——B 浪反弹 　　58
2.2 多头陷阱——高位背离 　　66
2.3 空头陷阱——2 浪调整 　　71
2.4 空头陷阱——低位背离 　　77

第 3 章 趋势交易法 　　85
3.1 关键点位的支撑与阻力 　　86
3.2 趋势线与通道线 　　94
3.3 通道线中的反转形态 　　99

第 4 章　指标运用　　　　　　　　　　　　　　　　　105
4.1　利用布林线识别与操作双顶、双底形态　　　106
4.2　黄金分割线与回撤交易法　　　　　　　　　119

第 5 章　交易策略　　　　　　　　　　　　　　　　　133
5.1　一个简单的均线趋势跟踪策略　　　　　　　134
5.2　一个短线均线交易策略　　　　　　　　　　146
5.3　横盘中的"买在支撑、卖到阻力"策略　　　157
5.4　利用波浪理论中的第 2 浪和第 3 浪制定进场策略　　166

第 6 章　资金管理　　　　　　　　　　　　　　　　　181
6.1　将止损线调整到保本线的误区　　　　　　　182
6.2　如何在低胜率时仍能实现盈利　　　　　　　188
6.3　账户资金充足的重要性　　　　　　　　　　193
6.4　如何避免常见的交易错误　　　　　　　　　197

第 7 章　交易心理　　　　　　　　　　　　　　　　　205
7.1　如何管理交易情绪——恐惧和焦虑　　　　　206
7.2　利用检查单来促进成功交易　　　　　　　　214
7.3　前景理论与交易心理　　　　　　　　　　　224
7.4　后悔理论、过度反应理论及过度自信理论　　228
7.5　成功交易者能够克服人性弱点　　　　　　　232

后记　　　　　　　　　　　　　　　　　　　　　　　236

第 1 章

形态对策

> 对投机游戏态度的改变，对我来说至关重要。它让我逐渐认识到，押注短期波动与预测无法避免的上涨或下跌，这是赌博与投机的本质区别。
>
> ——杰西·利弗莫尔（Jesse Livermore）

> 我经常告诉人们，在你真正进场之前，你需要做好两件事。首先，你要知道自己的止盈目标；其次，你要有自己的止损策略。只有在这之后，你才能准备进场。
>
> ——约翰·希尔（John R. Hill）

1.1 利用关键低点在日内做空

当价格向下跌破前一个交易日的低点时，可能出现好的做空机会。我们可以把市场成本看作一种符合重力物理定律的运动，无论是在哪个周期中，市场合力把价格推高到一定高度之后，价格就具有了一定势能，当价格滚落下来时，如果没有足够的买入力量承接筹码，价格就会砸穿最近的一个关键支撑位。本节将利用这个原理，在日内交易中寻找做空机会。

图1-1是螺纹钢主力连续合约在2022年2月14日—15日的1分钟K线图。图中不同的交易日以竖向虚线来划分。日内短线交易可以参考1分钟、5分钟和15分钟K线图，交易者应选择适合自己方法的周期，这就好像选择你的主场一样，熟悉的环境更有利于竞技水平的发挥。

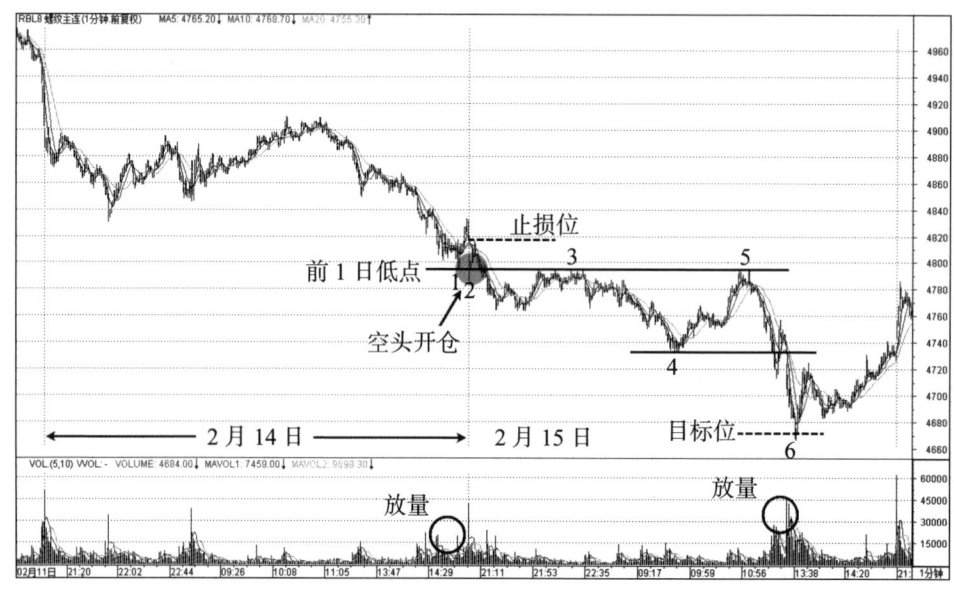

图1-1 螺纹钢主连（RB888）2022年2月14日—15日1分钟图

使用 1 分钟 K 线图的好处是能够看到更多细节，容易把开仓与平仓位置控制得更加精细。图中标出了一些关键 K 线，以下是对这些 K 线的说明。

（1）1 处为前一日低点 4795 点，沿着该点画出一条水平支撑线。

（2）2 处经过小幅反弹之后，2 月 15 日开盘向下跌破前一日低点，发出空头开仓信号。在开盘跳空缺口上方设置止损位。

（3）3 处前一日低点的支撑线变成了阻力线，价格反弹并回测阻力线。

（4）4 处为区间低点 4733 点。

（5）5 处再次回测阻力线，反弹幅度为 4795−4733=62 点。

（6）6 处测算下跌目标位为 4733−62=4671 点，当价格到达目标位时止盈离场。

在位置 5 处，价格再次回测阻力线，未能成功向上突破，然后回落到前期位置 4 的低点时，开始放出成交量，这时可以考虑减仓。在确定平仓信号时，成交量是一个容易识别出明显特征的指标。有经验的交易者在开仓之后会耐心等待产生倍量，然后再决定是否离场。与上涨波段类似，一个下跌波段的末端通常也会出现明显的放量现象。

再来看一个利用前一日低点做空的例子。图 1−2 是螺纹钢主力连续合约在 2022 年 4 月 7 日—8 日的 1 分钟 K 线图。图中标出了一些关键 K 线，以下是对这些 K 线的说明。

（1）1 处为前一日低点 5034 点，沿着该点画出一条水平支撑线。

（2）2 处为区间反弹高点 5102 点，反弹幅度为 5102−5034=68 点。

（3）3 处向下跌破前低并发出空头开仓信号。

（4）4 处以第一波反弹的高点设置止损位，向上突破时空头止损，这是一个较窄幅的止损。

（5）位置 5 向下跌破位置 3 的低点 5027 点，再次发出空头开仓信号，并以前一日低点设置止损位。

（6）6 处测算下跌目标位为 5034−68=4966 点，当价格到达止盈目标位时离场。

图 1-2　螺纹钢主连（RB888）2022 年 4 月 7 日—8 日 1 分钟图

需要注意的是，在创出有意义的新低过程中需要放量，最好是远高于平均水平的倍量，比如是平均水平的 2 倍或 3 倍以上。在测算目标位时，还可以以位置 3 的低点 5027 减去 68，这样得到的止盈位会比 4966 点低 7 个点，即 4959 点。本例的下跌目标位测算方法是常用方法之一，一个有一定规模的形态被突破时，后面的下跌幅度通常与该形态的高度相当。如果关键低点以上的形态高度为 H，那么下跌时的首个目标位就等于关键低点减去 H。另外，还可以利用下降趋势线来测算下跌目标位，在下降趋势中连接相邻两个波谷画出一条下降趋势线，价格经过反弹之后跌破前低，这波下跌最终可能落到这条下降趋势线上。

前期的低点被突破之后，支撑位就变成了阻力位。稳健的交易者可以等到完成对阻力位的回测之后再进场。这样虽然在不产生回测时可能会错过单边下跌行情，但这个开仓位置的可靠性更高。

图 1-3 是螺纹钢主力连续合约在 2022 年 4 月 7 日—11 日的 5 分钟 K 线图。由于使用了 5 分钟 K 线图，所以一个交易日内的 K 线数量只有 1 分钟 K 线图

的五分之一，也就是把 5 根 1 分钟 K 线合成了 1 根 5 分钟 K 线。图中前两个交易日的 5 分钟 K 线图与图 1-2 中的 1 分钟线 K 线图其实是同一段行情。

图 1-3　螺纹钢主连（RB888）4 月 7 日—11 日 5 分钟图

我们主要看图中后两个交易日的走势，图 1-3 中标出了一些关键 K 线，以下是对这些 K 线的说明。

（1）1 处为前一日低点 4954 点，沿着该点画出一条水平支撑线。

（2）2 处为区间反弹高点 5038 点，反弹幅度为 5038-4954=84 点。

（3）位置 3 向下跌破位置 1 的低点 4954 点，发出空头开仓信号，并设置止损位。

（4）4 处测算目标位为 4954-84=4870 点，当价格到达止盈目标位时离场。

这次的止盈目标位被多根 K 线的下影线触及，但没有继续下跌，说明这个目标位非常有效。为了更容易触发止盈，目标位不必设得太过极限，通常达到理想目标位的 80% 以后就可以开始止盈。

图 1-4 是螺纹钢主力连续合约在 2022 年 4 月 22 日—25 日的 5 分钟 K

线图。图中标出了一些关键 K 线,以下是对这些 K 线的说明。

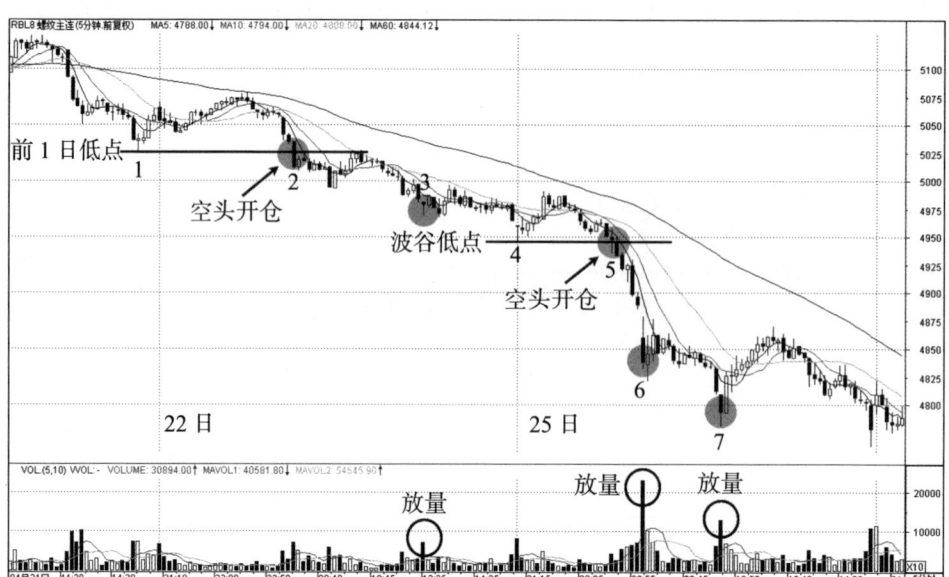

图 1-4 螺纹钢主连(RB888)4 月 22 日—25 日 5 分钟图

(1)1 处为前一日低点 5026 点,沿着该点画出一条水平支撑线。

(2)位置 2 向下跌破位置 1 的低点,发出空头开仓信号。

(3)位置 4 前一日低点是当日最后一根 K 线,还未形成波谷。次日开盘 K 线形成波谷低点 4945 点,沿着该点画出一条水平支撑线。

(4)位置 5 向下跌破位置 4 的低点,发出空头开仓信号。

(5)3、6、7 处明显放量,为止盈信号。

注意观察一下该合约在两次开仓位置后走势的不同点。第一次开仓后产生了一次回测阻力线的动作,而第二次开仓没有。这是突破关键点位之后的两种典型走势。在利用关键点位预测市场运动的时候,要时刻留意可能出现的危险信号。

22 日的第一次做空,从位置 2 到位置 3 是一次波段操作,虽然看上去幅度不大,实际上也有 50 点以上的盈利。这是视觉上的误差,因为 25 日的大幅下跌使得价格坐标被极大地压缩了。有些交易者可能不会注意到坐标这个细节,我们建议交易者使用可以手动调整纵坐标区间的行情软件来看盘。将纵坐标以当前价格为中间值固定在一定价格区间,这样做的好处是,你可以对行情的波动幅度形成一个可比较的、直观的认知。行情软件在默认状态下,一般是以当前窗口内行情的高低点来自动显示。如果遇到急速大跌行情,纵坐标会不断地被压缩,一根看上去与平时相差不大的K线,实际上真实波动的幅度可能是平时的数倍,这无疑会影响到操作。

为了了解前面几段日内行情在日线图上所处的位置,我们放大观察周期来看一下它们在日线图上的情况,如图1-5所示。图中用数字1~5标出的K线就是图1-1~图1-4中出现的跌破前日低点而产生开仓做空信号的日K线(2月15日、4月8日、4月11日、4月22日、4月25日)。交易者仔细观察这5根K线,它们的位置有什么共同特征?不难看出,它们都处在确认跌破10日均线的位置。在这个位置做空,通常有一定的概率优势。

图1-5 螺纹钢主连(RB888)日线图

细心的交易者可能会注意到同样符合以上条件的X位置(3月14日),当天出现了类似的开仓做空机会,但没有可交易的价格,因为当天产生了一个巨大的跳空缺口，直接向下跳过了前日低点。

10日线之上也有很多向下跌破前日低点的K线，但其中大部分会以阳线收盘，因此在10日线之上做空没有概率优势。我们应该始终坚持"看大做小"的顺势交易原则，在大周期上看空时，在小周期上做空，多周期共振，有助于提高成功率。

从整体上来看，图1-5中的这段行情处于上升趋势，60日均线的运行方向向上，开空K线处于从阶段顶部回落60日均线的过程中。由于本小节是在1分钟和5分钟K线图上寻求日内开空位置，这种日线上的回落足够我们完成日内波段操作。但如果在整体下降趋势中做空，即60日均线向下时，则能进一步增大优势。

在实际操作中还会遇到一些游走在标准形态边界的形态，合理地处理这些非标准形态，也是一种完备方法的必要部分。

如果前一日低点位于前一日的开盘时间附近，并且当时处在上涨过程中，那么真正有意义的低点还要向前追溯，可能在前两日的低点，如图1-6中左图所示。换句话说，处于上升浪半截处的当日低点没有多大意义。在左图中，位置2是前一个交易日的低点，但它并不是一个有意义的低点，它处在一个上涨浪的半截（过程中），所以不应在位置3处开仓做空，而应该以前面位置1处的波谷低点作为基准点，当价格向下跌破这一支撑位时，在位置4开仓做空。

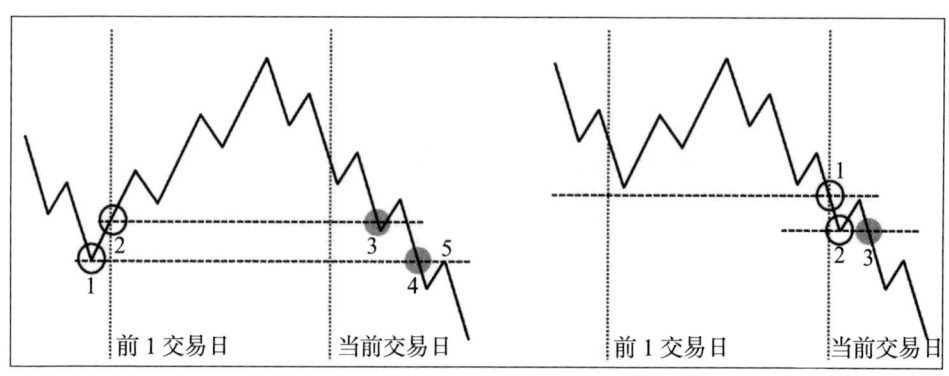

图1-6 浪型示意图

同理，如果前一日低点位于收盘时间附近，这时处在下跌过程中，通常也不会形成有意义的低点，如图1-6中右图所示。在右图中，位置1是前一个交易日的低点，这同样也不是一个有意义的低点，它处在一个下跌浪的半截，所以不应在当日开盘时马上开仓做空。我们应该以位置2处的波谷低点作为基准点，当价格向下跌破时，在位置3开仓做空。

因此，要想使用本小节所讲的方法，至少需要在前一个交易日产生一个创出日内低点的波谷并且明显放出成交量。

期货品种既能做多，也能做空，而且采用T+0交易规则，开仓的当日就可以平掉持仓，这种灵活的交易规则让很多短线交易者有了用武之地。但是由于使用资金杠杆，剧烈的波动很容易让人情绪失控，最终可能导致大亏。交易者应该重视风险，避免过度交易。

在双向交易市场，很多人喜欢在日内交易中做空，这样可以避免隔夜可能产生的巨大的空头风险。当价格跌破前一日低点时会产生大量的空头跟风盘，推动价格进一步下跌，同时这也是多头止损的位置，很多多头的止损单就埋在前一日低点之下。我们常说，价格容易向触发更多止损的价位行进。

交易者在熟悉本小节所讲的方法之后，还可以考虑将开仓位置适当前移或后移。前面讲的方法是在关键点位（前一日低点）上开仓，那么在达到关键点位之前的开仓就是前移，在达到关键点位之后的开仓就是后移。前移的好处是利润空间增大，但可靠性会降低；后移的好处是可靠性提高，但可能错失一部分机会或利润。

最后，我们再次强调合理止损的重要性。当价格反向运行超过一定幅度，或者持有时间超过一定期限之后，当初在技术上的开仓理由就会失去意义，这时最好暂时离场，将亏损控制在最低限度。看到危险信号时不要纠结，先暂时离场，如果后面恢复到安全状态时还可以再回来。这样做会省去很多麻烦，也会省很多钱。

后面还会讲到一种"跳板形态"，价格踩着一条支撑线反复上下振荡，跳板所指的就是这条支撑线，当价格运行到跳板末端位置，价格短暂向下跌破支撑线，然后快速反弹回到支撑线之上。这种形态的买点位于支撑线上方或者整个形态的高点上方。这是一种假突破形态，是本小节所讲方法的一种反系统形态。

1.2 接"飞刀"

市场出现自由落体运动的时候，很多人会按捺不住一颗想抄底的心。但是市场老手们应该听说过这样一句话，"永远不要接飞刀"。本小节将讨论接飞刀形态的操作方法，以及这种形态是否值得形成一种交易策略。

交易方法多种多样，正是由于交易周期和交易理念的多样化，才会有连续的市场价格，每个时刻都有人在市场中进出。市场中存在多种主动交易方式，例如适时调整投资组合的长线投资，围绕白马股的中线波段操作，针对活跃期货品种的日内交易，甚至Tick（在股票、期货、外汇等金融市场中，每个交易的价格和成交量都被认为是一个Tick）级别的量化交易。无论你采用哪种交易方式，你一定听说过一些有关技术分析的"清规戒律"："趋势是你的朋友""旧的支撑变成新的阻力""多头不死，空头不止"……

"永远不要接飞刀"，是指在市场呈自由落体状态时的抄底行为。这句话是在警告你，不要试图猜测市场底部，因为这种位置的风险很高，抄底的结果很可能是"杀敌一千，自损一千二"。你应该等到市场稳定并开始反弹之后再考虑进场做多。

在针对一种形态制定交易策略之前，首先要对它进行定义。"飞刀"形态是指价格从高位持续急剧下跌的形态，之所以称之为"飞刀"，是因为在这时买入无异于刀口舔血，有非常大的风险。试图"接飞刀"的交易者的目标是后面可能产生的急速反弹，他们认为价格严重偏离市场平均成本之后，应该会产生报复性反弹，这是有利可图的交易机会，如图1-7所示。

该形态可以发生在任何一种周期，通常是一定周期下的A浪或C浪下跌，交易者的目标是抓住 B 浪反弹，或者某个级别的反弹浪。当然，获利的前提是能够大致猜到"飞刀"下落的目标位，并在波谷左侧靠近底部的位置买入。假设一只股票从 20 元快速下跌到 10 元，下跌幅度为 50%，如果从 10 元开始反弹，最终上涨到 15 元，那么理论上的获利空间就是 50%。在实际操作中，我们经常可以见到急剧下跌之后快速产生 20%～30% 的反弹，这是短线抄底资金的一个合理目标利润。

"接飞刀"属于左侧交易行为，也就是在下降趋势中抢反弹。在"接飞刀"之前，首先需要明确以下几个问题。

（1）如何判断价格已经跌到位？指标的背离？价格向下突破布林线下轨？RSI（relative strength index，相对强弱指标）指标进入超卖区间？

（2）以盘中价格还是收盘价格买入？是否要等到出现阳线？

（3）使用账户资金比例？分几次进场？

（4）做对的情况下，目标盈利是多少？

（5）做错的情况下，如何设置止损？

下面来看一个"接飞刀"的案例，如图 1-7 所示。

图 1-7 格力电器（000651）日 K 线图

图 1-7 是格力电器的日 K 线图。该股前期处于整体上升趋势，经过几轮上涨，价格不断创出新高。直到图中用阴影标出的两个位置，价格从高位急剧下跌，仅用几根 K 线便跌去了前面主要拉升波段的涨幅。我们知道，"慢涨快跌"是价格波动的一种明显特征。

在位置 2 处，几个交易日就跌去了前面大概 30 个交易日的涨幅，这明显是一个"飞刀"形态。但是，这次下跌不好判断停止的位置，还没有到前期低点就开始快速反弹。如果观察 RSI 指标，这时应该处于超卖区间，出于稳健考虑，我们继续等待好的出手机会。

在位置 3 处，该股再次发生急剧下跌，又是短短几个交易日，这次几乎跌去了前面大概 100 个交易日的涨幅。我们沿着前期上涨的起点（位置 1）画出一条支撑线，当价格向下穿越这条支撑线的时候发出买入信号。MACD 指标的 DIF 线处于历史低位，这时抄底的成功率较大。更灵敏的 RSI 指标当然应该同时处于超卖区间。这次买入之后，该股连续反弹，涨幅达到 30% 左右，我们有足够的短线止盈空间。

短线交易由于买入或卖出的时间窗口本来就有限，所以只可以分 1~2 批进场，使用的资金比例不应太高，在左侧交易时不能使用重仓。止损可设置在支撑位下方一定距离。一旦确认跌破止损，应该无条件离场，要知道你是在逆势操作，后面可能有更大的下跌幅度。

有经验的交易者应该知道一些更可靠的抄底位置，例如在发生底背离之后的位置。我们再来看一个"接飞刀"的案例，如图 1-8 所示。

图 1-8 是晨鸣纸业的日 K 线图。该股前期发生了几波连续拉升，从成交量来看，可以看出明显放量的顶部特征。随后，该股在高位展开调整，最终形成一波连续下跌（第一个阴影标出的区间）。在位置 3 处，该股跌破前期低点，DIF 线处于低位，同时更灵敏的 RSI 指标处于 20 线以下的超卖区间，这是一个买入位置。但是价格并没有就此止跌，而是在更低一档展开调整。如果在位置 3 买入，则最终会被迫止损。被跌破的支撑线，在位置 4 已经成为了阻力线。

第 1 章 形态对策

图 1-8 晨鸣纸业（000488）日 K 线图

回测阻力线并且未能形成向上突破之后，该股开始第二波连续下跌（第二个阴影标出的区间）。在位置 5 处，该股跌到穿过前期低点（位置 1）画出的支撑线，这时产生了买入信号。价格虽然创出调整以来的新低，但 MACD 指标的 DIF 线却未同时创出新低，这样就形成底背离形态，预示着趋势很可能发生反转。RSI 指标处于超卖区间，表明价格已经跌过头。

这次买入之后，该股开始反弹并止步于阻力线附近（位置 6），反弹幅度达 30% 左右。从图中可以看到两根穿过阻力线的长上影线，这两个交易日均走出了阴线并放出较大成交量，说明阻力线的压制作用依然强大。

在选择支撑位时，前期明显放量或更大级别的低点（或高点）更有意义。注意，本小节中的案例仅作为讨论技术方法之用，并不建议在实战中采用抄底策略，没有较大的把握及配套的止损策略，不要轻易碰触这种高风险位置。

左侧交易者通常没有很高的止盈目标，他们经常在博得急速反弹之后逢高离场。但是，有时反弹也会最终形成反转，短线买入的筹码也有机会成为中长线持仓。下面再来看一个"接飞刀"的案例，如图1-9所示。

图1-9 神火股份（000933）日K线图

图1-9是神火股份的日K线图。A股市场很长时间以来一直存在对能源和稀缺资源的炒作，所谓的"煤飞色舞"行情一再上演。对于有故事、有题材的板块或个股，在技术上的低位买入，等到似曾相识的故事背景再次出现时，很可能引来资金的重新追捧，典型案例还有北方稀土。

图中标出了一些关键K线，以下是对它们的说明。

（1）1~3为关键点位，是前期主要低点或高点，均可画出支撑线。

（2）4处为下落的"飞刀"形态，前两根K线出现地量跌停，跌破位于最上方的支撑线时明显放量，风险很大，不宜买入。

（3）位置5跌破由位置3画出的支撑线，发出买入信号，随后该股继续探底，这次买入以止损告终。

（4）6处跌破前期上升浪的起点8.52元，发出买入信号。

（5）7处为本轮下跌的最低K线，最低点为8.32元，下跌幅度不足以触发止损。如果以收盘价进行止损的话，由于最低 K 线是阳线，更不会触及止损。

（6）8 处买入之后最终形成反转，上涨到 16 元以上，涨幅达 100%。

大幅拉升的同时伴随着明显放量，通常是顶部量价特征。疯狂的破位下跌必然会终结上升趋势，这时进场的心理预期只能是做反弹。我们经常说"下跌不言底"，你在大跌时一定有过这样一种感觉，价格一浪接着一浪地下跌，虽然行情软件不会发出声响，但似乎能够听到价格轰然下落的声音。市场跌到一定程度之后，短线多头会被市场教训得如同惊弓之鸟，即使敢进场，也是短线思维。这种思维让交易者很难捕捉到后面可能出现的反转趋势。你的目标是抢反弹，所以止盈目标位很可能集中落在下降通道的上轨附近。

缺口分为突破缺口、持续缺口和衰竭缺口，这些缺口可以从另一方面反映出市场的发展阶段。在"接飞刀"时，你一定不想在前两种缺口对应的位置买入，因为这时还存在尚未释放完全的下跌动量，还远远没到底部。"飞刀"下落到衰竭缺口对应的位置才是出手良机，否则你接住的很可能是下落的"刀刃"，而不是"刀柄"。标出买点的圆圈上方的缺口就是一个衰竭缺口，价格发生反弹的第一个目标位就是回补这个缺口。

稳健的交易者应该等到行情发生拐头时再动手，至少要等到连续下跌的势头有所减缓。从 MACD 指标来看，短线下跌势头减缓的信号是绿柱线向上抽脚，进一步好转的标志是 DIF 线向上穿越 DEA 线形成金叉（相当于出现 MACD 柱线）。图 1-9 中用圆圈标出了金叉的位置，这是一个更可靠的买点，它的价位与在位置 6 抄底买入时相当，这显然是风险回报比更合算的买点。值得一提的是，以顺势交易理念进场，为捕捉到大波段提供了更多的可能性。

最后再来看一个在期货品种上"接飞刀"的案例，如图 1-10 所示，是螺纹钢主力合约的 1 分钟 K 线图，同样标出了几根关键 K 线。

（1）1 关键点位，上涨波段的起点，可画出一条支撑线。

（2）2 关键点位，前一波下跌的低点，可画出一条支撑线，被跌破之后变为阻力线。

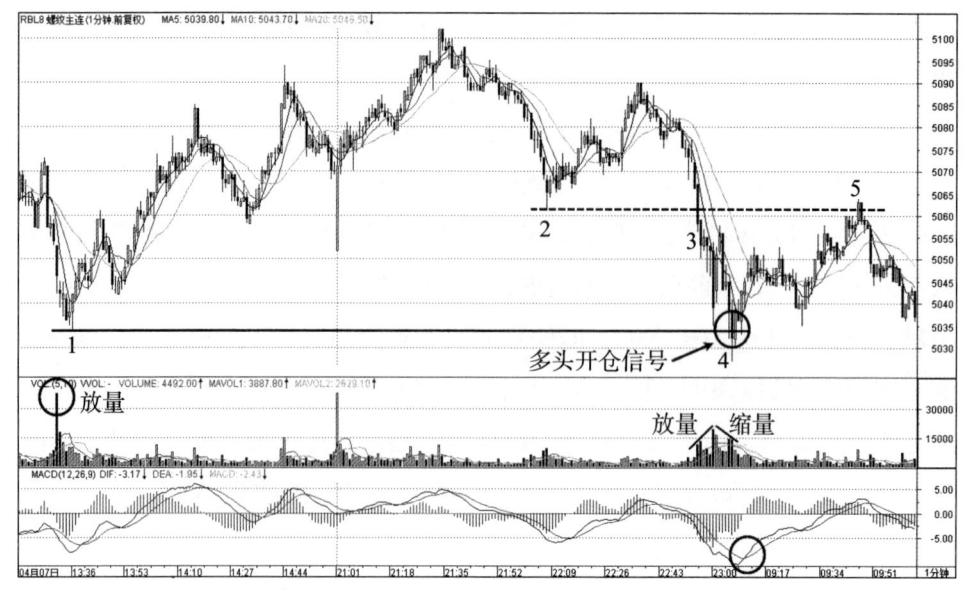

图 1-10　螺纹钢主连（RB888）1 分钟图

（3）3 处向下跌破前低，可能的多头开仓信号，会发生止损。

（4）4 处向下突破前期上涨波段的起点，产生多头开仓信号。

（5）5 处反弹到阻力线，然后开始回落，反弹幅度达 30 个点位左右。

从图 1-10 中可以看出，位置 1 处出现了倍量，明显放量的波谷容易形成更强力的支撑位。还有一点需要注意，前低往往是一些前期进场的多头设置止损的位置，所以在价格回落时很可能会小幅跌破前低，把这些止损盘"引诱"出来。如果很多人担心某个点位会被击穿，那么这个让人担心的结果往往会成为现实，市场一向如此。

在操作双向交易品种时，我们多了一种操作方向上的选择，可以在空头趋势中顺势做空，没必要一门心思地找机会做多。同一段行情，做多做空都有可能盈利，正如华尔街的一句名言所说，"多头赚钱，空头赚钱，猪头被宰。"在介绍如何利用前一日低点在日内做空时，我们在图中这个交易日有过做空盈利操作。

到此为止，我们已经完成了对"接飞刀"方法的讲解。如同操作所有其他形态一样，面对风险更高的"飞刀"形态，需要有更完备的操作策略。虽然急剧下跌之后的快速反弹很诱人，但你要提醒自己这是刀口舔血、火中取栗的行为。在达到相对安全的点位之前，会有一批又一批猜底的人被止损出局，你如何能保证自己属于最后那批捡到带血筹码的人呢？

要想乘上迎面急速行驶而来的火车，我们不应只是为了准确地抓住转折点而先行站上铁轨并猜测它会在撞到我们之前停下来；相反，我们应该站在一旁，等待火车掉头，然后再上车。

彼得·林奇（Peter Lynch）曾经提到过，"抄底买入，就像把鱼钩放到水底钓大鱼，是一种最流行的投资娱乐活动，但往往被钓住的并不是鱼，而是渔夫。抄底下跌的股票，就像'接飞刀'。通常来说，一个更稳妥的做法是，等刀子落到地上后，扎进地里，晃来晃去一阵后停止不动了，这时再抓起这把刀子也不迟。"

1.3 跳板形态

技术分析者不是在不断完善自己的"捡钱角落"，就是在寻找新的"捡钱角落"的路上。一些重复出现的价格形态是交易者研究的重点。市场有时好像会故意露出一些破绽，让交易者以为自己找到了只要走过去弯腰捡钱就可以的位置。可是，这些位置又不总是有效，甚至在以后你还会发现，他们还会故意诱骗你进场，然后快速反向，这时你会开始怀疑自己当初的眼光是否正确。

形态失效并不是你的错，因为市场本来就充满了不确定性，没有哪种方法可以达到100%的成功率。这样的结果可能是由于市场风格的转变造成的，市场有不对称的周期性，你把一段时间的行情分析透了之后，市场会因为观察者眼光的提升而发生变异。这也可能只是因为你对它的失败形态研究得不够深入，同一种形态本来就有朝着两个方向发展的可能性，只是其中一种的可能性偏大一点，而处理亏损单的能力始终是决定交易水平的一个非常重要的因素。

本小节介绍一种基于关键点的价格形态——跳板形态。

先来看一个跳板形态的示意图，如图 1-11 所示。该形态在各种周期的 K 线图上都可以看到，后文主要以日线图和周线图为例进行说明。

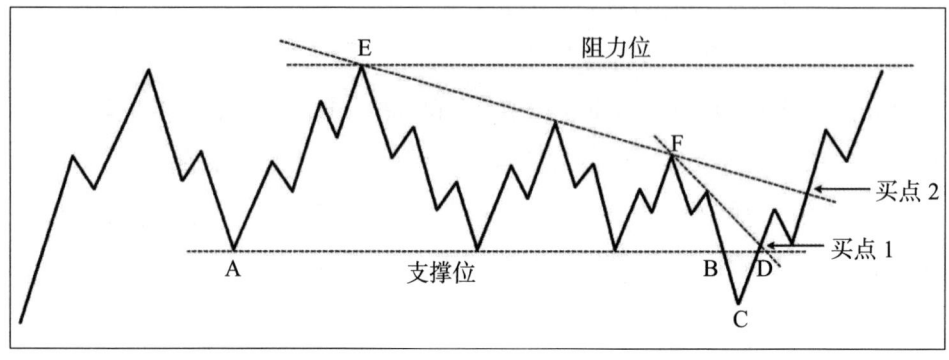

图 1-11　跳板形态示意图

很多人都看过跳水比赛，我们所说的跳板的形状就像 3 米板跳水项目中使用的跳水板，跳板呈接近水平的状态，它是该形态的关键支撑位。在此期间价格应该数次回测一条呈水平状态或接近水平状态的支撑线（A 到 B）。该形态的顶部应该形成几个波峰，它们的高度不一定相同。

我们可以将回测支撑线的几个波谷想象成跳水运动员在跳水之前的几次用力踩踏。价格运行到跳板右侧的时候，明显下落并跌破支撑线，就像运动员跃入水中。这个下落可能持续 1 根 K 线，也可能持续数根 K 线，表现出急跌特征，位于底部的 K 线最好走出反转形态（B 到 C）。

探底的波谷（C）完成之后，价格的反弹应该同样迅猛，很快回到跳板之上（C 到 D）。如果价格能回升到该形态价格区间的上方，价格很可能进一步拉升，产生大量的利润。

有时在价格由 F 到 C 的阶段会形成几个下降的波峰，连接它们的顶点可以画出一条下降趋势线（FD），当价格收盘在这条趋势线之上时，发出买入信号（买点1）。这是一个风险较大的进场位置，价格有可能不会站稳跳板（AB）水平之上。应该将止损位设置在跳板之下的一定距离。

在图1-11中，可以沿波峰E、F画出一条趋势线。当价格收盘在这条趋势线之上时，应该是一个买入信号（买点2），可以在收盘前15分钟买入或者次日开盘买入。这时股价已经走出下降通道，多头逐渐占据优势。当价格收盘在该形态的顶点（E）之上，确认阻力线变成支撑线时，仍是一个可靠的买点，可以在收盘前15分钟买入或者次日开盘买入。如果趋势线（EF）向下倾斜的角度不大，那么这个买点与买点2的价位相差不大。

从该形态的成交量特征来看，总体上呈缩量状态，价格波峰可能偶尔放量，但均量线不断降低。

该形态背后的原理是什么呢？多头和空头处在争夺主导权的过程中，没有哪一方占据绝对优势（AB）。突然，价格跌破支撑线，急速下跌触发不坚定的多头的止损盘，并诱空，空头的卖压压倒多头（BC）。令人意想不到的是，这是一次向下的假突破。多头在等待买便宜货的机会，其迅速推高价格，价格很快回到急跌前的水平（CD）。但是这时的多头不会给空头留下从容离场的机会，通常会走出逼空行情，让空头被迫以更高的价格止损。价格会反弹多高呢？如果前低被假突破，那么再回到前低之上，很可能会挑战该形态的高点（E）。

来看一个跳板形态的案例，如图1-12所示，是港股中国恒大从2017年8月到2021年8月的周线图。由于跳板形态的时间跨度较大，我们经常可以用周线图来进行分析。

首先按照图1-11中的步骤穿过一个关键低点画出一条水平状态的支撑线（A到B）。A点之后，该股在顶部形成了三个波峰，并且回测了两次支撑线。在测试前期关键低点的支撑作用时，价格有可能稍微刺透支撑线，也有可能还没到支撑线就开始反弹。这两次回踩支撑线的动作就像跳水运动员的两次踩踏板。价格运行到跳板右侧的时候，快速下跌并跌破支撑线，就像运动员跃入水中（B到C）。

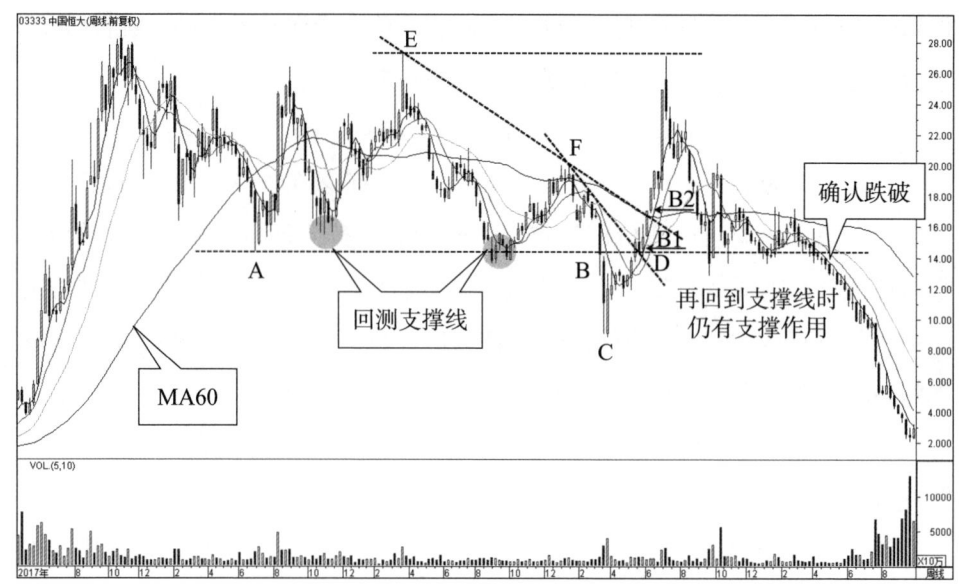

图 1-12　中国恒大（03333）周 K 线图

从 B 到 C 主要持续了两根周 K 线，并且 K 线的实体很长，前一根是长阴线，后一根是长阳线，走出了底部反攻形态。成交量放大说明有主力资金在捡便宜货。探底的波谷（C）完成之后，价格的反弹同样迅猛，很快回到跳板之上（C 到 D）。

该股从 F 到 C 的下跌阶段可以画出一条下降趋势线（FD），当价格收盘在这条趋势线之上时，发出买入信号（B1）。这是一个风险较大的进场位置，发生在 2020 年 5 月 29 日，买入价格为 14.609 元。同时，我们将止损设置在跳板之下一定距离，例如 AB 的价位（14.424 元）以下 5%，那么止损位为 13.703 元。

更大级别的两个波峰 E、F 呈下降状态，沿着它们的顶点可以画出一条下降趋势线。当价格收盘在这条线之上时，发出另一个买入信号（B2），发生在 2020 年 6 月 12 日，买入价格为 17.109 元。这时该股已经走出下降通道，多头开始占据优势，这是一个更可靠的买点。

两次买入之后，该股进一步快速拉升，挑战前期高点 27.331 元。虽然已经非常接近前高,似乎舌尖已经舔到了止盈目标位,但是最终还是未能触发止盈,最高到达27.109元,距离前高仅有一步之遥。没能在高位止盈也不要紧,切换到更小周期的日线图上,应该有机会在阶段头部止盈离场。从D点开始的这次波段操作有90%左右的盈利空间。

涨不上去就会下跌,当价格再次回落到跳板价位附近时,这个价位仍然具有支撑作用。该股在跳板上方振荡几次之后,最终还是跌破了这个支撑位。这样,这个价位就变成了一个强阻力位。由于当时新冠肺炎疫情持续以及地产行业基本面走弱等原因,该股此后一路下跌,到2022年跌到了2元以下。

再来看一个发生在A股的跳板形态的案例,如图1-13所示,是苏泊尔从2021年8月到2023年3月的日线图。可以看出,由于跳板形态的波浪数量较多,所以时间跨度较大。

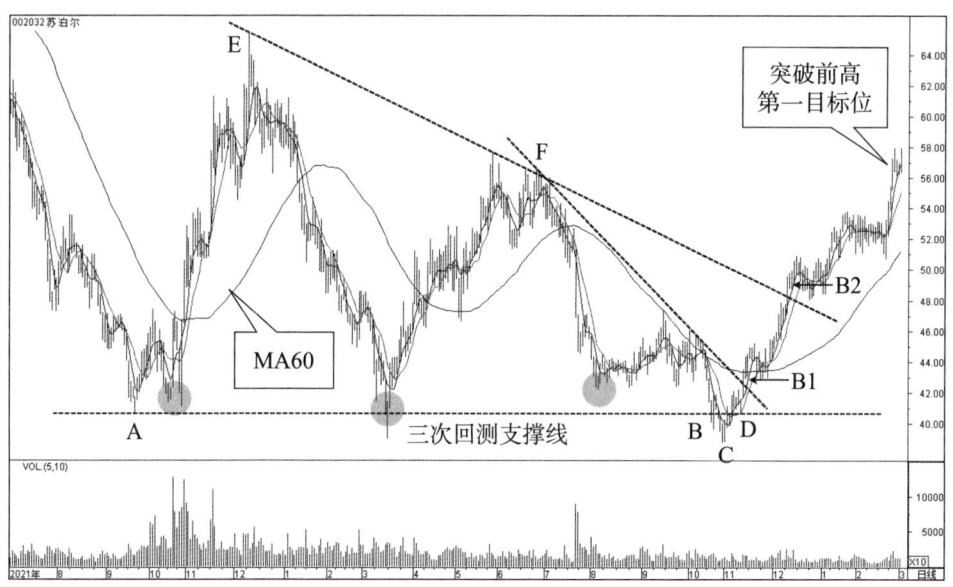

图1-13　苏泊尔(002032)日K线图

首先穿过一个关键低点画出一条水平状态的支撑线(AB)。该股产生了三次回测支撑线的动作,直到B位置的右侧,该股确认跌破支撑线,稍微向下露头,但很快又回到支撑线上方。这次破位仅持续了数根K线,这有可能是上涨之前主力挖的最后一个坑。

由 F 到 C 的下跌阶段可以画出一条下降趋势线（FD），当价格收盘在这条趋势线之上时，发出买入信号（B1），发生在 2022 年 11 月 14 日，买入价格为 43.92 元。从买点与跳板的距离来看，可以直接将止损设置在跳板价位 40.67 元。

连接两个波峰 E、F 的顶点可以画出一条下降趋势线。当价格收盘在这条线之上时，发出另一个买入信号（B2）。发生在 2022 年 12 月 12 日，买入价格为 49.04 元，这是一个更可靠的买点。

两次买入之后，该股仍在上涨之中，并且突破前高 F 价位，到达第一止盈目标位。这里距离第一个买点已经有了 30% 以上的盈利，距离第二个买点有了 20% 以上的盈利，20%～30% 的幅度符合一年的平均盈利目标。

再来看一个发生在 ETF 基金的跳板形态的案例，如图 1-14 所示，是酒 ETF 从 2021 年 1 月到 2023 年 3 月的日线图。我们几乎可以按照与前一个案例完全相同的模式画出跳板形态的关键点、趋势线和买点。交易者可

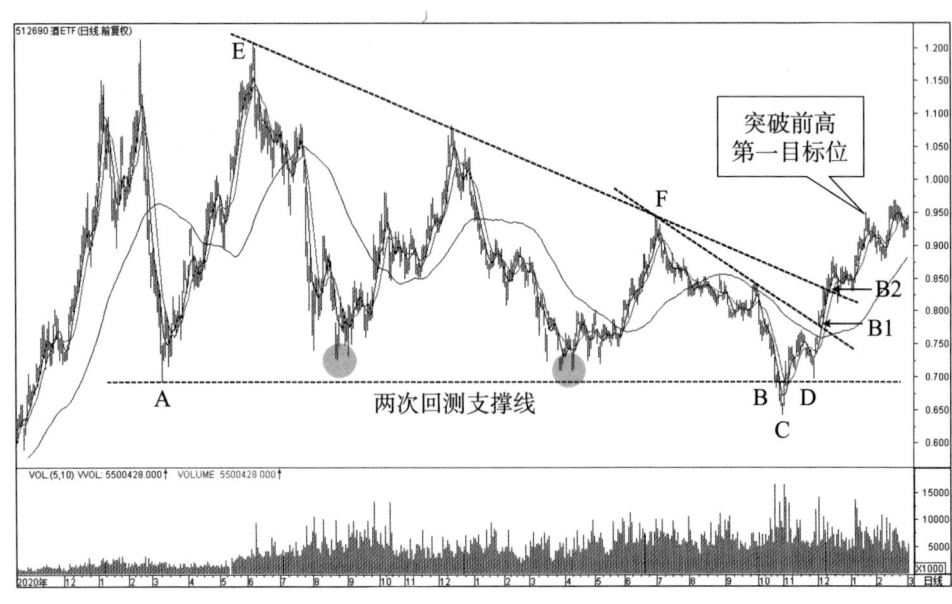

图 1-14　酒 ETF（512690）日线图

以仔细对比两幅图，先试着自己思考一下这个形态的意义。

关键点位在心理上具有重要意义，当市场中的大部分交易者都担心一个点位会被击穿的时候，市场往往会帮交易者实现这个预期，这种现象可以说是市场的自证预言效应。从所谓庄家，即主力资金的角度来看，在关键点位附近一定积累了大量的止损盘，主力资金会利用这类位置来清洗不坚定的筹码，这不仅可以减小拉升时的卖压，而且可以在低位吸纳更多筹码。

交易者也可以利用这一点，从对手盘的角度去思考。既然市场是反人性的，那么你在常规买点买入后经常被迫止损的位置，也可能成为你的进场位置。需要注意的是，不能想当然地定义这类位置，它们必须符合价格波动规律，处于顺大势、逆小势的位置，这样在你的进场位置背后才会有概率支撑。

再来看一个不规则跳板形态的案例，如图 1-15 所示，是索菲亚从 2021 年 8 月到 2023 年 3 月的日线图。我们经常会遇到标准形态的某种变形，可以看出，由于形态头部 E 位置的波峰过高，而 F 位置的波峰过低，因此连接

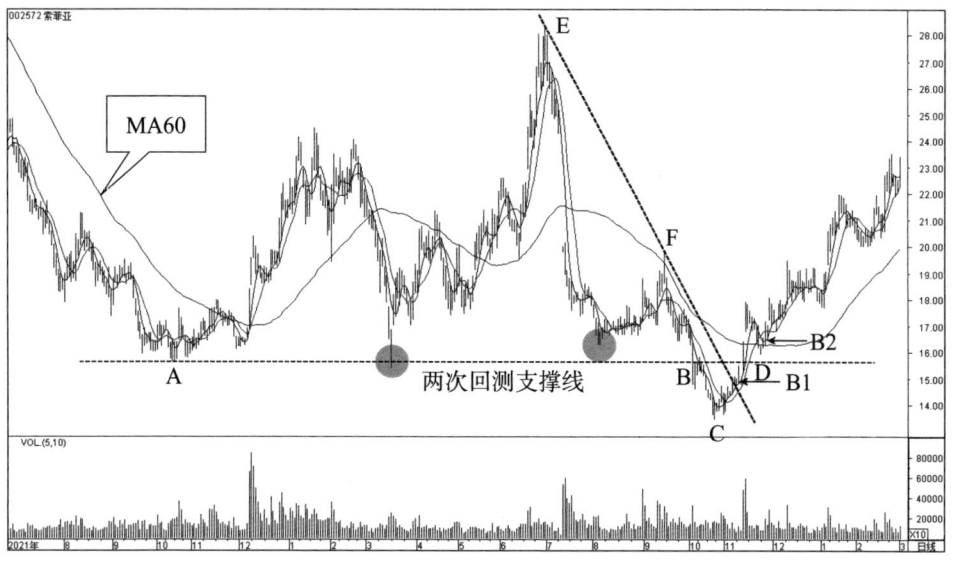

图 1-15　索菲亚（002572）日 K 线图

这两个波峰的趋势线的角度十分陡峭。这就导致价格收盘在该趋势线上的买点还没进入跳板的价格水平上方。这是风险更大的买点，比一般情况下在跳板之上产生的买入信号 B1 更不可靠。

更稳健的买点出现在跳板上方，当价格完成对支撑线的回测之后，发出买入信号（B2）。发生在 2022 年 11 月 25 日，买入价格为 16.38 元，同时将止损设置在跳板价位 15.65 元。这里买入之后，该股逐波拉升，上涨幅度超过 40%。

再来看一个跳板形态之后发生大幅上涨的案例，如图 1-16、图 1-17 所示。图 1-17 是以岭药业从 2022 年 4 月到 12 月的日线图。我们可以按照前面的方法画出跳板形态的关键点、趋势线和买点。由于后面涨幅较大，所以使得前面的图形看上去压缩在了一起，实际上该股的跳板形态有一定的高度，如图 1-16 所示，这是由价格坐标产生的视觉偏差。

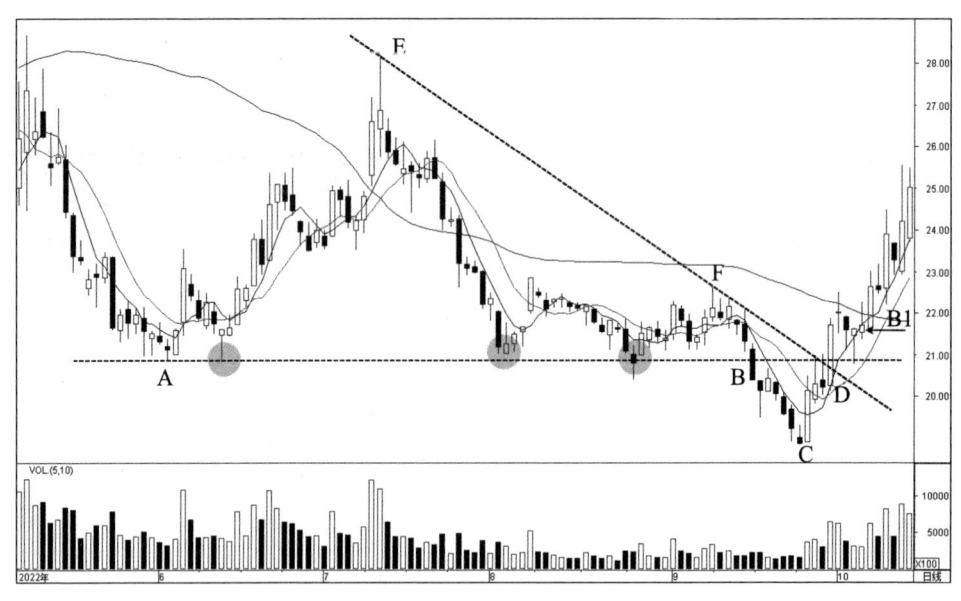

图 1-16　以岭药业（002603）日 K 线图 1

连接该形态两个波峰 E、F 画出一条下降趋势线，这条趋势线位于跳板价格之下，但突破趋势线的长阳线同时突破了跳板价位。我们以该股回测支

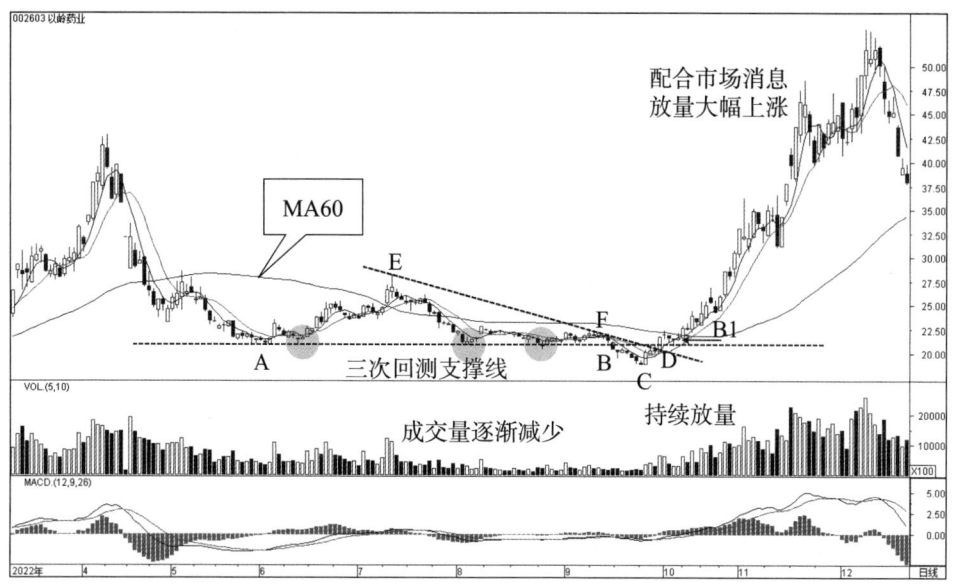

图 1-17　以岭药业（002603）日 K 线图 2

撑线之后的次日开盘价买入，发生在 2022 年 10 月 13 日，买入价格为 21.52 元。同时将止损设置在跳板价位 20.87 元或以下一定距离。买入之后，医药板块受市场消息影响开始拉升，该公司生产治疗新冠的药品，股价持续放量上涨，本轮上涨幅度超过 140%。

最后来看一个失败的跳板形态的案例，如图 1-18 所示，是白云机场从 2020 年 4 月到 2021 年 8 月的日线图。按照前面介绍的方法，可以画出一条水平状态的支撑线（AB），连接跳板形态头部的两个波峰可以画出一条下降趋势线（EF）。该股运行到跳板的右侧时短暂跌破支撑线，并且放出巨大成交量，说明有主力资金在捡便宜货。价格很快回到了跳板之上，由 B、C、D 形成的波谷两侧各有一个缺口，看上去似乎有底部岛形反转的可能。

在该股站上由 F 到 C 的下降趋势线的位置，产生了一个买入信号（B1），发生在 2021 年 2 月 19 日，买入价格为 12.93 元，同时以支撑线 12.08 元设置止损。买入之后，该股经过短期调整，上涨到下降趋势线（EF）附近。由于波峰 E、F 的高度相差不大，所以这条下降趋势线向下倾斜的角度不大，

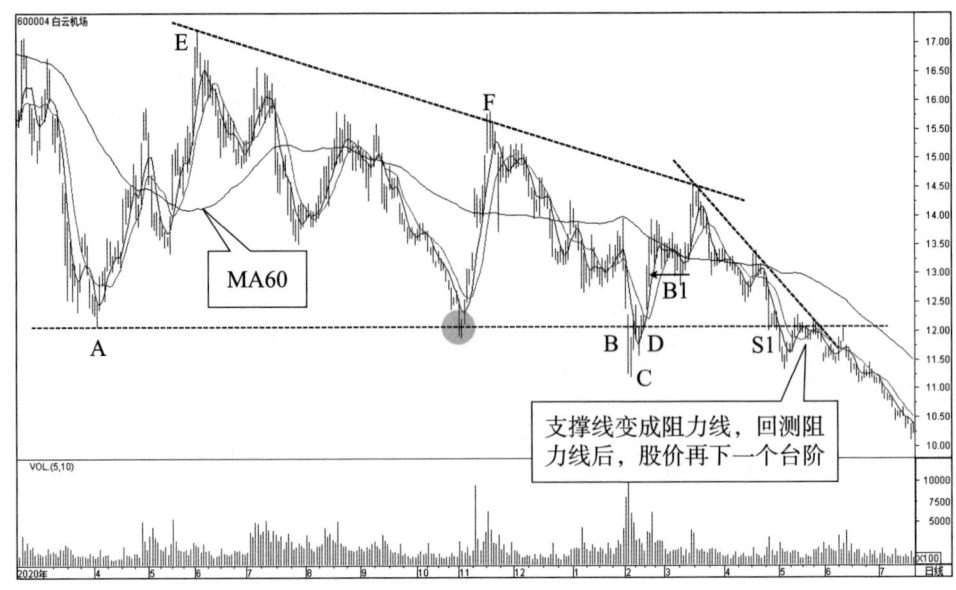

图 1-18　白云机场（600004）日 K 线图

这样就没能在由 D 点开始的上涨初期产生买入信号，而且它最终成为了这波上涨的阻力线。

到阻力线时，这次买入的浮动盈利在 10% 左右，不足以达到止盈幅度。我们为了这个买点等待了 200 多根 K 线，所以预期的涨幅不止 10%。该股未能向上突破阻力线之后，开始掉头向下并回落到支撑线附近。这是值得交易者警觉的信号，因为成功的跳板形态通常不会给之前丢弃筹码的不坚定的多头以再次进场的机会。"投机之王"利弗莫尔描述过相似的经历，"从市场本身来看，似乎一切都充满了希望，然而就在此时此刻，微妙的内心世界已经闪起危险的信号，只有通过对市场长期研究和在市场上长期的摸爬滚打，才能慢慢培养出这种特殊的敏感。"

还有一点值得交易者注意，如果在买入之后价格形成了一小波上涨，但未能达到预期涨幅，当价格回落到买入价格（或以下）时，这与买入时已经相隔了一定数量的 K 线，这波下跌是新的一波下跌浪，并不属于买入时的那波上涨浪的次级调整。最终，该股在 2021 年 4 月 27 日收盘在支撑线以下，我们以收盘价 12.07 元止损（S1）。这时，这条之前的强力支撑线已经变成阻力线。随后该股产生一波反弹，回测阻力线，然后折返回下降趋势，股价再下一个台阶。

运用跳板形态需要注意以下几点。

（1）谨慎参与低价股，尤其是 2 元以下有 ST 风险的股票，这类股票容易出现两种极端情况，要么不太活跃，要么急涨急跌，并且有退市风险。

（2）在历史高位的三重顶有时会出现跳板形态，这时风险较大，应该谨慎参与。高位的跳板价格水平一旦被跌破，则很难再回到跳板（颈线）之上并触发买点。

（3）低位关键点是一个被夯实的支撑线，但一旦跌破并且无法重新站上支撑线，则价格很可能再下一个台阶，强支撑位会转变成强阻力位。

（4）通过过滤条件选好关键低点的情况下，在既定买点之后有 50%～60% 的概率能突破跳板形态的最近一个高点。

（5）如果跳板形态发生在主要上升趋势，那么其成功率会高于主要下降趋势。

（6）跳板形态的高度越高越好，价格波动越流畅越好。跳板形态的宽度通常在 200 根 K 线左右。

（7）"黄金坑"是股评用语，当然不是所有破位下跌都会成为所谓的黄金坑。

（8）如果在关键点与破位点之间没有回测，并且跨度较大，在顶部积累了大量套牢筹码，那么很可能形成持续破位态势，这种情况就像一座头重脚轻的大山一样摇摇欲坠。

1.4　看跌跳板形态

技术分析中有很多底部与顶部相对应的形态，例如蜡烛图中的看涨吞没形态与看跌吞没形态、刺透形态与乌云盖顶、红三兵与三只乌鸦等，例如价格形态中的头肩底与头肩顶、W 底与 M 头、三重底与三重顶等。前面讲的跳板形态是一种看涨形态,那么是否存在与之对应的看跌形态呢?当然存在,只不过看跌跳板形态需要反复出现几个高度相当的波峰,这在股市中并不十分常见。股价在冲顶时往往表现出波动速度快、波动幅度大的特征,所以很少反复确认一个高位的关键阻力位。从市场博弈的角度来看,庄家(主力资金)也不会给散户好几次在高位从容离场的机会。

本小节简要介绍与跳板形态相对应的顶部形态——看跌跳板形态,如图 1-19 所示。下面将以股票的日线图和期货品种的 1 分钟图为例进行说明。

在看跌跳板形态示意图中,呈接近水平状态的跳板位于该形态的顶部位置,它是该形态的一个关键阻力位。在此期间价格应该数次回测阻力线(A 到 B)。该形态的底部应该形成几个波谷,它们的低点不一定相同。

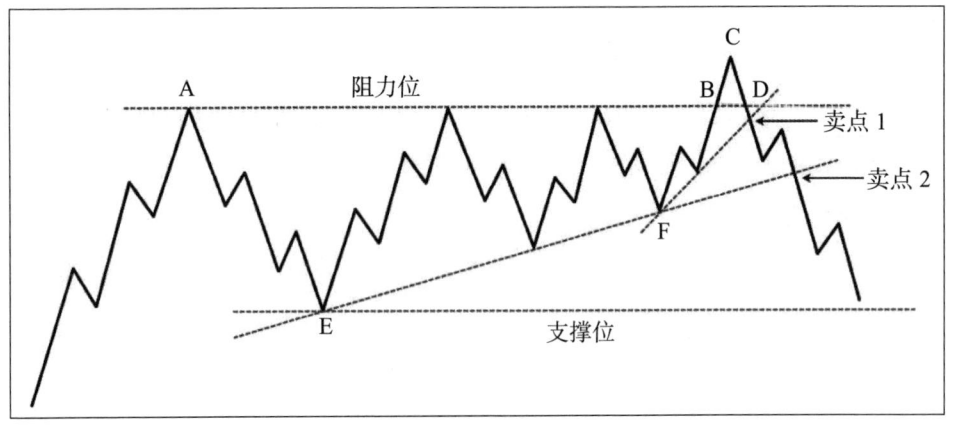

图 1-19 看跌跳板形态示意图

这里我们可以将回测阻力线的几个波峰想象成游戏"超级马里奥"中的马里奥在蹦跳着顶蘑菇的动作。当价格运行到跳板右侧时,价格明显上升并突破阻力线,就像马里奥跳起来吃到了跳板上移动过来的蘑菇。这次突破可能持续 1 根 K 线,也可能持续数根 K 线,表现出急涨特征,位于顶部的 K 线最好走出反转形态并且明显放量(B 到 C)。

冲顶的波峰(C)完成之后,价格的回落应该同样迅速,很快回到跳板之下（C 到 D）。如果价格回落到该形态价格区间的下方，很可能进一步下挫，在双向交易品种中会产生大量的做空利润。

有时在价格由 F 到 C 的阶段会形成几个上升的波谷，连接它们的低点可以画出一条上升趋势线（FD），当价格收盘在这条趋势线之下时，发出开空信号或卖出信号（卖点 1）。这是一个风险较大的空头进场位置，价格有可能不会维持在跳板（AB）水平之下，应该将止损设置在跳板之上一定距离。

在图 1-19 中，可以沿着波谷 E、F 画出一条趋势线。当价格收盘在这条线之下时，应该是一个开空信号或卖出信号（卖点 2），可以在收盘前 15 分钟卖出或者次日开盘卖出。这时已经走出上升通道，空头逐渐占据优势。当价格收盘在该形态的低点（E）之下，确认支撑线变阻力线时，仍是一个可靠的卖点，可以在收盘前 15 分钟卖出或者次日开盘卖出。如果趋势线（EF）向上倾斜的角度不大，那么这个卖点与卖点 2 的价位相差不大。

该形态背后的原理是，多头和空头处在争夺主导权的过程中，没有哪一方占据绝对优势（AB）。突然，价格突破阻力线，急速上涨，触发不坚定的空头的止损盘，并诱多，多头的买压暂时压倒空头（BC）。令人意想不到的是，这是一次向上的假突破，空头在伺机反攻。空头迅速反扑，价格很快回到急涨前的水平（CD）。但是，这时的空头不会给多头留下高位止损的机会，通常会走出轧多行情，让多头被迫在更低的价位止损。价格回落的目标位在哪里呢？如果突破前高被证明是一次假突破，那么再回到前高之下，很可能会挑战该形态的低点（E）。

下面来看一个看跌跳板形态发生在个股中的案例，如图 1-20 所示，是深南电路从 2020 年 1 月到 11 月的日线图。

我们以 A 位置的 K 线实体上沿为基准，可以画出一条水平状态的阻力线（AB）。A 点之后，该股对阻力线进行了两次回测，并且在该形态底部形成了两个波谷。在测试前期关键高点的阻力作用时，价格有可能稍微刺透阻力线，也有可能还没到阻力线就开始回落。价格运行到跳板右侧的时候，价格快速上涨并突破阻力线。

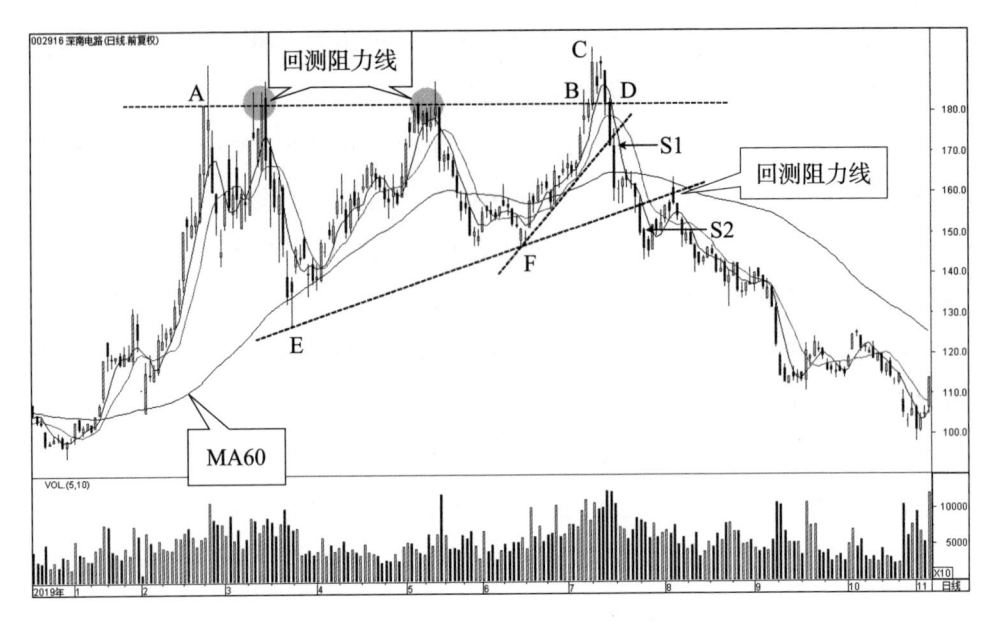

图 1-20 深南电路（002916）日 K 线图

从 B 到 C 主要持续了 1 根长阳线，这波冲顶达到了阶段新高，同时也创出了历史新高，成交量明显放大。冲顶的波峰（C）完成之后，价格的回落同样迅猛，很快回到跳板之下（C 到 D）。回到阻力位之下的两根长阴线明显放量，甚至超过了前面拉升时的阳线，说明空头力量已经开始占据优势，顶部的套牢盘将成为很强的压力。

该股由 F 到 C 的上涨阶段可以画出一条上升趋势线，当价格收盘在这条趋势线之下时，发出卖出信号（S1），发生在 2020 年 7 月 16 日，卖出价格为 171.44 元。如果在这里可以开空单的话，应将止损设置在跳板价位（181.85 元）或之上一定距离。

更大级别的两个波谷 E、F 呈上升状态，沿着它们的低点可以画出一条上升趋势线。当价格收盘在这条趋势线之下时，发出另一个卖出信号（S2），发生在 2020 年 7 月 27 日，卖出价格为 150.65 元。这时该股已经走出上升通道，空头开始占据优势，这是一个更可靠的卖点。

第二个卖点之后，该股发生了一次小幅反弹，回测上升趋势线，这时它已经变成了阻力线。这是多头最后的出逃机会。回测阻力线失败之后，该股形成连续单边下跌走势，并最终跌破了跳板形态的低点（E）。

从做多的角度来看，卖点 S1 的位置更高，能保护更多头部利润，卖点 S2 的位置显得稍低一些，但也能让手里的多单躲过后面的大幅下跌。从做空的角度来看，S1 是一个激进的做空位置，S2 是一个稳健的做空位置，而 S2 后面回测阻力线时也是一个不错的做空位置（前面提到过这里是多头最后的出逃机会）。从 D 点开始到 E 点下方结束的这次空头波段操作有 30% 左右的做空盈利空间。

下面来看一个在双向交易的期货合约上发生的看跌跳板形态的案例，如图 1-21 所示，是螺纹钢期货合约在 2022 年 10 月 10 日的 1 分钟图。（注：螺纹钢合约的报价单位为元／吨，最小变动价位为 1 元／吨。下文为了易读、方便起见，省略了价格单位，直接以价格点数进行说明。）

可以看出，看跌跳板形态的宽度与之前讲到的跳板形态类似，属于包含 K 线数量较多的形态，图中形态的 K 线周期数为 170 个。

我们仍然首先穿过一个关键高点（3885）画出一条水平状态的阻力线（AB）。该合约产生了四次回测阻力线的动作，直到 B 位置的右侧，该合约确认向上突破阻力线，稍微向上露头，但很快又回到阻力线下方。这次突破仅持续了两根 K 线，有可能是主力资金利用开盘时间做出的一次假突破。回到阻力线以下之后，价格以奔袭之势快速向下跌破趋势线 EF，并且同时向下跌破了该形态的低点 E（3868）。由于波谷 E、F 的价位相差不大，所以没有形成一条陡峭的上升趋势线，从而没能在更高的位置产生做空信号。

当价格向下跌破水平支撑线时，发出开空信号，发生在 2022 年 10 月 10 日 21：09，开空价格为 3868，这是一个可靠的做空位置。我们可以将止损设置在支撑线上方 5～10 点。

穿越 E 点画出的支撑线被跌破之后，它就变成了后面的阻力线。价格在向下跌破一段距离之后开始回测阻力线，一共有四次回到阻力线附近，其中有一次正好在阻力线上停止反弹。这一方面说明了阻力线的作用，另一方面如果价格不能成功突破这个阻力线,则很可能再下一个台阶。

在日内交易中考虑止盈目标时,要考虑这次交易承担的风险,也就是止损数字。通常止盈只要达到止损的两倍以上就可以长期盈利,例如图 1-21 的止损是 5~10 个点,那么止盈幅度达到 10~20 个点就算完成了基本目标。

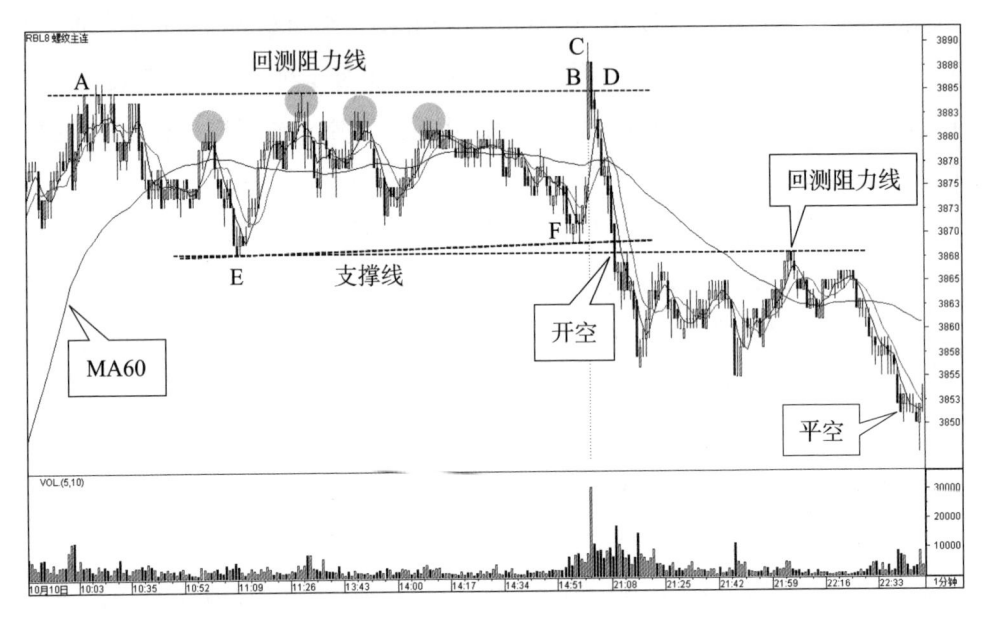

图 1-21 螺纹主连(RB888)2022 年 10 月 10 日 1 分钟图

从技术分析的角度来看,这个看跌跳板形态的高度为 17 个点(3885-3868),那么在猜测下跌目标位时就应该以该形态的低点减去其高度,最终得到一个目标位为 3851(3868-17)。该合约在 10 月 10 日 22:40 到达止盈目标位,我们平掉空单。这样就完成了一次看跌跳板形态的短线做空操作。

再来看一个发生在螺纹钢期货合约的看跌跳板形态的案例,如图 1-22 所示,是 2022 年 9 月 6 日到 7 日的 1 分钟 K 线图。我们仍然可以按照前面的方法画出看空跳板形态的关键点、阻力线、趋势线和支撑线。

这次看空跳板形态持续了 400 多根 K 线,这期间多次回测该形态顶部的阻力线。价格运行到跳板右侧的 B 位置时,该合约放量突破阻力线,并且向上持续运行了一段时间。很多新手交易者见到这种直线拉升状态很容易受到市场做多气氛的影响，生怕错过机会而追高进场，但是成熟的日内交易者应该已经戒掉了这种随意出手的不良交易习惯。

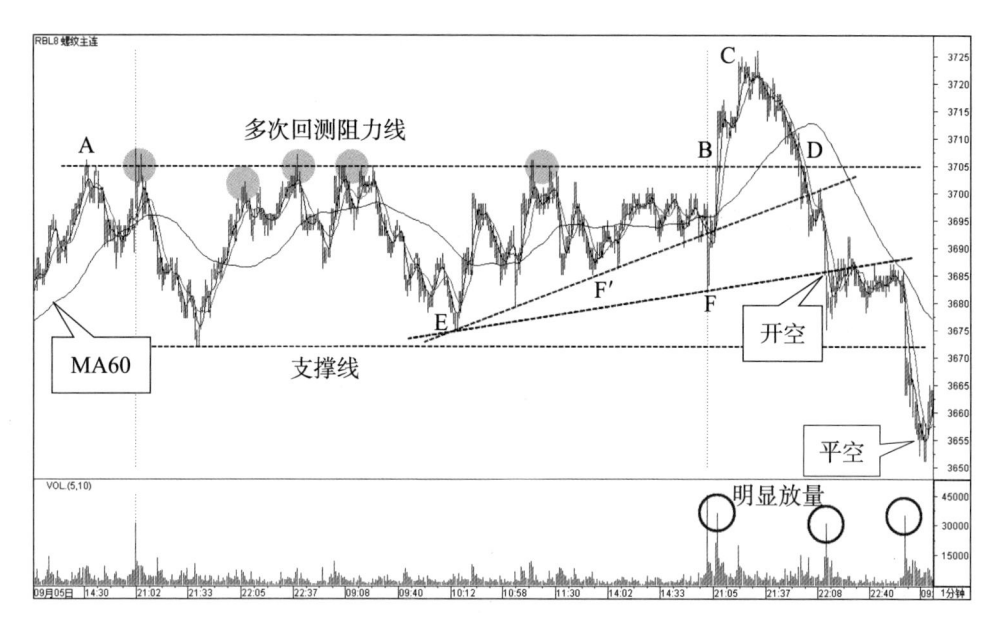

图1-22　螺纹主连（RB888）2022年9月6日—7日1分钟图

快速完成冲顶之后，该合约如自由落体一般回落到跳板价格水平之下。连接波谷E、F可以画出一条上升趋势线，当价格收盘在这条趋势线以下时产生做空信号，发生在2022年9月6日22：12，价格为3685。空单进场之后，价格在趋势线下方持续调整了40根K线左右。随后，该合约再次出现自由落体运动，向下突破该形态的最低点。我们最终在9月7日9：10以3655止盈平仓，盈利达30点。盈利幅度与看空跳板形态的高度相当。

无论做空还是做多，在开仓之后，有时会马上乘上单边趋势，但更多的时候要经受短期回撤的考验，有时甚至要被迫止损。经受短期回撤是正常现象，说明你看对了方向，但没能在更小级别上的趋势初期进场。

在绘制上升趋势线时，如果不以开盘瞬间下跌形成的波谷低点F为基准点，而是以盘中的波谷低点F'为基准点，就能穿越更多的波谷低点。这是一条更合理的趋势线，由此得到的开空价格将更靠上一些，也会更有优势。

还有一点值得说明的是，证明关键点位的一个重要线索就是看价格在突破这个价位的时候是否明显放量。在成交量窗口标出的三次明显放量位置分别对应着向上突破阻力线、向下跌破上升趋势线以及支撑线。由此可见，这三个位置是多空双方争夺激烈的关键点位。

1.5　利用技术分析应对高风险"庄股"

天下熙熙，皆为利来；天下攘攘，皆为利往。

市场中有一些投资者热衷于参与所谓的"庄股"，认为有庄家存在的股票会有大行情，如果能识别出来这种股票，自己应该能从中分得一杯羹。当梦想照进现实，你会发现庄家不会为散户抬轿，真正抬轿子的人正是散户自己。传奇基金经理约翰·邓普顿（John Templeton）说过一句名言，"小道消息听起来好像能赚快钱，但要知道'世上没有免费的午餐'。"

什么是庄股？跟庄操作的盈利概率有多大？能否顺利下车？这些是我们要关注的问题。

庄股从图形上来看，一般会有很长的 K 线，有长实体，也有长影线，这种图形对散户来说具有很强的诱惑力，因为大波动意味着潜在的高收益。庄家是市场中有实力的资金，也就是常说的一只股票中的主力资金，大多也是聪明的资金。这样来看，可以说几乎所有股票里面都有庄家，他们之间的区别只在于控盘水平。其中有很多基金建仓的优质蓝筹股无疑是更好的一类，下面要讨论的个别小盘股是风险更高的一类，更容易集中筹码，并形成强有力的控盘局面，但这对散户来说并非是好事。

少数小盘股成为庄家肆意绞杀散户的利器。由于没有神仙打架，这类股票在上涨的时候对手盘的抛压相对较小，但出货同样也会成为一个难题。所有前期的炒作都是为了后期的拉高出货，所以这类股票需要"接盘侠"。一些所谓的"杀猪盘"会在快速拉升时通过各种手段吸引散户进场，接踵而至的可能是令散户感到绝望的闷杀，这个"养套杀"的周期很短。另外还有一种情况就是，散户不够，庄来凑。一些不太聪明的大资金也会被套，有股评称之为"黑吃黑"。

这类股票的高风险正是源自于高控盘造成的流动性不足，当庄家在拉升阶段派发大部分筹码之后，或者说成功完成筹码换手之后，很难再找到对手盘。这就产生了图1-23中的接近无量的一字跌停，让散户措手不及，无法出逃，只能被迫忍受下跌。经受3个一字跌停，参与者至少要损失30%。在该股四次顶部急速下跌的过程中，在前期高位进场的套牢盘，在后面很难有出逃机会。这是由市场成本博弈决定的，庄家通常不会去花大力气解放前期关键高点附近的筹码。

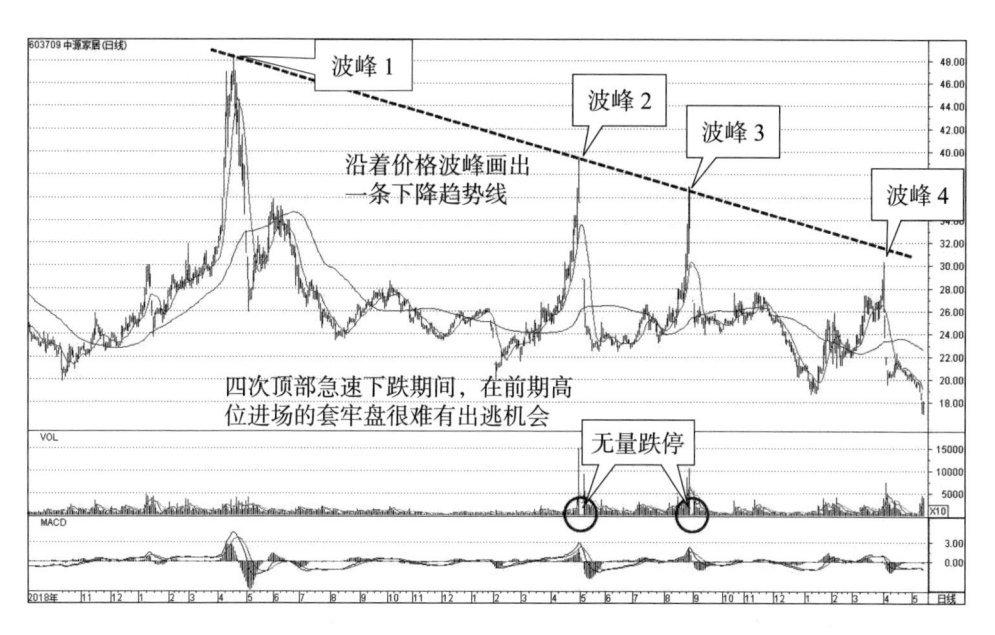

图1-23 中源家居（603709）日K线图的下降趋势线

如果是价值投资者，坚持买进并持有的策略，显然不适合操作这类股票。价值投资者适合操作那些在长期内不断创出新高的股票。在整体处于下降趋势时，价值投资者越在阶段低位补仓，就会被套牢越多的资金。在这类股票面前，所有基本面分析都是徒劳，因为利好消息可能正是为了配合派发。

对于技术分析者来说，很容易识别这类股票，从图形上看，明显可以看出连续的长阳线，顶部的量价特征非常明显。一些不讲武德的庄家会在图形上画出很多带有毛刺的K线，有着很长的影线，这也能反映出股价波动快速，成交稀少。

面对这类股票，最好的策略就是不看、不参与，想在它们身上盈利，无异于与虎谋皮。散户在这类股票上完全处于被动地位。新手投资者最欠缺的一个方面就是出场技术和策略。如果一只股票最终的结局已经写好了，就是要无量跌停，那么你最好有一个高抛的定量卖出策略，在闷杀之前率先离场。这说起来容易，做起来很难，在面对连续涨停的诱惑时，很难及时下车。

一个经验就是，从行情启动的位置开始算起，连续三个涨停幅度之后，这波上涨已经进入高风险区间，你最好严格执行离场策略。遇到快速大幅下跌时，由于均线指标的滞后性，几乎任何这类指标线的死叉都不能让你及时离场。我们需要以价格的偏离程度来制定高抛条件，比如价格偏离均线的程度或者价格向上偏离布林线上轨的程度。技术分析者从"量价时空"方面能够更好地判断行情的相对低位和高位，坚持明确、量化的交易条件，即使是面对高风险的庄股，也有机会顺利下车。为了能够看清更多涨跌细节，我们将图1-23中的行情按照几个波峰分别放大，显示在了图1-24至图1-26中，并且标出了5轮上涨与下跌行情的K线周期个数以及涨跌幅度。

◎ 时间

从图1-24至图1-26的分析来看，上涨周期集中在50～60个交易日左右。上涨周期之初进场的风险较低，末期进场的风险较高，这是交易常识。在一次波段行情中，投资者的进场筹码应该集中在前1/4～1/3阶段，也就是从底部开始算起的10～20个交易日。单从时间周期上来看，如果已经错过了初始阶段，进场时要注意控制仓位，甚至可以直接放弃这次机会。

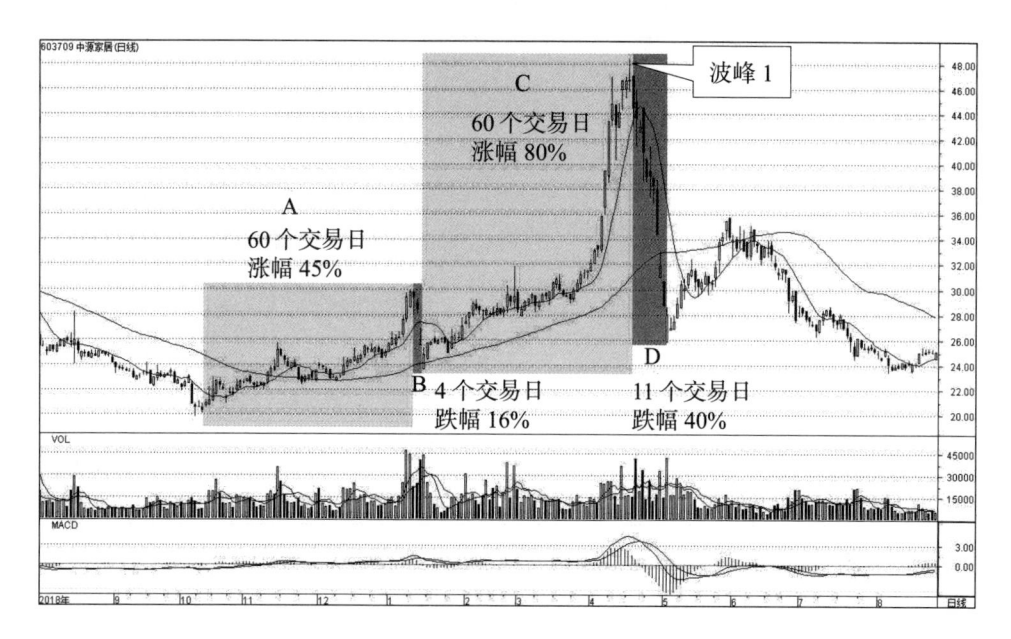

图 1-24 中源家居（603709）日线图波峰 1

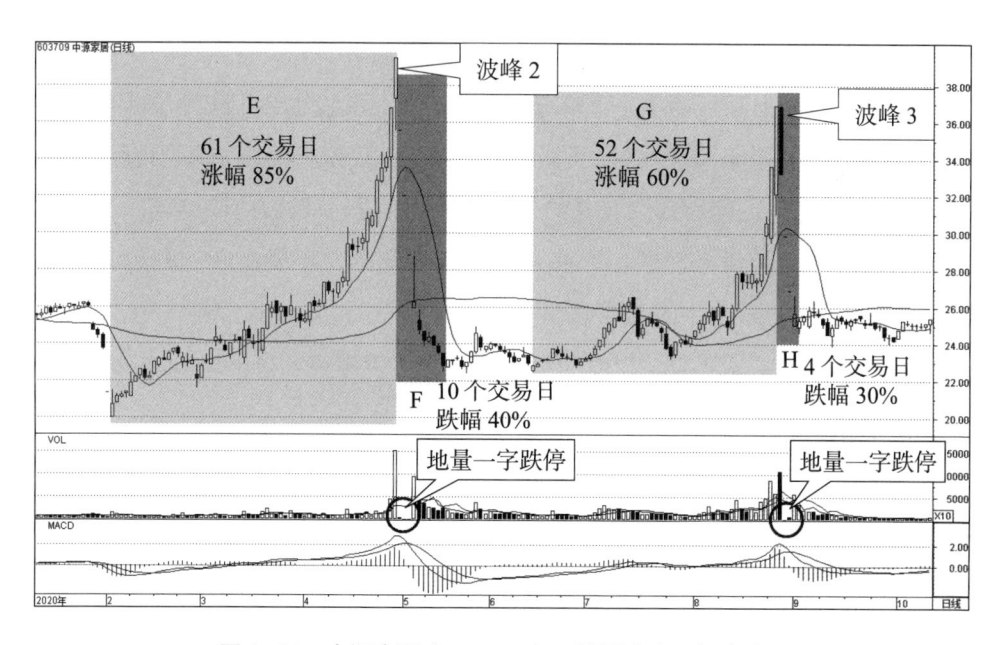

图 1-25 中源家居（603709）日线图波峰 2 与波峰 3

图 1-26　中源家居（603709）日线图波峰 4

◎ 空间

在一波连续上涨行情中，随着涨幅不断升高，风险也会相应地不断加大。价格停留在高位是小概率事件，你不应该期望一只投机氛围浓厚的股票在涨幅 50% 以上的位置停留太久，并给你足够的时间思考是否应该离场。当股票出现顶部特征、波涛汹涌时，要注意及早止盈离场，不要贪恋上升趋势末端的诱多行情。《狂飙》中的高启强有一句简单霸气的话，"风浪越大鱼越贵"。在做股时，我们要多从风险角度而不是利益角度来看待市场的剧烈波动。

◎ 价格

我们可以把均线看作市场的平均成本，比如 20 日均线和 60 日均线可以近似地看作中期和长期成本线。均线对价格具有吸引作用，当价格严重偏离时，向均值回归的概率加大。有多种定量方法可以确定这种偏离程度，比如利用 BOLL、KDJ、ATR（average true range，均幅指标）指标，当价格突破 BOLL 上轨时，当 J 线三次以上进入超买区间时，当价格向上偏离均线的距离是 ATR 的一定倍数时（可以根据个股的历史波动性找到合适的参数）。另外还可以利用 K 线形态判断卖点，比如图 1-26 中 J 位置顶部发生的看跌吞没形态，这是一个可靠的顶部形态。

◎ **成交量**

成交量是判断行情发展阶段最明显的标志之一。天量天价是明显的顶部信号。当一只股票的成交量达到历史较高水平，说明它的价格已经接近顶部。换手率达到 20% 以上时，说明量能已经超出一般水平。图 1-25 中，该股在两个顶部 K 线的换手率达到 70% 和 50%，这是很少见的，甚至是罕见的。

现在来看，跟庄可能是一种稍显陈旧的投资理念。一些进行市值管理的股票会出现脉冲式的尖顶，暴涨暴跌的走势对于散户来说具有很大风险。它们通常是总市值在 50 亿元以下的小盘股，流通股本在 5 亿股以下，有的不到 1 亿股。此外，还有个别 ST 股也会出现这种局面。投资者需要警惕"杀猪盘"卷土重来。

不明真相的新手投资者很容易受到一些所谓股评专家、"财经大 V"的蛊惑，贸然买进隐藏着巨大风险的"消息股"。你爱怎么拜神都可以，但偶像都是泥塑的。我们经常说，在市场中不会有人白白送钱给你。在成熟的投资者看来，这类股票明显带有"请君入瓮"的意味。

投资者应该树立正确的投资观，不要把做股理念局限在那些容易被控盘的个别小市值股票上。市场中还有更多更优质的股票可供选择，这些股票由足够多的参与者共同决定了其发展趋势，因为有着众多的机构和散户投资者，所以很少会出现流动性枯竭的局面。

最后再次提醒投资者，多关注流动性良好、图形流畅的优质蓝筹股（众多绩优基金建仓的好股票，是由众多专业基金经理为你挑选出来的好股票），这类股票通常有足够的离场时间和空间。从整体趋势上来看，如果一只股票每隔一两年就会创出历史新高，那么你在做波段差价时也能多出几分底气，因为从技术分析上来看，顺势操作存在概率优势。

1.6　"涨不上去就下跌"形态

一鼓作气，再而衰，三而竭。市场价格上攻如同士兵作战一样，如果价格一而再、再而三地冲击一个关键点位，但总是无功而返，那么价格很可能选择向相反的方向运行，因为价格会沿着阻力最小的方向发展。在进入市场交易之前，最重要的是确定最小阻力线是否和你的交易方向一致。

"涨不上去就下跌""盘久必跌"，这是我们经常听到的两句股市俗语，这种情况的确会经常出现。在上涨中，再三攻击同一点位，这会让你联想到哪种形态？当然是二重顶。不过本小节不拘泥于这一种形态，我们将尝试从市场多空博弈的角度来理解价格波动，并且主要以寻找卖空点来说明这一形态。

A股市场由于只能做多，所以自然会偏向于看多、做多，但是在期货市场中，双向交易让交易者多了一种方向上的选择。在形成顶部之后，交易者可以寻找机会做空，不必勉强做多或者长时间空仓。不管在哪种市场，多空思维都是十分必要的，因为在任何时间框架下，单边行情都不是常态。大单边行情无疑会给你留下深刻印象，但市场在更多时间里处于振荡之中。

◎是"牛回头"吗？

对行情波段的划分，这是很多新手交易者会遇到的一大难题。给你一张行情图表，上面的K线看上去纷繁复杂，很难理清头绪，但其实你可以对这些K线进行划分，就像庖丁解牛一样游刃有余地拆解行情。

很多股评用语都或多或少地模糊了一些概念，尤其是在当前自媒体盛行的时代，吸引流量似乎成了首要任务，夸大其辞、张冠李戴的"标题党"比比皆是。比如，有人看到回调，不管当前所处位置，也不说明操作周期，就直接说这是"牛回头"。虽然说千金难买牛回头，但这在技术上是指上涨中继，如果已经形成了明显的顶部特征，或者已经处于下降趋势，那就不是牛回头了，而是石牛沉海。

从市场博弈角度来看，属于牛回头的上涨中继往往是急促而短暂的，在时间和空间上都不会持续太长，为什么呢？因为市场不会给多数人深思熟虑后的上车机会，当然，也不会给你很便宜的价格。如果价格太低，回撤太多，那么主力再想把价格拉回去将不得不耗费更多的成本，而且到达高位后会产生更大的卖压。

本小节介绍的顶部形态发生在上升趋势末端，通过量价形态、指标形态和 K 线形态可以大概率地判断出阶段顶部。另外一个判断当前属于上涨中继还是顶部的方法，就是看看本轮上涨过程中在前面是否已经发生过至少两次上涨中继形态，如果已经出现了通常所说的"一波三折"走势，那么很可能处在顶部。

◎ **技术上的确认信号**

借助指标很容易区分任一周期的牛市和熊市，本小节继续利用 60 日移动平均线和 MACD 指标来说明牛熊转换。当 MA60 由向上移动转为连续向下移动时，确认形成下降趋势，进入做空时间窗口。此后，当价格维持在 MA60 线之下，MA5 与 MA10 形成死叉，或者 MACD 指标的 DIF 线与 DEA 线形成死叉（MACD 绿柱线）时，确认产生做空信号。

◎ **"涨不上去就下跌"的 6 种形态**

涨不上去就下跌类似于三重顶形态，在实际操作中可能会遇到不止三个波峰的情况。从经验来看，符合以下特征的形态最为常见并且最有可能发生反转。

（1）经过长期上涨形成第一个波峰时伴随着明显放量；

（2）形成两个明显的回调低点；

（3）随后的两波上涨形成两个高点，接近或稍微高于第一个波峰。

根据这些特征可以画出以下 6 种形态示意图，如图 1-27 所示。

图 1-27 6 种顶部形态示意图

可以看出，第一个波峰的高点是关键点位，根据后面两个波峰的高点相对第一个高点的位置，可以划分成 6 种形态。第 3 种和第 4 种形态的第二个波峰最高，都属于头肩顶形态。

从日常交易中的观察来看，第 5 种形态可能是更经常出现的一种形态，它的后两个波峰形态类似于波浪理论中的 B 浪反弹，但这里的反弹创出了新高。在上证指数创出著名的历史大顶 6124 点之后，深证市场的很多个股都走出了这种顶部形态，如图 1-28 所示的万科 A。现在的很多股民可能没有经历过 6124 点之前的那种史诗级别的牛市，希望在不远的将来我们能再次迎来这样级别的牛市。

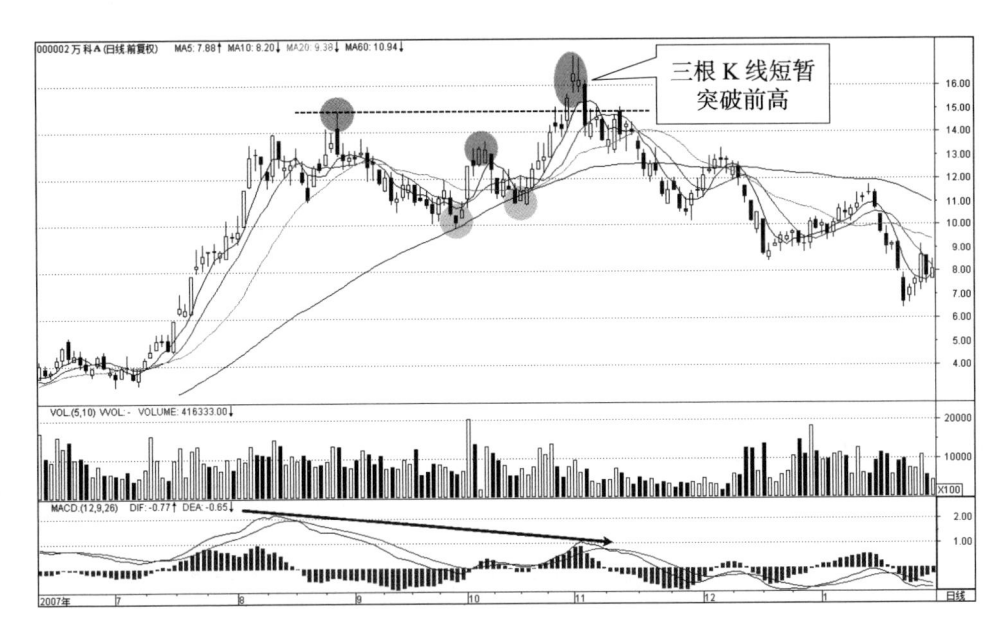

图 1-28 万科 A（000002）日 K 线图

图 1-28 是万科 A2007 年 7 月到 2008 年 1 月的日 K 线图。该股经过一波流畅的单边上涨之后创出了一个高点，沿着这个高点可以画出一条水平阻力线。随后产生了两个逐渐抬高的波谷低点，以及一个接近前高的高点和一个短暂突破前高的高点。该股虽然向上突破了阻力线，但并未维持多久就又回到阻力线之下，涨不上去的结果很可能是下跌。后面的走势也印证了这个逻辑。

熟悉波浪理论的交易者可能会注意到，我们在前面把这次形成突破的上升浪称为 B 浪反弹，而按照波浪理论，B 浪反弹在原则上不会高于 5 浪顶点。那为什么还叫 B 浪呢？这是因为上证指数和深证综指在同期都没有创出新高，符合 B 浪反弹的原则，而同期的许多个股由于比较活跃，创出了新高。为了便于说明和记忆，我们把在指数 B 浪同期发生的个股上涨以及后面类似的图形都称为 B 浪。

在交易期货品种时经常使用更短周期的 K 线图，比如 1 分钟、5 分钟、15 分钟、30 分钟 K 线，这样可以看到价格波动的更多细节。我们可以画出一个包括更多细节的浪形示意图，如图 1-29 所示。

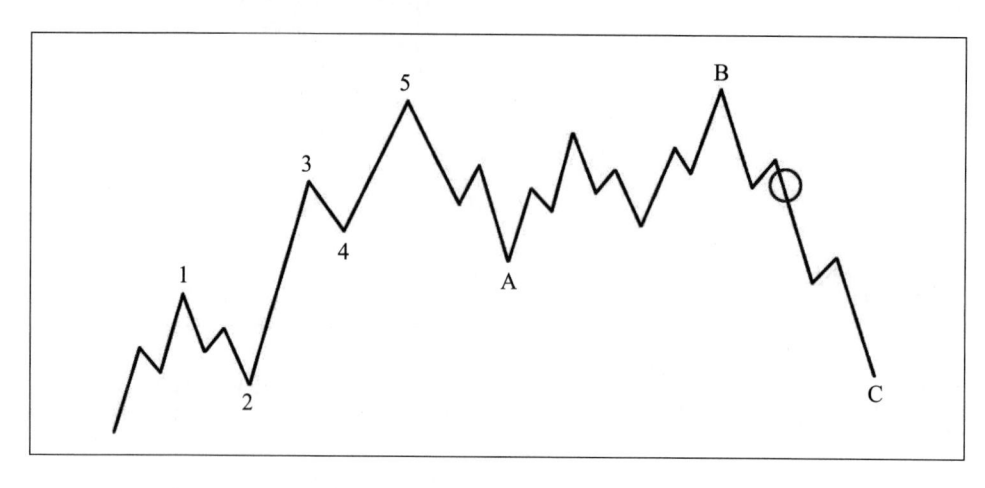

图 1-29　根据波浪理论画出的"涨不上去就下跌"浪形示意图

图 1-29 显示的仍然是第 5 种走势。如果你是一个波段交易者，你会选择在哪些位置做多或做空呢？

显然，第 3 和第 5 上升浪的初始位置适合做多，甚至在 B 浪反弹期间都有短线做多机会，而图中用圆圈标出的位置就是后面将要详细介绍的做空位置。

注意，我们只是人为地"抽象"出了 6 种"标准"形态，实际的价格走势当然不会只有这几种，也不是所有顶部的小波段都这样"有序"，有时杂乱无序的顶部振荡同样会产生"涨不上去就下跌"这一结果。

◎ **交易案例**

在期货市场中，我们可以利用这种逻辑来做空。下面主要讲解在 1 分钟线上的日内短线做空方法。

图 1-30 是期货品种螺纹钢合约的 1 分钟 K 线图。可以看出，该合约放量产生第一个波峰之后，又先后两次试图突破前高，第一次无功而返，形成一个更高的波谷，第二次短暂突破前高，仅有几根 K 线的收盘价在前高之上。不过价格很快又回到前高之下运行，这时的前高已经成了一个强劲的阻力位，

后面大概率难以再形成向上突破，向下发展的可能性更大。这属于图 1-27 中的第 5 种走势。

图 1-30 中标出的第一个向下箭头的位置，MA60 均线开始拐头向下运行，确认形成下降趋势。等到 MA5 与 MA10 均线形成首个死叉时，产生卖空信号，开空单的价格为 3777（2022 年 9 月 15 日 10：05）。

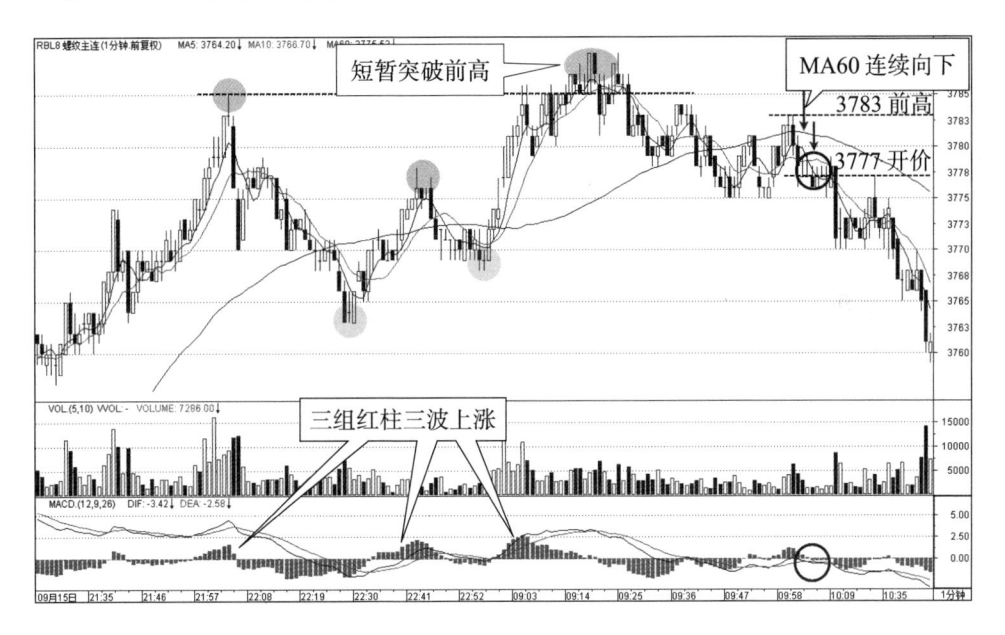

图 1-30　螺纹主连（RB888）1 分钟图顶部形态

从 MACD 指标来看，形成顶部区域的三波上涨对应三组红柱线。当 MA5 与 MA10 均线形成死叉并产生卖空点时，DIF 线与 DEA 线在 0 轴之下形成死叉（圆圈标出的位置），两种指标相互验证这个位置适合做空。

开仓之后，我们以前期高点 3783 设置止损，这样，这次日内短线交易的 1R 就是 6（3783-3777）。两个前期主要低点都可以作为止盈目标位（3768、3763），如图 1-31 所示。在本例中，我们以破位后的首个金叉为平仓信号（2022 年 9 月 15 日 11：10），平空价格为 3756，一共获利 21 点，盈亏比超过 3：1（21：6）。在日内短线交易中，通常胜率要超过 50%，这样只要盈亏比超过 1：1，就大概率可以长期盈利。

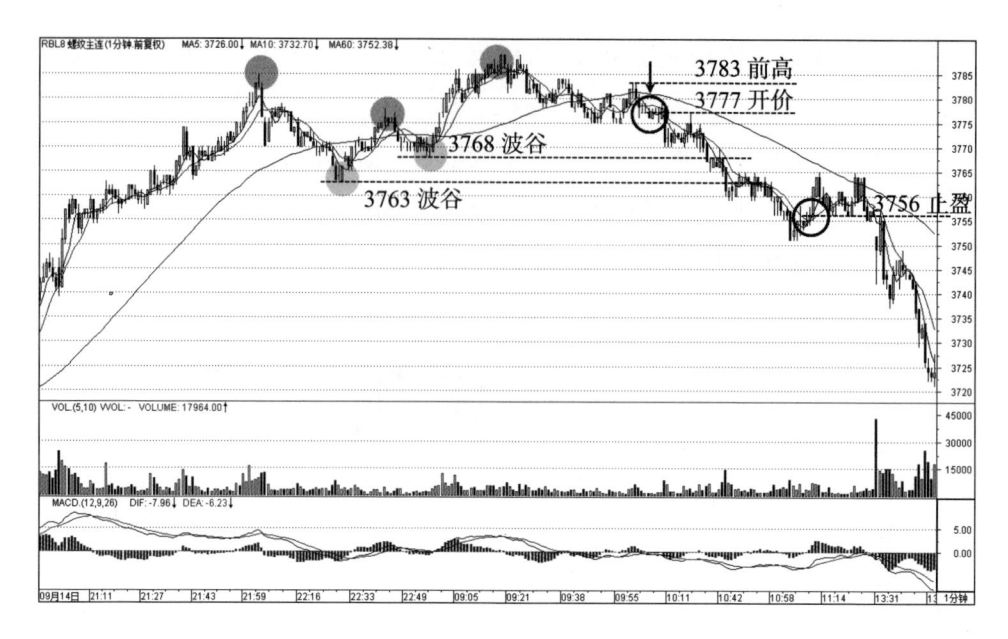

图 1-31　螺纹主连（RB888）1 分钟图顶部形态

C 浪下跌通常会到达前期主升浪的起点，有时会到达前期整个上涨浪的起点。止盈之后，该合约经过两波小幅反弹，一度触及到了 MA60 均线，然后再次快速杀跌，展现了 C 浪的气势。有经验的交易者会在反弹结束之后，当 MACD 指标再次在 0 轴下产生绿柱线的时候继续进场做空。

在仓位管理方面，有人喜欢在日内重仓，理由是自己的胜率够高，也有人喜欢使用轻仓，理由是希望以小博大。从经验来看，做可靠性更高的日内波段时可以适当使用重仓，只要将配套的止损设置好并严格执行。如果有两种方法可以选择，一种是以 10 手追逐 20 点的利润，另一种是以 20 手追逐 10 点的利润，我会选择后者。"涨不上去就下跌"形态能够提供这种可靠性。

使用该策略的交易记录如下。

做空交易 1 （图 1-31）

交易品种：螺纹钢主力合约

开仓价格：3777

止损价格：3783

止盈价格：3756

开仓时间：2022 年 9 月 15 日 10：05

平仓时间：2022 年 9 月 15 日 11：10

盈利点数：21

  图 1-32 是螺纹主连从 2022 年 9 月 16 日到 9 月 19 日的 1 分钟图。该合约经过长时间上涨首先创出一个高点 3734，这成为以后一段时间的一个关键点位。后面形成了两个明显的调整低点（3706 和 3716），以及两个明显的高点，第一个高点短暂突破前高，第二个高点正好触及前高。随后价格回撤到 MA60 均线之下，MA60 连续向下移动（图 1-32 中用向下箭头标出的位置），进入做空时间窗口。

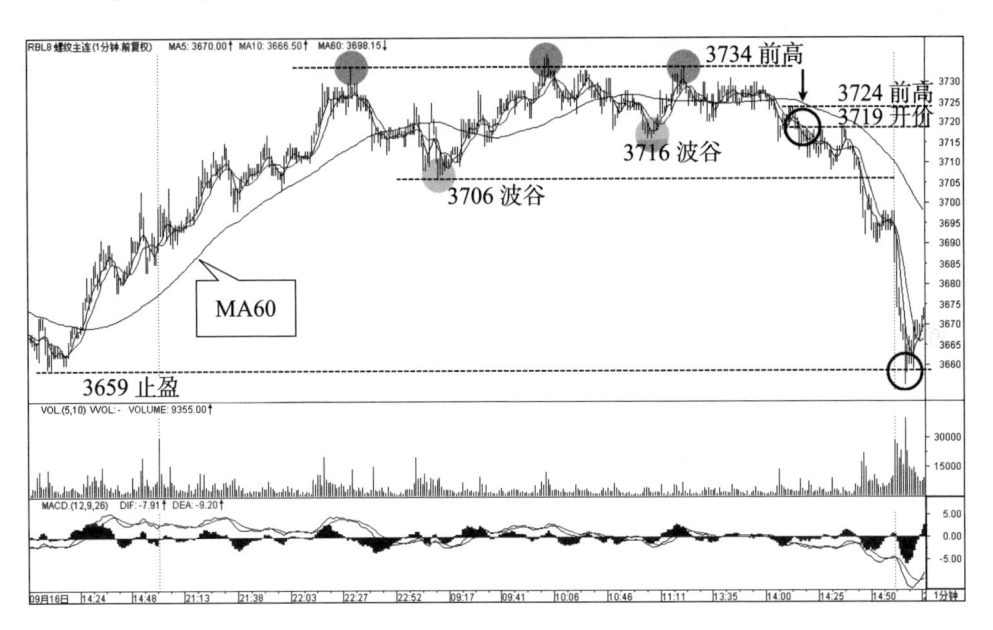

图 1-32 螺纹主连（RB888）2022 年 9 月 16 日—9 月 19 日 1 分钟图

  可以看出，这是一个复杂的顶部形态，顶部振荡期间的上涨与下跌波段均由多个小波浪构成。但在创出关键点的第一个波峰之后，我们仍能看出两组明显的阶段低点与高点。价格反复上攻穿过 3734 点的阻力线无功而返之后，在 MA60 下方、MA5 与 MA10 形成均线死叉时发出卖空信号（2022 年 9

月 19 日 14：16），开仓价格为 3719。

开仓的同时我们在前面次级折返的高点 3724 设置止损，并将顶部形态的最低点 3706 设置为首个止盈目标位，将创出关键高点的那波连续上升推动浪的起涨点 3659 设置为最终止盈目标位。开空之后，该合约接连跌破顶部的两个波谷，达到首个止盈目标位。破位之后价格倾泻而下，最终到达位于 3659 的止盈位（2022 年 9 月 19 日 21：06）。这次交易的止损距离较小，只有 5 个点，而大波段的盈利达 60 个点，盈亏比达 12：1。这次的顶部形态接近于头肩顶形态，左肩与右肩刚好相等，属于图 1–27 中的第 4 种走势。

"涨不上去就下跌"形态一旦得到确认，市场中的上涨希望落空，市场似乎会达成一种共识，就是以最近的一个前期低点为发展目标。位于下方的关键点位对价格具有很强的吸引力，它往往表现出 C 浪的杀跌特征，波动凶猛而剧烈。

希腊神话中有一个叫西西弗斯的人物，由于欺骗冥王哈迪斯而受到众神的惩罚——责令他将一块巨石推上山顶。每次当他用尽全力，快要将巨石推到山顶时，巨石就会从他手中滑落，重新滚回山底。本小节的顶部形态中，多头就做了西西弗斯式的努力，重复多次把价格推到顶点，最终价格还是滚落到谷底。

有的交易者看到 1 分钟图上纷繁错落的小波动会有"乱花渐欲迷人眼"的感觉，可能会想到是否可以使用 5 分钟图来操作。5 分钟图的确看上去会更简洁，但却隐去了很多波动细节。就本案例来看，不太适合使用 5 分钟图。如果遇到规模更大的顶部形态，可以尝试使用 5 分钟图。

做空交易 2（图 1–32）

交易品种：螺纹钢主力合约

开仓价格：3719

止损价格：3724

止盈价格：3659

开仓时间：2022 年 9 月 19 日 14：16

平仓时间：2022 年 9 月 19 日 21：06

盈利点数：60

图 1-33 是螺纹主连从 2022 年 5 月 13 日到 5 月 16 日的 1 分钟图。这期间首先创出一个高点 4690，成为以后一段时间内的一个关键点位。后面形成了两个明显的调整低点，以及两个明显的高点，第一个高点接近前高但没形成突破，第二个高点形成短暂突破。随后，价格回撤到 MA60 均线之下，MA60 开始走平，进入做空时间窗口。

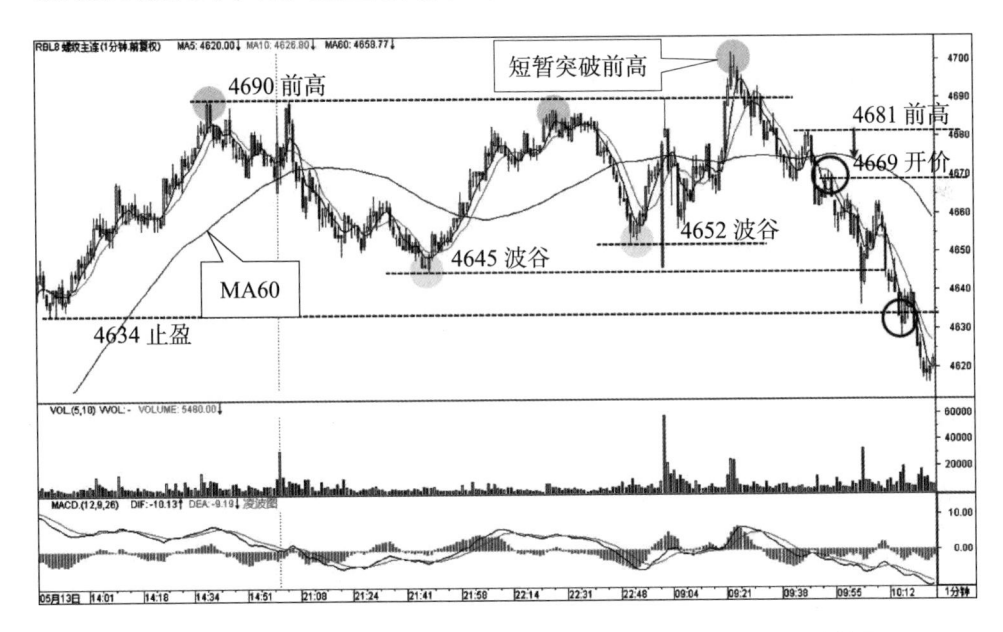

图 1-33　螺纹主连（RB888）2022 年 5 月 13 日—5 月 16 日 1 分钟图

图 1-33 中的顶部形态规模较大，因此 MA60 均线有三次向上移动的波段，对应着三波上涨。由于均线计算精度的问题，在最右侧的回落过程中，直到图 1-33 中向下箭头的位置，MA60 均线才由走平到连续向下移动。

在 MA60 均线之下，当 MA5 与 MA10 发生死叉时，以回撤到均线带中的价格开空（2022 年 5 月 16 日 09：53），开仓价格为 4669。"涨不上去就下跌"形态的卖空点发生在意欲向下突破的区间。卖空之后，价格开始逐波下跌，先后跌破前面的调整低点 4652 和 4645。注意，在低点 4652 后面有一根巨量的低开长阳线，创出了这波调整以来更低的低点，但这是 9 点开盘时的瞬间价格，我们仍以 4652 作为这波调整的低点。

顶部形态的主要调整低点以及前期创出第一个波峰的起点都可以作为止盈目标位。价格跌到前期低点 4645 时，放量向下突破，说明这里有大量多头的止损单和空头的止盈单。随后，经过一小波反弹之后，最终跌到了前期上升浪的起点 4634，我们在这里止盈离场（2022 年 5 月 16 日 10：15）。

这是一次成功的交易，盈亏比接近 3∶1（35∶12）。以前期主要低点作为止盈目标时，不必正好以这个点位止盈，可以在其下几个点，因为如果向下突破的话，大概率会惯性向下突破一段距离，通常不会正好停留在前低价格上。当然，也会有少数例外情况。

做空交易 3（图 1-33）

交易品种：螺纹钢主力合约

开仓价格：4669

止损价格：4681

止盈价格：4634

开仓时间：2022 年 5 月 16 日 09：53

平仓时间：2022 年 5 月 16 日 10：15

盈利点数：35

图 1-34 是螺纹主连 2022 年 9 月 20 日的 1 分钟图。对照图 1-27 中的几种走势，这仍属于第 5 种走势。反弹 B 浪呈三浪结构，在末端短暂向上突破前期关键高点。这是走得比较标准的一段行情，图中用数字和字母标出了符合波浪理论的一种浪形。

从向下箭头位置开始，MA60 均线开始向下拐头运行，到 C-1 浪结束时，已经连续向下突破前两个波谷低点。经过小幅反弹之后，在 C-3 浪的初期，MA5 与 MA10 形成死叉，发出卖空信号（2022 年 9 月 20 日 14：28），开仓价位为 3700。

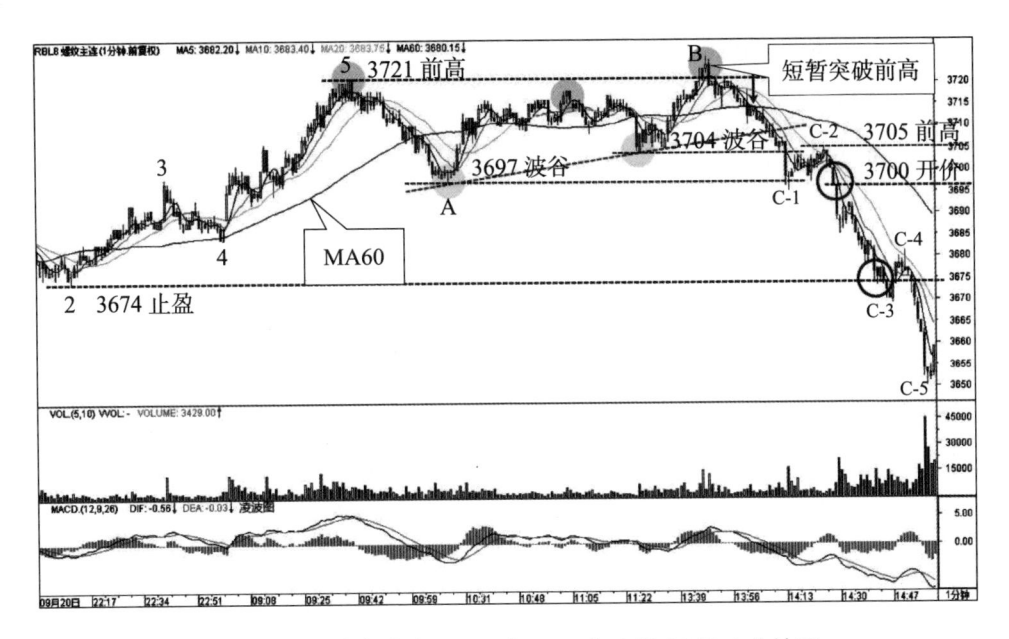

图 1-34　螺纹主连（RB888）2022 年 9 月 20 日 1 分钟图

仍然以反弹浪 C-2 的高点 3705 设置止损，由于已经跌穿了前两个主要低点，因此止盈应该设置在更前面的低点位置，在此下方分别是上涨波段中的第 4 和第 2 调整浪的低点 3684、3674，它们是下台阶走势中的支撑位。这里设置止盈时有一个诀窍，从 C-1 浪的下跌幅度来看，主跌浪 C-3 通常不会小于 C-1 浪，因此可以把止盈设在更低的 2 浪低点 3674。

事实证明我们的判断是正确的，价格在随后的 C-3 浪末端跌穿了止盈目标位（2022 年 9 月 20 日 14：42），并在附近反弹形成 C-4 浪。前期低点 3674 是一个关键点位，价格在即将突破关键点位时通常都会挣扎一番，市场形成反弹无望的共识之后，价格便跳下支撑位。C-5 浪呈向下奔袭之势，最终跌破了前期整个上涨浪的起点。C 浪的三个下跌子浪的波动幅度分别为 31、36、31。这种波动流畅、幅度较大的小波段是日内交易者比较喜欢的走势。

做空交易 4（图 1-34）

交易品种：螺纹钢主力合约

开仓价格：3700

止损价格：3705

止盈价格：3674

开仓时间：2022 年 9 月 20 日 14：28

平仓时间：2022 年 9 月 20 日 14：42

盈利点数：31

图 1-35 是螺纹主连 2022 年 8 月 1 日的 1 分钟图。该合约经过连续上涨首先创出一个高点 4123，这成为以后一段时间内的一个关键点位。后面形成了两个明显的调整低点，以及两个意欲向上突破的高点，第一个高点接近前高但未形成突破，第二个高点形成短暂突破。随后价格回撤到 MA60 均线之下，MA60 向下拐头，进入做空时间窗口。

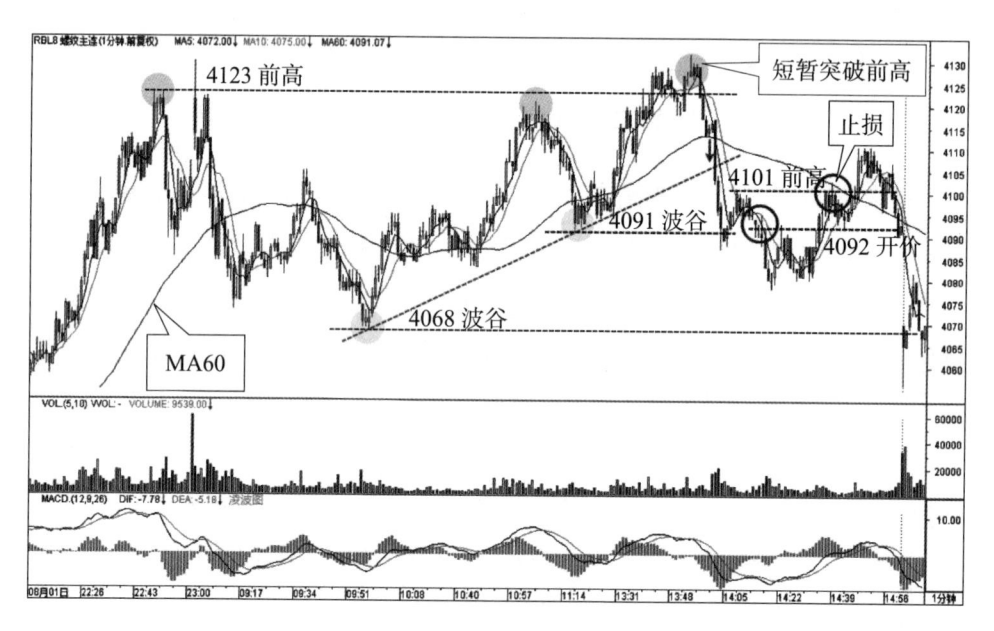

图 1-35　螺纹主连（RB888）2022 年 8 月 1 日 1 分钟图

当 MA5 与 MA10 发生死叉时，在 4092 开空单（2022 年 5 月 16 日 09：53）。同时以前高 4101 设置止损，并以顶部形态的最低波谷 4608 设置止盈。开空之后，价格继续下跌，但未能到达止盈目标位 4068 便又回升到开仓价位之上。这是一个危险信号，要随时准备在突破止损位的时候无条件离场。

"华尔街巨熊"利弗莫尔说过,"如果在突破某个关键点位之后,价格的运动不像它应该表现的那样,这就是一个必须密切关注的危险信号。"

最终价格向上突破了止损位,我们以止损价 4101 平掉空单。这是一次失败的交易,以亏损 9 个点离场。从后面的走势来看,止损之后,该合约最终还是跌到了目标位 4068。这说明顶部形态的有效性,只是在开仓之后的回撤幅度过高了。从多次交易的角度来看,没有 100% 成功率的策略,这是一次正常的止损操作。行情不会总是朝着预期方向发展,尤其是短线,遇到噪音信号是难免的事情。

熟悉日内交易的交易者会看到,在当日收盘时有机会以保本价离场,也就是平推机会。虽然如此,交易者也不能指望每次都有这种回到开仓价格的离场机会。从多次交易的角度来看,到达止损位后会有更多快速反向、没有回撤的情况。如果你使用平推策略就会发现,有时会因为贪图一两个价位而错失离场机会,等到后面被迫止损的时候会付出更大代价。还有一种更极端的情况,价格发生回撤并且触及到了你的挂单价格,但没能排队达到成交,然后价格走出快速的反向单边行情,这无疑是最不利的一种情况。

抱有侥幸心理、不严格执行止损,这样的做法隐藏着巨大的风险,一次失控就会对账户造成极大伤害。发出止损信号之后,后面的走势创出新高或新低都有可能,但触及止损之后,你能做的就是控制风险,把亏损降到最低。试想一下,如果后面的走势是向上突破 4123 高点,那么在预设的止损位离场就是最佳选择。最早的止损始终是最小的止损。这虽然是一次失败的交易,但却是一次正确的操作。交易者一定要重视止损纪律,最简单的办法就是舍弃小利,产生止损信号时直接以"卖一"价格止损(持空单时),这也可能是你在尝试很多止损策略之后才发现的最佳选择。

做空交易 5(图 1-35)

交易品种:螺纹钢主力合约

开仓价格:4092

止损价格:4101

关键点位：交易中最重要的问题

止盈价格：4068

开仓时间：2022年8月1日14：15

平仓时间：2022年8月1日14：38

盈亏点数：-9

最后再来看一个案例，还是同样的价格走势"模板"，如图1-36所示。该合约前期首先创出一个高点4132，这成为以后一段时间的关键点位。后面形成了两个明显的调整低点，以及两个明显的高点，第一个高点接近前高但没形成突破，第二个高点形成短暂突破。随后价格回撤到MA60均线之下，MA60拐头向下，进入做空时间窗口。这属于图1-27中的第5种走势。

在MA60均线之下，当MA5与MA10发生死叉时，发出卖空信号（2022年8月4日22：10），开仓价格为4054。卖空之后，开始逐波下跌，先后跌破前面的波谷低点4028和4013。最终价格跌到了前期上涨推动浪的起点3979，我们在这里止盈离场（2022年8月4日14：40）。

这是按图索骥"涨不上去就下跌"形态的又一次成功交易，单从K线图上，你能看出与前面的几个案例有什么明显不同吗？

细心的交易者可能从止损和止盈幅度上看出了一些端倪，这次交易的1R达到21（4075-4054），盈利达到75（4054-3979）。止损和止盈幅度比之前的平均水平放大了数倍！从止损距离来看，是之前平均值的3~4倍。这是因为这次使用的不是1分钟图，而是5分钟图。图1-36是螺纹主连从2022年7月29日到8月5日的5分钟图。但是，你只看K线还是能按既定方法进行交易，在操作上并没有多大差别。这正是技术分析适用于不同周期的原理。由于放大了周期，因此止损和止盈距离均得到相应放大。不过，盈亏比仍接近3：1（75：21）。

注意，图1-36中的行情其实包括图1-35的行情，只是两幅图的K线周期不同，图1-36中的高点4132是图1-35中短暂突破前高4123之后形成的高点，而方框中的行情对应着1分钟图上的卖空和止损位置。通过这两个案例，交易者可以再一次体会不同周期的交易原理。无论是1分钟、5分钟、

15分钟……还是日线,每个周期的趋势都由更低级别的趋势组成,而它们又是更高级别趋势的一部分。它们是分形的碎片结构,可以放大观察更细微的结构,而拼接在一起又能形成更大级别的形态。每一个级别的趋势都是一个"世界",我们可以用同样的方法来对待它们。

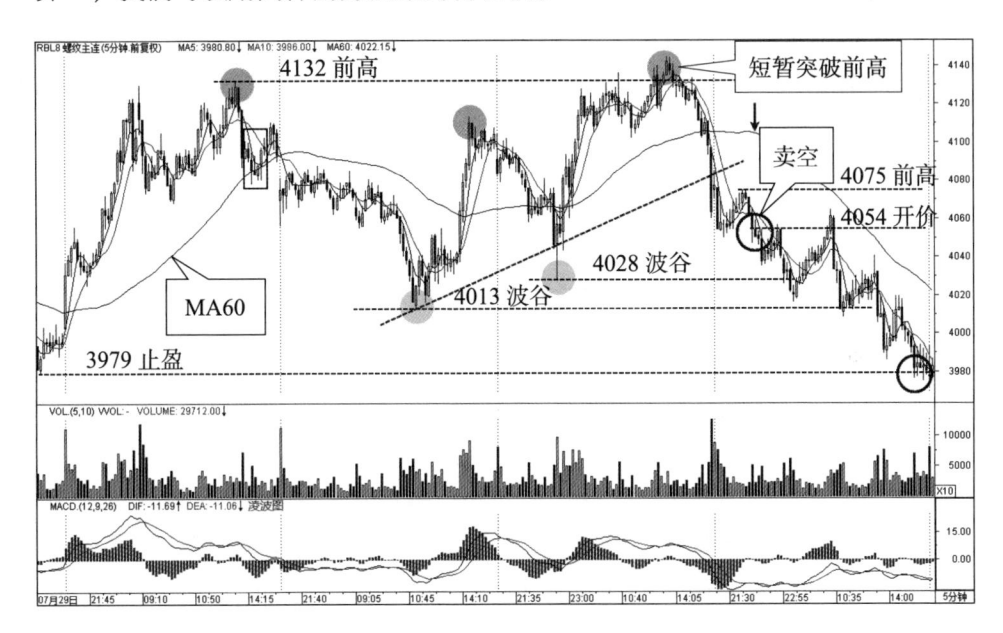

图1-36 螺纹主连(RB888)2022年8月4日波段交易图

做空交易6(图1-36)

交易品种:螺纹钢主力合约

开仓价格:4054

止损价格:4075

止盈价格:3979

开仓时间:2022年8月4日22:10

平仓时间:2022年8月4日14:40

盈亏点数:+75

◎ **注意事项**

(1)顶部形态的浪形不宜太杂乱无章,否则难以形成市场合力,也就难以形成明确趋势。

（2）周期越长则形态越可靠，形态规模越大则越有可能形成大波段，但有时市场的记忆有限。

（3）形态应该符合流畅、美观、适度原则。

（4）形态的变形控制在一定范围内，不要偏离太多，最符合核心逻辑的形态最有效。

（5）第一个波峰高点是关键点位，突破这一点位的幅度和K线个数不应过多。

（6）在更大周期上处在通道上轨，在下降通道做空更有优势。

（7）始终使用止损，以开仓信号同级别的前期高点或者一个合适的距离设置止损。

（8）第一个止盈目标为顶部形态的低点，第二个止盈目标为整个上升浪的起点。

本小节主要采用了1分钟线，但这并不是在鼓励交易者做短线，尤其是新手交易者，更应该谨慎采用短周期K线。在没有成熟交易策略的情况下，短周期K线看似有了更多机会，但其实也放大了风险。期货日内短线的容错率很低，稍有失误就可能导致大幅亏损，抹掉在多次交易中好不容易积累起来的利润或者使账户资金严重缩水难以回本。

随着程序交易的应用越来越普遍，在短线交易中以人工操作取得盈利变得越来越困难。很多散户交易者是在用"刀枪棍棒"对抗手持自动化装备的对手盘。即使双方的策略水平相当，但对手的犯错概率更低，判断与执行速度更快，在瞬息万变的短线交易中很难战胜这样的对手。况且，还存在着另外一个同样强大的对手，那就是人性。短线交易可以加倍放大人性在交易中的影响，这似乎让它变得更加难以逾越和战胜。要想克服这些困难，交易者需要设立与遵守严格的交易纪律，适当扩大交易周期，给自己多留出一些反应时间。最后还有一个办法，就是打不过就加入，如果你只对日内短线感兴趣，又具备一些编程基础或者有着良好的学习能力，不妨尝试使用交易程序，这是通向成功交易的一种新方式。

第 2 章

多空陷阱

要找到真正好的东西很难。所以,就算你90%的时间都在说"不",你也不会错失太多的东西。

——查理·芒格(Charlie Munger)

坦白地说,人们在进行技术分析时总是过于关注市场的未来走向,而不是弄清楚市场当前所处的位置。

——拉斯洛·比里尼(Laszlo Birinyi)

2.1 多头陷阱——B 浪反弹

有些交易者学会技术分析之后,有了可以倚仗的方法,开始变得更能放开手脚。但是,要知道技术分析并不是万无一失的,一些看似有理由的开仓位置,实际上却是多头陷阱。在这种位置进场的交易单,最终往往会成为我们经常所说的"正确的亏损",也就是说,你的开仓并不能说是错误的,因为确实产生了做多信号,但如果能对它们加以区分,则能进一步提升交易水平和交易业绩。

多头陷阱的位置并不容易操作,因为它给了你做多的理由,只是这个理由会很快失去意义,你在事后可能才恍然大悟,一眼可以看出明显的"骗线"行为。之所以称为"陷阱",就是因为这类位置所隐藏的风险在当时很难被发现,它可能发生在明显的多头市场中,如图 2-1 所示。

图 2-1 是长安汽车的日 K 线图,图中标出了以下几根关键 K 线。

(1) 1 处为出水芙蓉形态,价格向上突破 MA60 均线。

(2) 2~3 处为两个波谷,沿着波谷低点可以画出头肩顶形态的颈线,也是支撑线。

(3) 4 处放量并向上突破 MA60 均线,产生高位买入信号。

(4) 5 处一阴穿三线,一根长阴线同时跌破三条均线。

(5) 6 处为向下跳空的长阴线,放量跌破 MA60 均线。

该股从位置 1 开始进入多头市场,此后价格连续创出三轮新高。相应地,从 MACD 指标上可以清楚地看出三组红柱线,代表这三波上涨。在位置 4,该股经过调整之后再次向上突破 MA60 均线,同时走出一个价托形态,MA5、MA10 与 MA20 形成一个封闭的三角区间。我们有理由在位置 4 买入,但该股未能再次创出新高，很快由两根长阴线（位置5、6）截断了短线上涨趋势，多头只能被迫止损离场。这个位置就形成了多头陷阱。

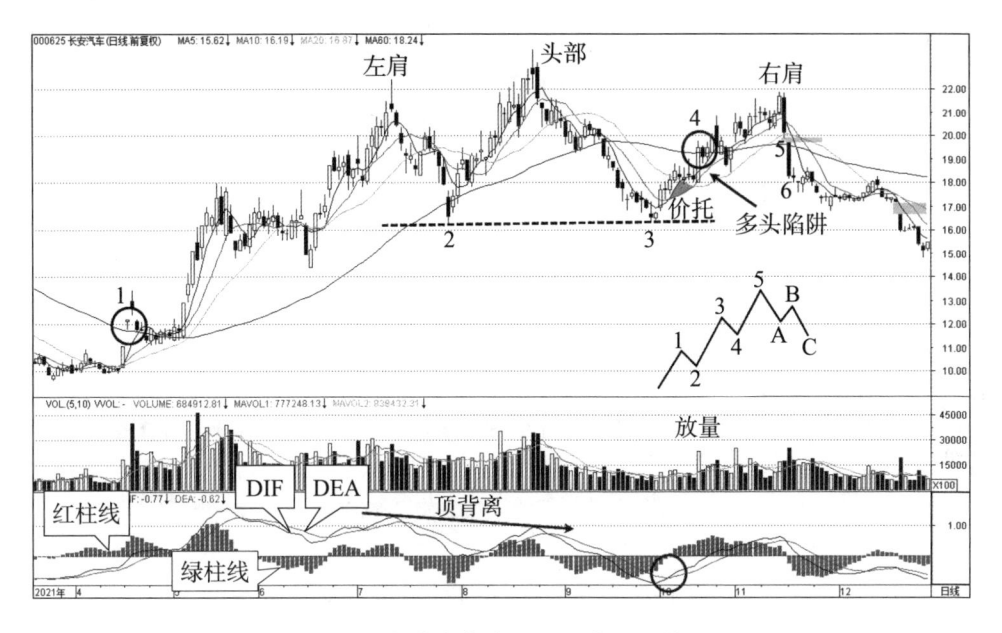

图 2-1　长安汽车（000625）日 K 线图

从整个顶部价格形态来看，买点处于一个头肩顶形态的右肩。从波浪理论来看，买点还处于反弹 B 浪。我们在行情图的右下角画出了一个波浪结构的示意图，其中 3 浪、5 浪和 B 浪的顶点分别对应着行情图中的左肩、头部和右肩。

在牛市中，交易者会沉浸在多头氛围，误以为 B 浪是另一波上涨，在这里继续做多，很容易落入多头陷阱。一些新手交易者在牛市中赚到利润，还可能加码买入，结果会被套牢在高位。B 浪反弹之后，也就是右肩完成之后，往往会快速放量下跌并向下突破颈线，这会让落入多头陷阱的人措手不及。

交易者应该注意分辨位置 1 和位置 4，它们具有共同的特征：价格向上突破 MA60 均线；明显放量；DIF 线向上突破 0 轴。它们的不同点在于，位置 1 在长期下跌调整之后，而位置 4 在长期放量上涨之后。前者处在下跌趋势反转的"中枢"，而后者处在上涨趋势反转的"中枢"。

下面再来看一个多头陷阱的案例，如图2-2所示。

图2-2　中兵红箭（000519）日K线图

图2-2是中兵红箭的日K线图，图中标出了以下几根关键K线。

（1）1～2处为两个波谷，沿着波谷低点可以画出头肩顶形态的颈线。

（2）3处MACD指标在0轴附近形成金叉，同时产生放量的长阳线，发出买入信号。

（3）4处一阴穿三线，一根长阴线同时跌破三条均线。

（4）5处向下突破颈线，确认形成顶部形态。

可以看出，该股与前面案例中的走势相似，只是显得更紧凑一些。我们用同样的方法进行分析，可以得出结论，位置3是一个多头陷阱。

重点来看在MACD指标图中用圆圈标出的三个位置，它们都是在0轴附近的金叉，简单地来看，都可以作为波段买点。我们完全可以不加区别地买入，只是前两次买入会成为成功的波段交易，而第三次买入会很快止损。

第三次买入时，在0轴附近发生金叉，仍处于多头趋势（末端），这时买入并没有错。但是，如果我们能对行情阶段进行有效区分，或者采用分批建仓策略,则有可能过滤掉这次多头陷阱买入信号,或者减少亏损。在这之前,该股已经出现了较为明显的顶部特征,在高位出现了放量冲高并带有长上影线的 K 线,MACD 指标有顶背离迹象。

B 浪反弹在 MACD 指标上的特征,首先是前期多头趋势时的 DIF 线应该主要运行在 0 轴以上的多头区间,A 浪下跌往往是长期以来 DIF 线首次跌破 0 轴。B 浪反弹时,DIF 线向上突破 0 轴,让人误以为即将产生新一轮上涨行情。不久之后,DIF 再次跌破 0 轴,确认形成多头陷阱。

即使采用不同的指标来判断买入信号,我们依然可能会落入在同样位置形成的多头陷阱。下面换一种分析方法,看看在遇到 B 浪反弹时布林线指标的表现如何。同样以前面案例中的两段行情为例进行分析,如图 2-3 所示。

图 2-3 是长安汽车的日 K 线图,这次加载了布林线指标。该指标由上轨、中轨和下轨三条指标线构成,其中中轨是 20 日均线。布林线指标的一个具有明显特征的买点就是,布林线经过收口之后,向上开口并且价格向上突破上轨。图中用数字 1~4 标出了四根符合买入条件的 K 线。

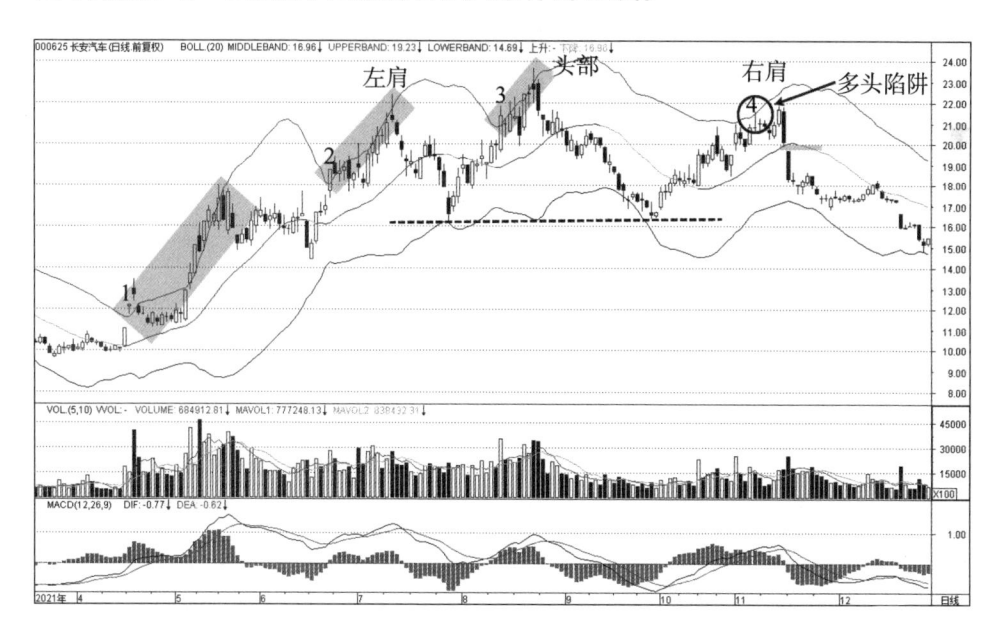

图 2-3　长安汽车(000625)日 K 线图

可以看出，前三个位置的共同特征，是价格向上突破布林线上轨，并且全部引发了一波上涨。位置4的K线同样向上突破布林线上轨，非常像前面的做多信号，但未能持续沿着上轨向上运行，很快向下跌破中轨，在这里做多会很快触发止损。采用布林线的惯常用法，同样会落入同一位置的多头陷阱。

通常认为，布林线经过收口之后，首次突破边界的方向很可能是后面的趋势发展方向。在位置4时，经过了一次收口过程，然后向上突破上轨，因此我们有理由认为价格仍有可能沿着上轨向上运行，并在这里买入。对于坚持一致性原则的交易者来说，这是系统内的"正确的亏损"。

价格触及上轨并不一定代表卖出信号，在上升趋势中，这正是买入信号，充足的动量会不断推动价格沿着上轨向上移动。当价格处于横盘振荡区间时，触及上轨则表明进入超买区间，这时很可能代表卖出信号。

需要注意的是，有时候B浪确实会有多头的获利空间。如果你做可以T+0的品种，并且你的操作周期比较小，那么在B浪反弹中可能有足够的止盈空间。例如，在日线上发生了B浪反弹，但你利用5分钟线做多，反弹的空间足够你止盈。当概率对你有优势时，你仍然可以拥抱B浪反弹，充分把握对你有利的机会。

有时候指数上发生B浪反弹，同一时间窗口中的强势个股会有比较大的涨幅，这时短线交易仍然有利可图。因为只要指数不下跌，强势个股就会抓紧机会炒作，有时还会创出新高。当然，你也可以认为这时是在拉高出货。重要的是，在B浪反弹时间窗口结束之后，要注意及时离场，避免被套牢在C浪大跌之中。

再来看利用布林线分析的第二个案例，如图2-4所示，是中兵红箭的日K线图，同样加载了布林线指标。我们用数字1～3标出了三个相似的位置，它们均符合买入条件。该股前两次向上突破布林线上轨之后均引发了一波上涨，但位置3却是一个极致的虚假突破信号，好像就是为了引诱多头在这里出手一样，只有发出买入信号的当天突破了上轨，买入之后马上连续下跌两天，第一天是几乎跌停的长阳线，第二天在中轨下方形成了一个向下跳空缺口并收盘为阴线。触发买入信号的 K 线就是此后很长一段时间内的最高 K 线。

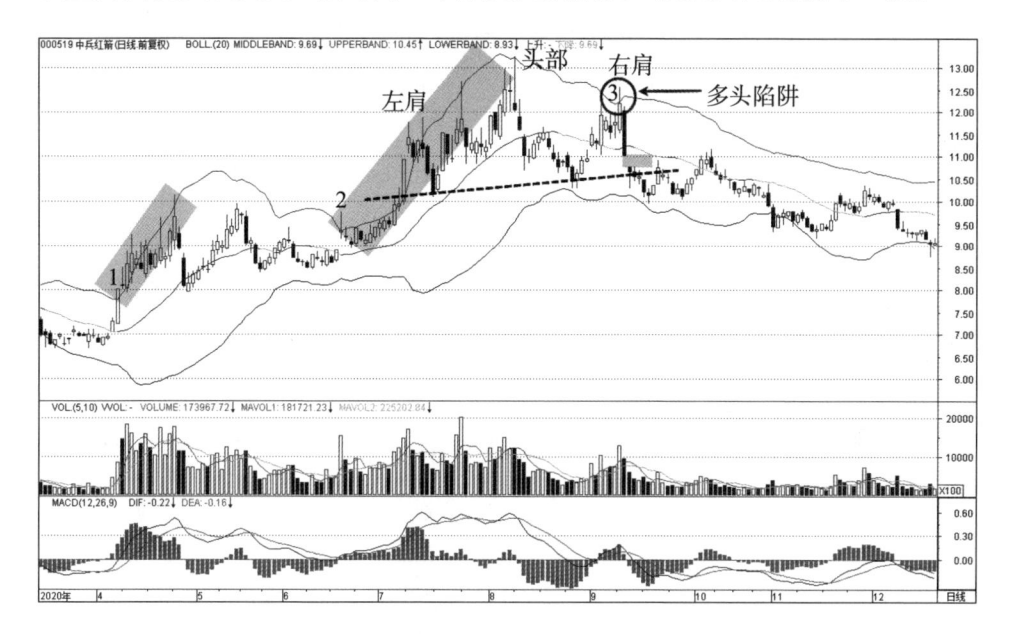

图 2-4　中兵红箭（000519）日 K 线图

牛市中的长时间上涨会使很多散户形成多头思维惯性，狡猾的主力资金会利用散户的看多预期做出假突破形态，引诱散户资金最后接盘。我们还可以从另一个角度来理解，也许客观上，市场会在前期放量的高位遇到更多抛盘，筹码的供给大于需求，涨不上去的结果自然就是下跌。

市场是一个博弈场，能在一轮牛市与熊市之后赚钱的只是少数人。当击鼓传花的游戏进入最炽热阶段之后，多数场外资金已经进场，这时市场规律就该发挥作用了。先知先觉的具有优势的资金率先离场，推倒市场下跌的多米诺骨牌。市场中的供求关系始终是决定市场涨跌的最根本因素。我们的目标必须始终是让市场告诉我们它会怎样走，而不是预测市场应该怎样走。

既然 B 浪反弹是多头陷阱，那是否可以在双向交易品种中做空呢？当然可以，不过为了稳妥起见，建议在价格向下突破颈线后做空。由于 A 股中只能做多，这会让很多人缺少空头思维，甚至在空头趋势中也要找机会做多。

可以想象一下，在这个位置做空，相当于在下降趋势末端的头肩底形态中，当价格向上突破颈线后做多。

最后来看一个在多头陷阱做空的案例，如图 2-5 所示，是螺纹钢期货合约从 2021 年 8 月 5 日到 17 日的 15 分钟 K 线图。图中标出了以下几根关键 K 线。

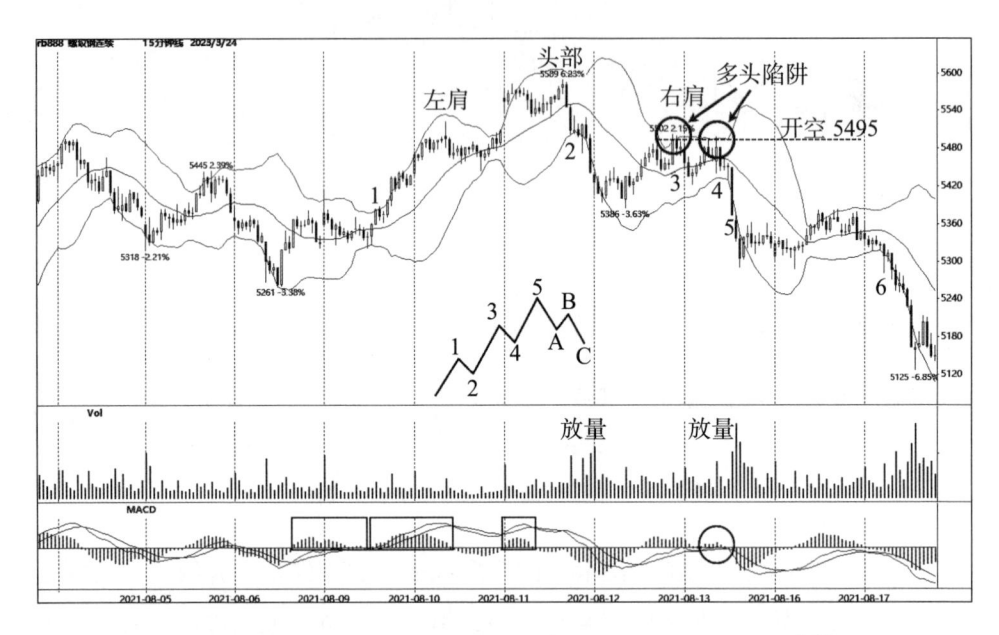

图 2-5　螺纹钢主连（RB888）2021 年 8 月 5 日—17 日 15 分钟图

（1）1 处为第 3 上涨浪初的开多点，布林线经过收口之后，收盘在上轨上方。

（2）2 处为确认形成头部的平多点，放量跌破布林线中轨，回到下轨附近。

（3）3 处为多头陷阱，布林线经过收口之后，收盘在上轨上方。

（4）4 处为多头陷阱，再次测试上轨线。

（5）5 处为顺势开空点，放量并向下突破下轨，确认形成头肩顶。

（6）6 处为顺势开空点，放量并向下突破下轨，开始 C 浪的主跌浪。

该合约在形成头部的上涨期间，可以清晰地看出 5 浪上涨模式。布林线发生了三次收口与开口过程，产生三波上升浪，同时对应着 MACD 指标的三组红柱线，图中用三个方框标出了位置。第3、第5上涨浪的波峰分别对应着左肩和头部。

随后，价格回落到下轨并沿着下轨向下移动。DIF指标长时间运行在0轴上方之后，首次跌破0轴，这是A浪下跌的指标特征。

当价格站上布林线中轨，DIF与DEA线形成金叉，开始B浪反弹。在第一个圆圈处（位置3），价格收盘在上轨上方，这是一个可能的开多信号。交易者可以将它与位置1进行对比，是不是十分相似？假设有一个经验丰富的交易者看透了"骗线"行为，识破这里是一个多头陷阱，以当日的收盘价5495开空。该合约运行到位置4时，价格再次短暂突破上轨，同时DIF线向上突破0轴，这对于熟悉MACD指标的交易者来说是一个十分熟悉的开多信号。一些交易新手会被这个信号引诱进场，忍不住开多，因为他们有着充分的做多理由，而且上一次在类似的位置1处开多时得到了丰厚的回报。但前面那位有经验的交易者继续持有空单，因为这只是回到了开空价格附近，并不足以触发止损。

后面的走势正如那位有经验的交易者所料，价格急转直下，开始快速下跌，在位置5时价格收盘在下轨下方，这是顺势开空信号，这时他可以在盈利单的基础上继续加仓空单。相反，对于那些被诱多进场的多头，这时已经确认落入多头陷阱，必须要止损离场。后面连续两根沿着下轨移动的放量长阴线中会有大量"带血的筹码"。

随着价格开始调整，布林线进入收口过程。当价格再次向下突破下轨时（位置6），又产生了一个顺势开空信号，此后布林线进入向下开口过程。这是C浪下跌中的主跌浪，空头利润的主要来源。这轮下跌最终到达的低点为4925，可见在B浪末端做空可能产生巨大利润。

通过这个利用多头陷阱做空的案例可以看出，虽然B浪是一个理论上的开多位置，但它对于不同的人却有着不同的意义，可以称得上"甲之蜜糖，乙之砒霜"。偏好风险的多头会继续开多，对开仓信号不加区分，这样可能获得更多机会，但失去了精细的控制。厌恶风险的多头则会放弃开多，对于他们来说，宁可错过也不做错是更好的选择。偏好风险的空头会逢高开空，这个位置隐藏着潜在的丰厚回报。厌恶风险的空头则会放弃开空，在走势不明朗的位置还是坚持少动多看。

2.2 多头陷阱——高位背离

有了技术傍身之后，交易者开始变得进退有据。新手交易者在追高时多了几分底气，变得不畏高。他们观察市场走势的眼光发生了变化，由"见山是山"变成了"见山不是山"。实际上，如果进场需要理由的话，你总能找到一些似是而非的理由。对交易信号不加区分地进行操作，这样做除了徒增交易次数并提高犯错的概率外，对提升交易业绩并没有任何帮助。

本小节再介绍一种多头陷阱——高位背离。顾名思义，高位背离是指经过一段时间的上涨之后，发生在阶段高位的顶背离形态，这时的价格创出新高，但 DIF 线、成交量等指标未能同时创出新高。如果交易者在价格突破前高时头脑一热追高进场，则很可能被套牢在山顶上。

图 2-6 是顶背离形态示意图，图中画出了符合波浪理论的 5 浪上涨，其中第 3 上升浪走出了延长浪。从图中可以看出，穿过 1 浪和 3 浪顶点可以各画出一条呈水平状态的阻力线，当价格突破这两条阻力线时，均有理由进场做多。假设有一位交易者在突破 1 浪顶点时进场做多，他会享受到第 3 上升浪带来的大幅利润。经过第 4 浪调整之后，开始第 5 浪上涨，当价格再次突破第 3 浪顶点的时候，又出现了与前面相似的买点，前一次的成功交易使他信心满满，这次他很可能会加仓做多。但这次市场却形成了一次假突破，处在多头思维中的这位交易者很可能抱有继续上涨的幻想，而账户资金却在不断缩水。

因此可以得出一个结论，相似的突破关键点位的形态，由于所处的市场阶段不同，它们的意义和效用也会不同。突破 1 浪顶点时处在整个上升趋势的初始阶段，而突破 3 浪顶点时却很可能处在整个上升趋势的末端。关于这一点，利弗莫尔曾介绍过类似的经验，"如果我不是在接近某个趋势的开始点进场交易，我就从这个趋势中获取不了多少利润。"当然，在实际操作中，第 5 浪有时也会有走出延长浪的情况，这时在第 5 浪的初始阶段进场会有获利空间，不过这属于次级趋势中的操作。但在阶段高位，始终要注意识别顶部特征，判断是否有可能形成多头陷阱。

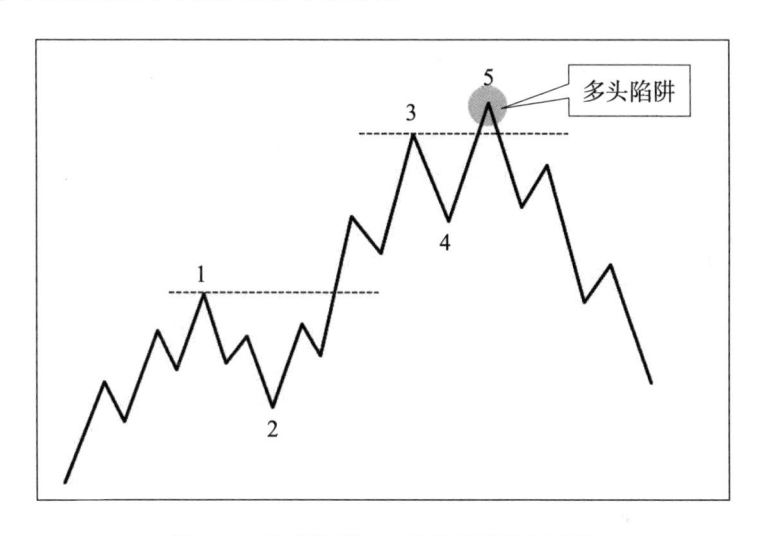

图 2-6　多头陷阱——高位顶背离示意图

下面来看一个多头陷阱的案例，如图 2-7 所示，是海通证券从 2018 年 9 月到 2019 年 8 月的日 K 线图。图中用数字标出了波浪理论中的 5 浪，其中第 1、第 3、第 5 浪为上升浪，第 2、第 4 浪为调整浪。这样标注波浪，很容易让熟悉波浪理论的交易者一眼看出行情的发展阶段。

该股从第 1 浪开始放量突破 60 日均线，该均线方向逐渐由向下转为向上。随后展开 2 浪调整，回测 60 日均线。沿着 1 浪波峰的顶点可以画出一条呈水平状态的阻力线，当价格收盘在这条阻力线之上时，发出第一个买入信号。

买入之后，该股放量拉升，形成主升浪，市场充斥着赚钱效应，吸引更多场外资金源源不断地进场。第 3 上升浪走出了延长浪，这与图 2-6 的走势相同。该股放出巨量完成 3 浪冲顶之后，快速展开第 4 浪调整。

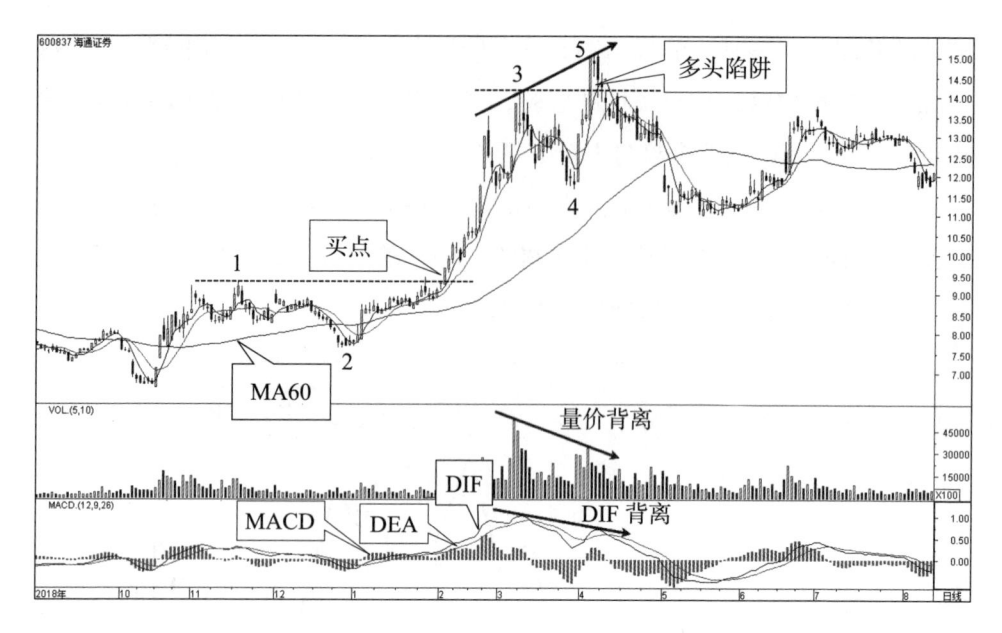

图 2-7　海通证券（600837）日 K 线图

第 4 浪调整结束之后，该股再次放量并一举向上突破穿过 3 浪顶点的阻力线，这时发出第二个买入信号。需要注意的是，第 5 浪中虽然有两根涨停的长阳线，并且创出新高，但量能水平已经较前一个波峰时明显减小，这就是常说的量价背离现象，预示上升趋势可能发生反转。

从 MACD 指标来看，连接第 3 浪、第 5 浪的波峰顶点的趋势线方向向上，而连接 DIF 线的波峰顶点的趋势线方向向下，这样又一个指标形成了顶背离。成交量和 DIF 指标都指示出第二个买点处在上升趋势可能发生反转的位置，这里就成了一个多头陷阱。换句话说，这里已经涨过头了，处在趋势末端，虽然形成了突破，但风险回报比并不十分合算。

如果在第二个买点进场，由于上涨量能难以为继，价格很快回落到阻力线下方，这时要止损离场。而如果从第一个买点开始一路持有到发生顶背离的位置，这时不应该继续加仓而是应该减仓。价格回落到阻力线下方之后，随着成交量逐渐减小，该股进入调整阶段。

中线上涨波段末端以前高为目标位完成冲顶，旋即反转的例子很常见。

下面再来看一个多头陷阱的案例,如图 2-8 所示,是鼎龙股份从 2022 年 4 月到 12 月的日 K 线图。从低位向上突破 60 日均线开始,我们可以按照与前面案例相同的模式画出两条穿过前一个波峰的阻力线,并且判断出两个突破买入信号。在第一个买点买入可以享受到主升浪带来的利润,而在第二个买点买入则会落入多头陷阱。

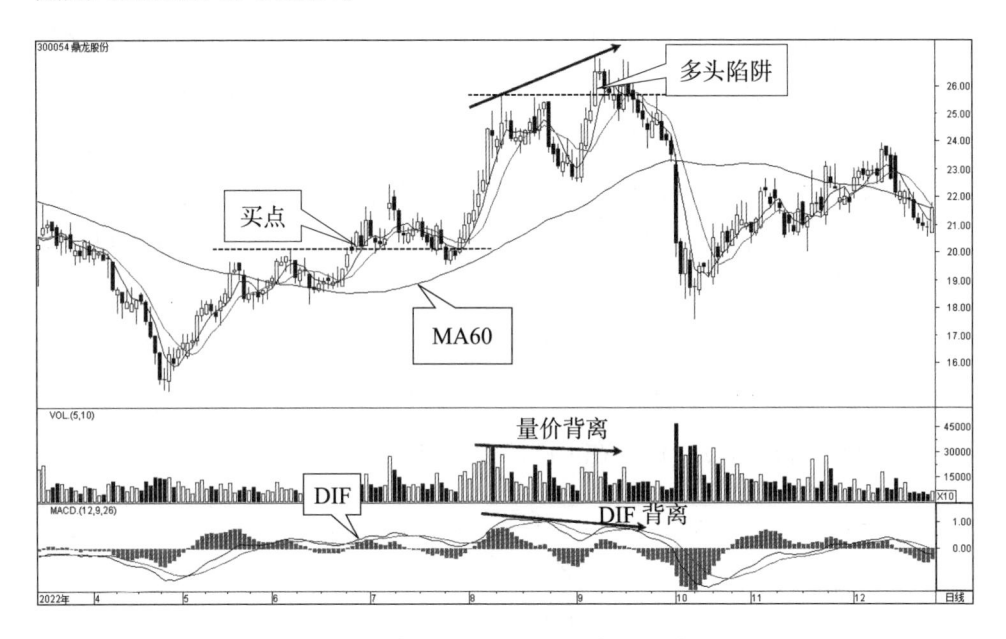

图 2-8　鼎龙股份(300054)日 K 线图

连接高位两个价格波峰的趋势线方向向上,同时期成交量的趋势线方向向下,并且 DIF 的趋势线方向也向下,两种技术指标相互验证,表明这时发生了顶背离现象,预示上升趋势可能发生反转。当出现顶部特征之后,我们可以坚持一条原则,就是"可以不做空,但一定不能追高"。发生顶背离形态之后,如果操作双向交易品种,可以选择做空,这是做空风险较大的逆势抄顶行为;如果持有多单,这时不应再追高加仓,但可以继续持仓跟踪主要多头趋势。

有交易者会问,真的有人会在这么高的位置追高吗?不要小看多头氛围中的疯狂程度,牛市会产生让人亢奋的赚钱效应,多个板块轮番上涨,会让一些交易者沉醉在多头思维而把风险抛诸脑后。交易者应该多留几分清醒，不要等到梦醒时分才发现犯了不该犯的错。训练有素的交易者在这时如果持有低位进场的多单，会适量逢高减仓，而不是再按新的买入信号无差别地进场。对于稳健的交易者来说，这是"宁可错过，也不做错"的位置。

图 2-8 中的个股形成多头陷阱之后很快回到阻力线下方，MA5 与 MA10 形成死叉，短线开始向下趋势。在完成对阻力线的回测之后，该股持续放量下跌，连续跌破前期的几个波谷低点。从高位开始的这波下跌相对前面的主升浪来说是一波穿头破脚的走势，这对于被多头陷阱诱多进场的交易者来说是一种很受伤的走势。因此，交易者再次遇到这种高位背离的可能的诱多信号时，不妨多回想一下这种反向走势，提醒自己重视潜在风险。

再来看最后一个多头陷阱的案例，如图 2-9 所示，是蓝色光标从 2021 年 9 月到 2022 年 5 月的日 K 线图。这次在第 1 上升浪突破前高的位置买入，买入之后该股完成 5 浪上涨。在上涨期间，成交量明显放大。

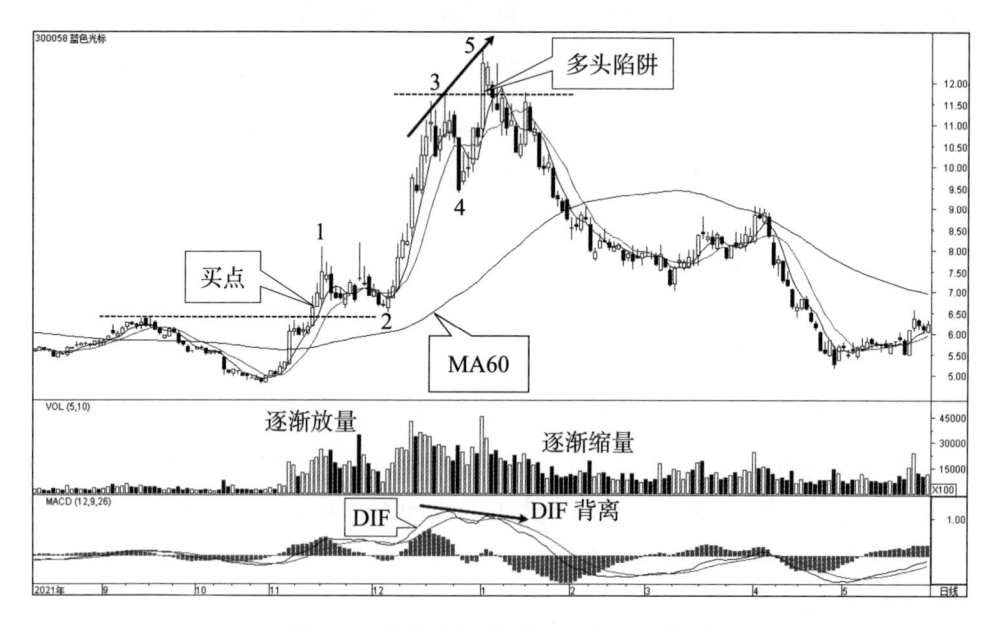

图 2-9　蓝色光标（300058）日 K 线图

连接高位两个价格波峰的趋势线方向明显向上，同时期 DIF 指标的趋势线方向向下，就发生了顶背离现象，预示上升趋势可能发生反转。虽然第 5 浪突破前高时的成交量要高于第 3 浪，但仅持续了一根 K 线。如果从均量线来看，仍然会形成量价背离。从低位买入并持有到现在已经有 100% 以上的浮动盈利，无论如何这里都算是低风险高回报的进场位置。前期的快速拉升让很多参与者获利丰厚，他们都在伺机兑现利润。如果在第 5 浪冲顶时冒险买进，则很快会陷入亏损，这无疑是主力资金炒作出来的一个多头陷阱。

此后，价格很快回落到高位的阻力线以下，回测一次阻力线之后，多头力量似乎马上消失得不见踪影，股价节节败退，成交量也逐渐减小，直到吃掉第 3 浪的全部涨幅才暂时止跌。

技术分析者同样需要牢记价值投资者经常说的一句话，"风险是涨出来的，价值是跌出来的"。没有一直下跌的市场，也没有一直上涨的市场。在高位的利好消息都是为了吸引接盘侠，散户要和主力资金同进退，而不要当主力的接盘侠。技术分析只是一种工具，不应该被滥用。交易者熟练掌握识别顶部特征的技术分析方法之后，看盘眼光会进一步升级，由"见山不是山"转变为"见山还是山"。

2.3　空头陷阱——2 浪调整

主力资金在空头趋势末端也会利用技术上的"骗线"行为为陷入空头思维的交易者布下空头陷阱。连绵不绝的下跌会把交易者训练成空头思维，在下跌过程中已经埋进了无数尝试抄底的资金，看空、做空似乎成了更容易、更有利可图的做法。市场中有句老话说，"多头不死，空头不止"。当多头绝望地加入空头阵营的时候，市场反人性的一面又会表现出来，市场开始止跌回升。

本小节讲解的空头陷阱发生在波浪理论中的第 2 调整浪。经过 A 浪和 C

浪下跌之后，市场进入低位，并且笼罩在空头氛围之中。当市场开始复苏并走出第 1 上升浪时，交易者往往很难判断这时是下跌途中的又一次反弹，还是已经开始反转。市场沿着下降通道上轨继续下跌时，交易者会习惯性地认为市场很可能开启新一轮的下跌行情，当他们纷纷进场做空时，市场很快反转向上，并开始第 3 上升浪。这样，第 2 调整浪就成了一个空头陷阱，如图 2-10 所示。

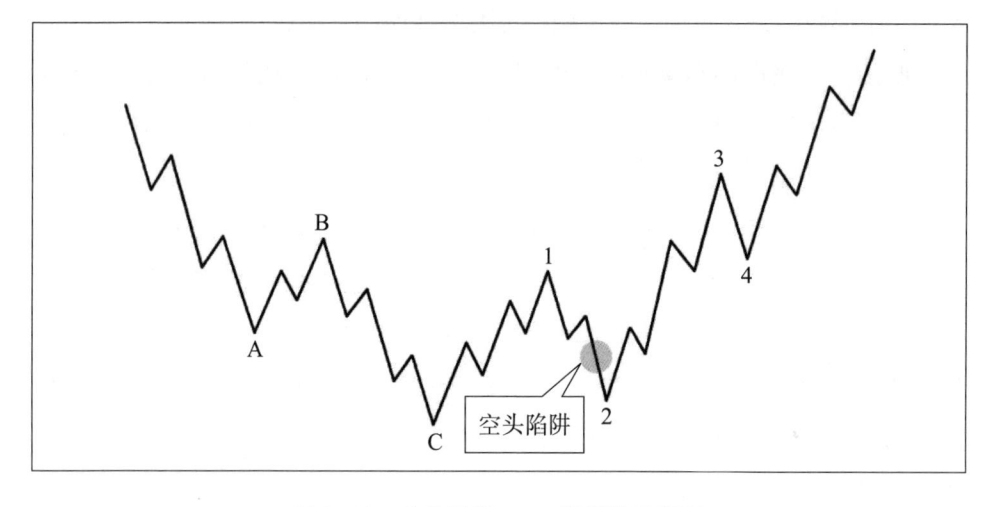

图 2-10　空头陷阱——2 浪调整示意图

熟悉底部价格形态的交易者会发现，第 2 浪调整浪的空头陷阱经常发生在头肩底形态的右肩位置，第 2 浪形成的波谷与前面两个波谷可以构成一个头肩底形态。手中持有多单的多头，如果在 2 浪离场，则会错过后面的主升浪；而在这里新进场的空头，手中的空单会很快被迫止损，如果处理不当很容易造成大亏。2 浪波谷低点很可能是后面很长一段时间的低点，这是做空风险回报比较低的一个位置。如果从空头不好理解，交易者可以将这个位置与多头在上升趋势末端的 B 浪波峰做多相类比，它们在技术上是相反的位置。

下面来看一个空头陷阱的案例，如图 2-11 所示，是迈为股份从 2021 年 12 月到 2022 年 9 月的日 K 线图。该股前期处于下降趋势，60 日均线向下移动。

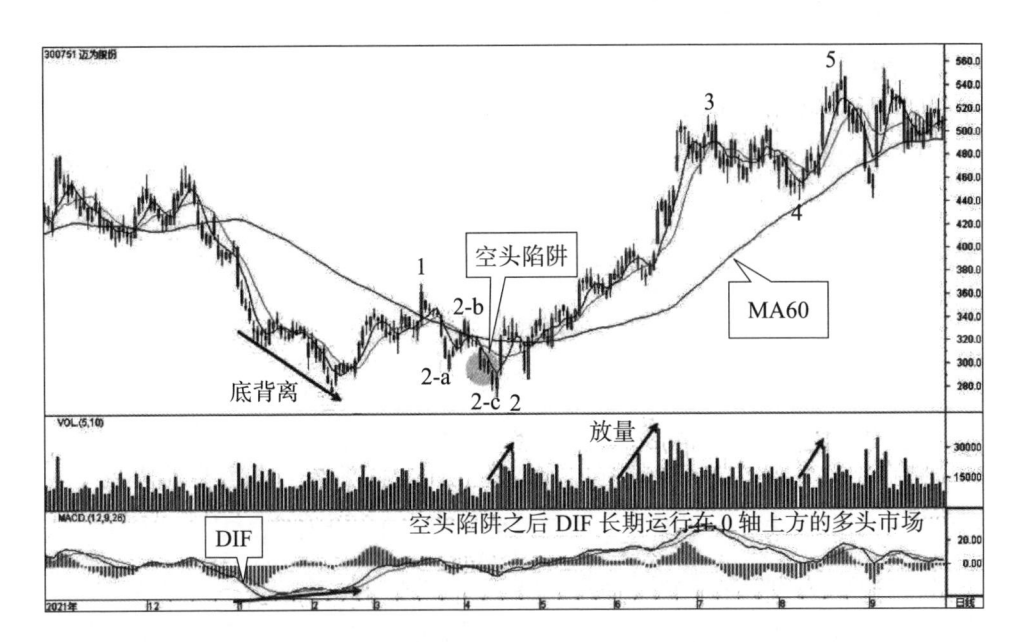

图 2-11　迈为股份（300751）日 K 线图

下跌到低位时，价格创出新低，同时 DIF 线未能创出新低，形成底背离形态，预示价格可能发生反转。

　　此后开始第 1 浪反弹并向上突破 60 日均线，这次反弹未能站稳 60 日均线，价格再次回落。图 2-11 中用阴影标出的位置，是该股向下突破前一小波反弹的起点，似乎再欲向下突破。在空头占主导的市场中，我们有理由在这个位置看空或做空，但是最终只是位于波谷 K 线的下影线短暂跌破前低，然后开始明显放量并快速反弹。当价格向上站稳 60 日均线后，可以确认阴影位置是发生在第 2 调整浪末端的空头陷阱。

　　当 2 浪走出复杂形态，也就是说调整浪由 a、b、c 三浪组成时，2-c 浪很容易被认为是新一轮下跌的开始。多头容易在这里止损，丢掉筹码，而空头容易在这里进场，建立新的空单。交易者应该注意分辨第 2 调整浪与 A 浪、C 浪下跌初期的技术特征，它们有相似之处，但也有明显的区别，比如，C 浪下跌初期的 DIF 线的重心由 0 轴之上转为 0 轴之下，还没有长期运行在 0 轴下方，也没有形成过底背离形态。

从图 2-11 中可以看出，在空头陷阱之后，该股展开第 3 浪上涨，最终突破了前期高点。从 MACD 指标来看，在空头陷阱之后，DIF 线长期运行在 0 轴上方的多头市场。而第 2 调整浪时，DIF 线只在 0 轴下方的空头市场停留了很短一段时间，而且是靠近 0 轴的位置。可以说，这是主力资金在拉升之前挖的最后一个坑。

本小节所讲的空头陷阱经常发生在头肩底形态的右肩，我们再来看一个案例，如图 2-12 所示，是寒锐钴业从 2020 年 1 月到 9 月的日 K 线图。该股从左侧的高位开始逐波迅速下跌，60 日均线转为向下移动。我们直接看图中阴影标出的位置，价格没能向上突破 60 日均线的压制，沿着长期均线向下移动。当短期均线发生死叉时，我们完全有理由在这里做空。从 MACD 指标来看，同时在 0 轴下方靠近 0 轴的位置发生死叉，同样有理由认为这里可能是新一轮下跌的开始。但是，该股很快放量回升，DIF 线也进入多头市场，阴影位置其实是一个空头陷阱。

交易者可以仔细观察一下前期的下跌图形，看看是否可以自己标出下跌

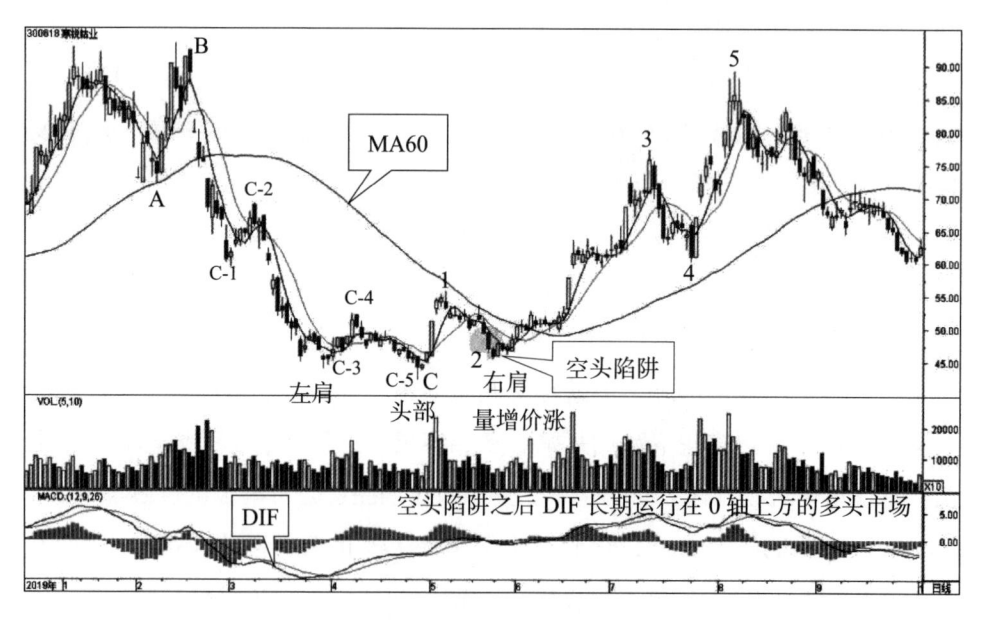

图 2-12　寒锐钴业（300618）日 K 线图

浪型。回测 60 日均线的那波下跌可以看作是 A 浪下跌，此后的反弹是 B 浪反弹，而 C 浪走出了延长浪，跌破 60 日线的是 C-1 浪，左肩是 C-3 浪，头部是 C-5 浪。这样可以更清楚地了解下跌浪的结构并划分行情阶段。而在上涨阶段，我们可以更容易地标出 5 浪上涨结构，如图 2-12 所示。

仔细观察 MACD 指标，细心的交易者会注意到，DIF 线在左肩对应的波谷时达到最低，头部时价格创出新低，而 DIF 线的波谷升高，这就形成了底背离形态，是看多信号。右肩如果无法创出新低，则会使 MACD 指标在 0 轴附近形成金叉，这又是一个强烈的多头信号。这样看来，在第 2 浪末端做空会有很大风险，一旦走出第 3 浪主升浪，如果在双向交易品种中持有空单，将要面临止损或大亏。

从更大的视角来看，由于在前期主跌浪时发生过连续大幅下跌，比如本例中的 C-3 浪或整个 C 浪，因此在 2 浪空头陷阱之后的上升浪通常也会同样猛烈，而且往往会收复前面大幅下跌的空间。这对于多头来说是可能踏空的巨大机会成本，而对于（操作双向交易品种的）空头来说则是巨大的止损风险。

最后来看一个双向交易品种螺纹钢期货合约的案例，如图 2-13 所示。这段走势发生在 2023 年 2 月 6 日到 9 日，K 线周期为 5 分钟。该合约在前期不断创出新低，DIF 线的重心在 0 轴以下的空头市场。

该合约运行到图中阴影标出的位置时，MA60 均线仍然向下运行，MA5 与 MA10 均线在长期均线下方发生死叉，发出做空信号，这理应是一个开空单的位置，价格有可能跌破前低，继续下降趋势。但是价格很快开始回升，并站上了 MA60 均线，这时会触发空单的止损。开空的位置处于第 2 调整浪的末端，这正是一个空头陷阱。空头交易者如果沉浸在空头氛围中并抱有继续下跌的幻想，在后面的快速拉升中将要被迫进入轧空行情，最终将会造成更大亏损。

这个空头陷阱位置的止损需要重点强调一下，在持有空单的情况下，如果行情不按预期方向发展，最好的做法就是早止损。一旦等到价格向上脱离

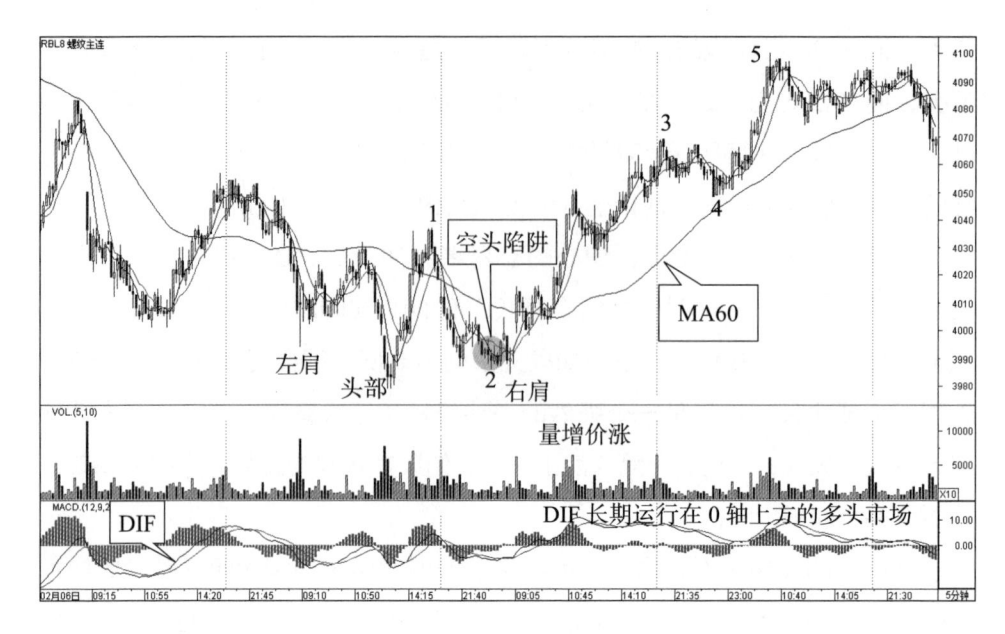

图 2-13　螺纹主连（RB888）2023 年 2 月 6 日—9 日 5 分钟图

你认为的合理止损区间，就容易陷入被动持仓的局面。在面对亏损时，你的大脑会进入"战斗、逃跑或僵住"的反应模式（在第 7 章交易心理部分将会讲到）。遇到快速反向波动，"僵住"的表现就是死扛亏损单，这当然不是处理亏损单的明智做法。

我们仍然可以在图中识别出一个头肩底形态，而空头陷阱发生在右肩位置。右肩之后，DIF 线向上突破 0 轴，这应该是一个有利的做多信号。此后，DIF 线长期运行在 0 轴上方的多头市场。在双向交易品种的日内交易中，由于价格波动快速，交易者很难在短时间内转换多空思维，因此建议交易者在日内最好只做一个方向。

到此为止，我们完成了对第 2 调整浪末端发生的空头陷阱的讲解。交易者应该坚持顺势交易原则，但在下降趋势的末端建立新的空头仓位，这无异于在最后时刻加入了"空军"。技术分析者的利润来源于由分析判断产生的先见之明。很多交易者在趋势发展的初期没有勇气进场，不够大胆地拥抱风险，等到趋势发展的末期终于鼓足勇气上车，却经常赶上反转的位置。这种踏不准节奏的交易行为不仅要从提高技术分析水平入手，而且要改进交易心理。我们经常听说炒股炒的是预期，技术分析同样如此，由良好的判断产生合理预期，这才是打开盈利之门的正确方式。

2.4 空头陷阱——低位背离

交易者迟早会思考这样一个问题，就是下跌行情与上涨行情是否对称？在讲到空头思维时，我们曾经把一幅下降趋势的K线图反转过来，这样多数交易者会认为价格还会"上涨"，应该"做多"，而在正常显示的K线图上则会受到多头思维的干扰，倾向于找理由勉强做多。有经验的交易者还会注意到，通常上涨的速度比较慢，而下跌的速度比较快。这样又可以总结出另一条规律，下降通道的角度通常要比上升通道更陡峭。不过，市场通常会快速地形成顶部，而筑底的时间却比较长。我们还可以列举出一些在上升与下降趋势中或者顶部与底部相对应的形态，比如上升三角形与下降三角形、头肩顶与头肩底等。所以，我们认为下跌行情与上涨行情具有一定的对称性，但又不是严格的对称。

本小节再介绍一种空头陷阱——低位背离。顾名思义，低位背离是指经过一段时间的下跌之后，发生在阶段低位的底背离形态，这时的价格创出新低，但DIF线、成交量等指标未能同步创出新低。如果交易者在价格突破前低时盲目进场做空，则很可能在后面遭遇轧空行情。

图2-14是底背离形态示意图，图中画出了波浪理论中的一轮下跌与上涨循环，其中下跌趋势分为A、B、C浪，图中是一种常见的5-3-5结构，也就是说，这三个下跌浪又可以分别细分成5、3、5个更小级别的波浪。图中标出了C浪中的C-1～C-5浪，C-1、C-3、C-5这三个下跌浪在向下突破前低时都可以进场做空。但是C-5在创出新低时，指标往往不会创出新低，从而形成底背离形态，预示下降趋势即将反转。在C-5末端新进场的交易者

很可能达不到止盈目标，然后迎来快速的反向行情，最终被迫止损。所以，这个位置就成了一个空头陷阱。

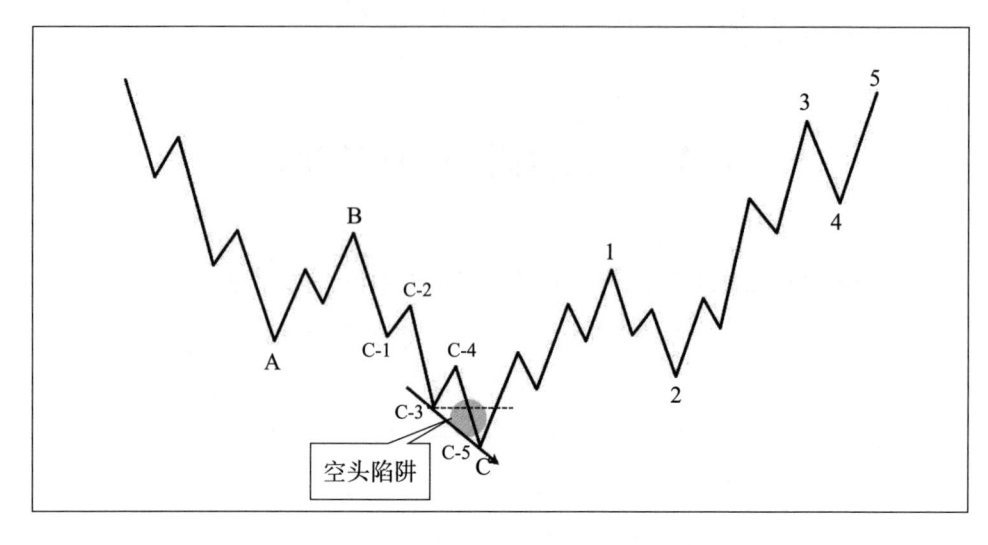

图 2-14　空头陷阱——低位底背离示意图

虽然突破关键低点时可以做空，但由于所处的市场阶段不同，它们的意义和效用并不相同。C-1 处在整个下降趋势的初始阶段，而 C-5 却很可能是整个下降趋势的末端。当然，少数情况下也会遇到 C 浪走出延长浪的情况，尤其是在小周期的 K 线图上，有时会出现数不清波浪的情况，走出 7 浪或 9 浪下跌。总之，在阶段低位始终要注意识别底部特征，判断是否有可能形成空头陷阱。

来看一个空头陷阱的案例，如图 2-15 所示，是爱尔眼科从 2021 年 10 月到 2022 年 8 月的日 K 线图。该股前期处于下降趋势，MACD 指标的 DIF 线运行在 0 轴下方的空头市场。

图 2-15 中用三个向下箭头分别标出了三个向下突破前低的 K 线。如果持有多单，在这三个位置均可以离场；如果是双向交易品种，在这三个位置均可以进场做空。前两个位置，多头离场可以躲过大幅下跌行情，空头进场可以吃到大波段的利润。第三个位置有些不同，向下箭头之后价格创出新低，

但 DIF 指标未能创出新低,形成了底背离形态,预示价格可能止跌回升。破位仅持续了两根 K 线,多头如果在这里放弃筹码,他们很快要再次寻找进场机会;空头在这里进场则很快要面临止损。因此,第三个位置是跌过头的位置,是一个空头陷阱。

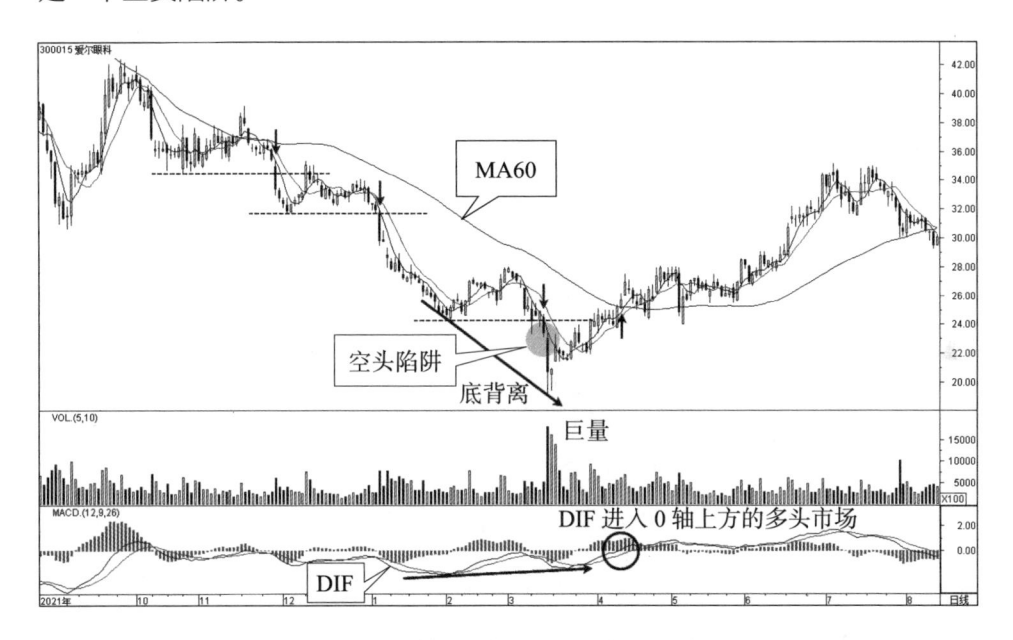

图 2-15 爱尔眼科(300015)日 K 线图

从成交量来看,在第二个箭头那波下跌形成的波谷明显放量,其量能是平均水平的 2 倍甚至 3 倍以上,这表明有大量筹码换手,有主力资金看好后市行情。这个位置的价格趋势线方向向下,而成交量趋势线方向向上,这是底部量价背离现象。

发生底背离的最后一波下跌之后,该股温和放量,价格持续回升,回到了处于低位的那条阻力线上方。当价格站上 60 日均线的时候,DIF 线也同时向上突破 0 轴,这是中长线的做多信号,发生在向上箭头标出的 K 线。

发生底背离时说明已经跌过头了,下跌动量最大的一浪使指标进入最低位,后面虽然产生了更低的价格波谷,但指标的波谷已经无法更低了。但是,当下降趋势的级别超越观察周期时,就会发生指标钝化现象。这就是交易者在市场中经常听到的"底中有底,背离后有背离"这句话背后的原理。

下面来看一下亿纬锂能的日 K 线图,如图 2-16 所示。该股从高位开始连续下跌,形成一波接一波的向下推动浪。仍然以向下突破前一波谷的低点作为做空信号,并用三个向下箭头标出了向下突破的 K 线。波谷 2 对应的 DIF 线处于最低位,波谷 3 时 DIF 线抬高,发生了第一次底背离。随后波谷 4 再创新低,而 DIF 线仍略微抬高,发生了第二次底背离。

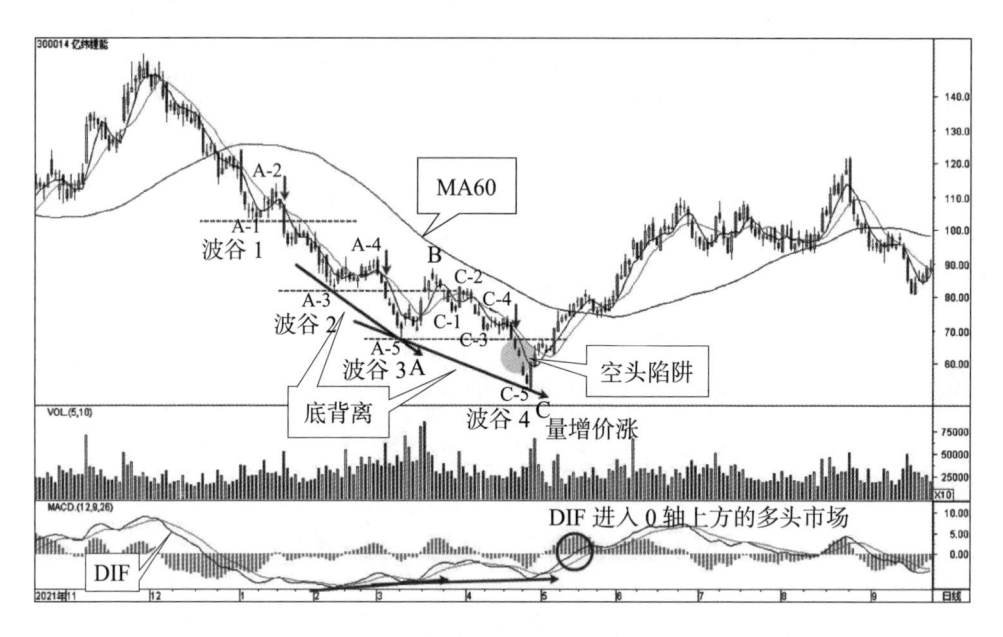

图 2-16　亿纬锂能(300014)日 K 线图

波谷 4 的左侧下跌阶段,我们有理由继续做空,但处于二次底背离过程中,上涨的概率增大。该股很快形成了 V 型反转,做空的交易者已经落入空头陷阱。当价格站上 60 日均线并且 DIF 线同时向上突破 0 轴时,前面在技术上做空的理由已经彻底失去意义。

这波连续下降趋势,乍一看似乎很难划分出符合波浪理论的浪型,这不就是连续下跌吗?我们可以把它当作"数不清"的情况来处理,只依据底背离来判断反转的可能性。但是,有经验的交易者可以从 MACD 指标上找到一些数浪的线索。利用 DIF 线与 DEA 线的位置关系,或者 MACD 红柱线与绿柱线的长度和宽度，可以帮助我们判断浪型。我们试着给出一种数浪结果，波谷1~3对应着A-1、A-3、A-5浪，波谷4对应着C-5浪、C浪。

因此可以得出一种结论，下降趋势中经常发生底背离的是A-5浪与A-3浪、C-5浪与C-3浪，有时C浪与A浪也会发生背离。

期货市场的多空力量往往要比股市更均衡一些，上升趋势与下降趋势的对称性会更明显。期货合约可以T+0双向交易，每个时刻多空双方力量都在博弈之中。下面来看一个螺纹钢合约上的空头陷阱的案例，如图2-17所示，这是发生在2022年10月25日到11月9日的15分钟图。

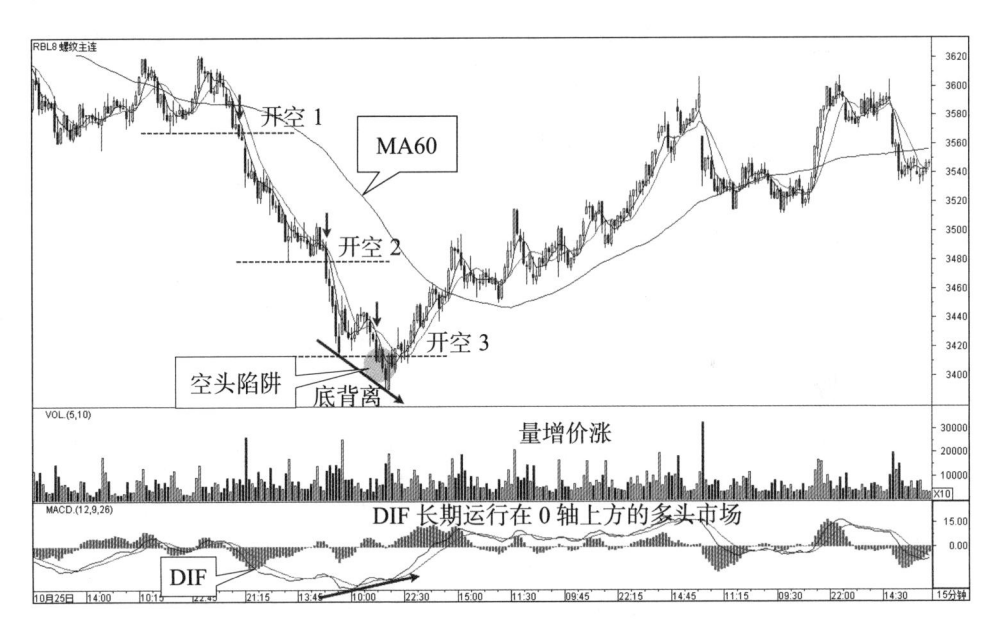

图2-17　螺纹主连（RB888）2022年10月25日—11月9日15分钟图

该合约前期处于下降趋势，经过一波反弹之后，继续连续向下运行，接连向下突破三个前期波谷，对应着三个开空位置。期货合约中的下跌波段与股票中的上涨波段一样可以赚钱，期货合约是在相对高位开立空单，然后在相对低位平掉空单，这和股票上的做多正好相反。

前两次开空之后，该合约均走出了单边下跌行情，并且产生了可观的波段利润。重点看第三个开空位置，该合约向下突破前期低点3414并产生开空信号，同时将止损设置在前高3447。开空之后，该合约只向下运行了4根K线便形成了一个波谷。虽然这次形成了一个创出新低的波谷，但DIF指标的波谷却抬高了，这就形成了底背离形态，预示着很有可能发生反转。波谷右侧的反向走势十分猛烈，只用1根K线就反弹到了开空价格附近。波谷右侧的第3根K线站上阻力线（即穿过第三个波谷的支撑线），确认形成了一个空头陷阱。这时空头要抓紧处理手中的空单，先知先觉的空头会在开空价格附近平推离场，而更多空头手中的空单要经历一段轧空行情之后才会触发止损信号。

当DIF线向上突破0轴或者价格站上MA60均线之后，该合约进入中长线的多头市场，此后便是多头主宰的世界。

还有一点值得一提的是，通过MACD绿柱线的宽度（个数）和长度同样可以判断下跌的强度。交易者可以仔细观察一下三次开空对应的三个下跌波段期间MACD绿柱线的情况。这三组绿柱线的宽度分别为26、9、1，最长柱线分别为–13.75、–10.16、–0.77，从这些数据很容易看出下跌持续的时间和强度。发生在背离一浪的空头陷阱时，MACD绿柱线仅持续了1根K线，长度仅为–0.77。

不管是底背离还是其他价格形态，其K线周期越长，这些形态就越可靠。例如，同样是底背离形态，发生在1分钟图、15分钟图、60分钟图、日线图上的可靠性依次升高。

最后来看一个1分钟K线图上的空头陷阱的案例，如图2-18所示，这是螺纹钢合约发生在2023年2月9日到10日的一段行情。

该合约在一波连续下跌过程中一共产生了4个波谷，以向下突破前低为做空条件，可以产生三个做空信号，分别用三个向下箭头标出了所在K线。第一个做空信号发生在2月10日9：47，价格为4062；第二个做空信号发生在10：50，价格为4035；第三个做空信号发生在11：30，价格为4025。

第一个做空信号出现在相对高位，吃到了大波段的利润，到波谷2时浮盈达到 27 个点。这波下跌期间 MACD 绿柱线持续了 37 根 K 线，并且在底部放出巨量，DIF 指标值达到低位，这是非常强劲的一波下跌。

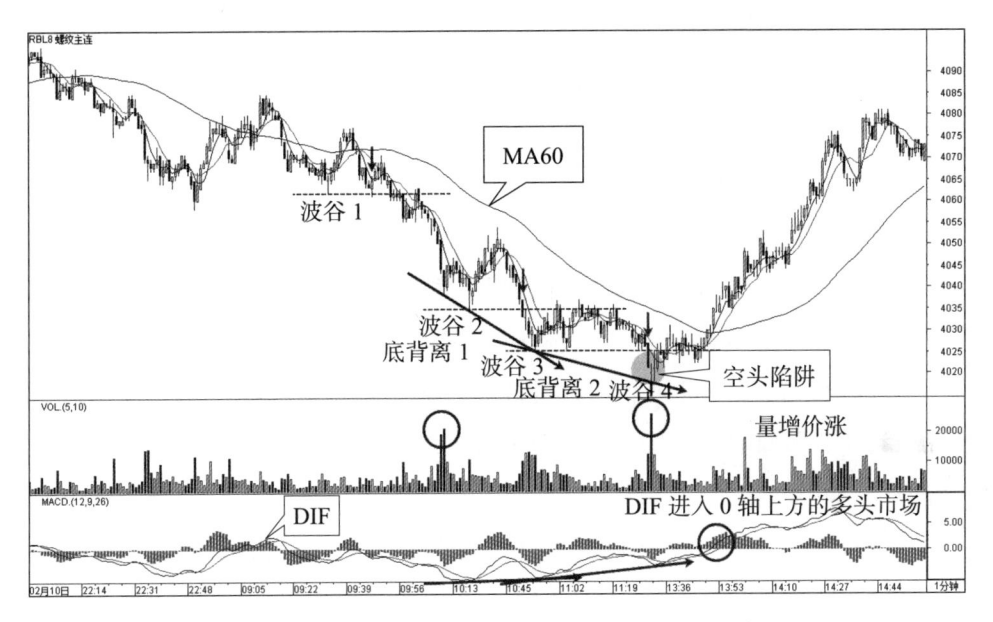

图 2-18　螺纹主连（RB888）2023 年 2 月 9 日—10 日 1 分钟图

第二个做空信号之后，该合约下跌了几根 K 线便形成了波谷 3，这时形成了第一次底背离。价格在穿过波谷 2 画出的阻力线下方调整了一段时间，通常不会触发止损。

第三个做空信号之后很快形成了波谷 4，这时形成了第二次底背离，反转的概率进一步增大。价格很快回到穿过波谷 3 画出的阻力线上方，这就形成了一个空头陷阱，这时先知先觉的空头会止损离场。

随后，当 DIF 线向上突破 0 轴或者价格站上 MA60 均线之后，该合约进入中长线的多头市场，在空头陷阱进场的空单已经失去技术上的做空意义。这时不止留在场内的短线空头要想办法出逃，而且会涌入大量多头，促使价格连续放量上涨。在这个阶段，MA5 与 MA10 均线会组成一个向上的均线带，落入其中的价格越少，说明轧空行情越强劲。沉浸在空头思维，仍未处理掉手中空单的空头最终将不得不做出一个闪着泪光的决定。

该合约在 MA60 均线上方形成了报复性反弹，最终回到了形成波谷 1 的那波左侧下跌的起点附近，这似乎成为连续下跌之后的一个反弹目标位。我们经常见到回补缺口的行情，例如当天开盘形成了一个向下跳空缺口，如果盘中形成反弹的话，很可能会补掉这个缺口。与回补缺口有些类似，连续下跌尤其是快速的连续下跌之后，经常会出现这种回补缺口式的反弹。（注意连续下跌的位置，通常不是积累大量套牢盘的头部。）

在底背离区域容易形成空头陷阱的位置，我们应该坚持"可以不做多，但一定不能追空"。这句话怎样理解呢？底背离时抄底做多是逆势交易，是试图在下降与上升趋势转换的最初阶段进场，虽然可能产生丰厚的回报，但风险也很大，并不是可靠的做多位置。对于希望进场的空头来说，这时处于明显的下降趋势中，但接近趋势末端，这里追空进场的风险很大，而回报有限。

无论如何，新手交易者都难免会踏入几次这类空头陷阱，你需要做的就是多复盘，把教训转变成经验，避免以后再犯同样的错误。很多人都是在经过第二轮、第三轮，甚至更多轮牛熊循环之后才逐渐形成自己的交易纪律。有些日内短线交易者可能认为短线的牛熊循环在一天或一周之内就能走完，这样就能很快积累到足够多的经验。这种看法似乎有些道理，但是日内短线的波动风格相对不太稳定，"涟漪"的规律毕竟不如"潮汐"的规律那样容易掌握。

第 3 章
趋势交易法

只要认识到趋势在什么地方出现，顺着潮流驾驭你的投机之舟，就能从中得到好处。不要跟市场争论，最重要的是，不要跟市场争个高低。

——杰西·利弗莫尔（Jesse Livermore）

作为一名技术分析者，你可以跟踪各种市场行情，你还可以很容易地跟踪各种国际市场行情。但基本面分析者很难做到这一点，因为你无法处理那么多的基本面信息，这是技术分析的优势之一。这也解释了为什么从事市场分析的人多数是技术分析者。

——约翰·墨菲（John Murphy）

3.1 关键点位的支撑与阻力

根据开盘价与收盘价的关系，K线可以分为阳线、阴线和平线三种状态。相应地，市场趋势也可以分为上升、下降和横盘三种趋势。假设我们有一种方法能够判断下一根K线会是阳线还是阴线，那么我们将阴线排除在外，剩下的就只是阳线，在这样的行情中做多当然会更容易。交易者可以想象一下，其实任何一个时间段的行情都可以合成一根K线，如果我们把时间适当拉长，判断一段趋势的涨跌会相对容易一些，那么把下降趋势与横盘趋势过滤掉，剩下的就是上升趋势。这些上升趋势可以合成一根一根的阳线，这些阳线就是我们做多有利的区间。

是否存在分辨趋势涨跌的方法呢？

市场未来的趋势有着极大的不确定性，你观察的周期越短，价格越呈现出"粒子"一样的跳动状态，预测方向的难度很大；如果你将观察的周期加长，价格就会呈现出波动性，预测方向的难度也会降低。另一方面来讲，短线的预测可能只是一个点，而长线的预测可以是一个区域，这也会增加可靠性。

在技术分析中，不管是道氏理论、波浪理论，还是经典技术分析，研究的主要目标就是趋势和转折，这也是波段操作的获利根本。对趋势的方向、级别的判断是做差价的基础。

我们经常会听说"和趋势做朋友""顺势而为""不要与趋势为敌"，这些都是在强调顺势操作的重要性。美国著名的对冲基金经理托比·克拉贝尔（Toby Crabel）曾被英国《金融时报》称为"最著名的逆势交易者"，他曾经说过，"我将市场背景定义为趋势、价格行为、价格形态和支撑/阻力的集合体。而趋势是最重要的，它的重要性高于其他的那些市场背景。"

◎什么是趋势？

简单来说，趋势就是朝着一个方向行进的推动浪。在价格运行过程中，会形成明显的波峰和波谷，向上推动浪的波峰和波谷逐波抬高，向下推动浪的波峰和波谷则逐波降低，没有明显趋势的波动称为横向调整。

在图 3-1 中，对行情趋势做了粗略划分，其中涨、平、跌各占三分之一的时间。从长期观察来看，适合做多的行情大概占到总行情的三分之一。所以说交易者不应该时刻都在场内操作，需要有与操作时间相当的休息时间，屏蔽掉不适合自己方法的行情，在余下的行情中进行操作，会大大提高成功率。这样做不仅能够增加盈利，而且为自己赢得了休整时间。股票大作手利弗莫尔曾经说过，只有傻瓜才会认为他必须在所有时间都交易，"从来不是我的思考替我赚大钱，而是我的坐功。"钱是坐着等来的，"在很多时候，我是持币观望，直到恰当的行情出现在面前。我后来的交易理论的一个关键是：只在关键点上进行交易。只要我有耐心，在关键点上进行交易，我就总能赚到钱。"

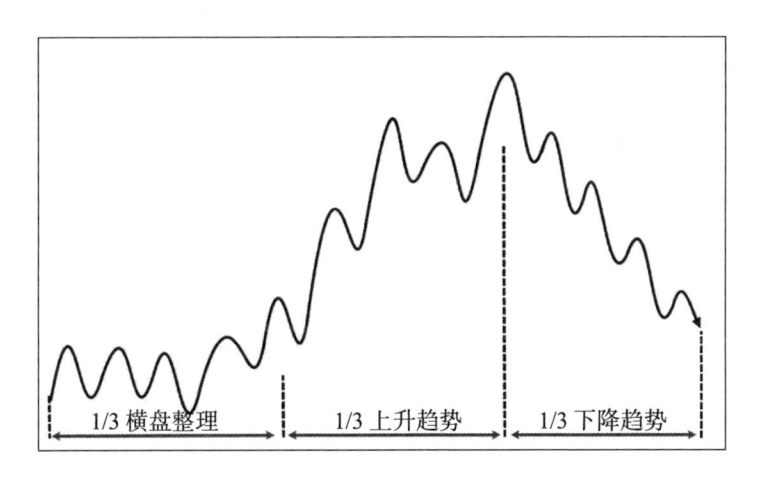

图 3-1 价格趋势划分图

图 3-2 是上证指数一段经典的牛市与熊市循环走势，我们试着对其中的趋势阶段进行了划分。在位置 1 处，指数开始下跌并最终创出低点 1849 点。然后开始反弹，有两次挑战前高都没有成功，即位置 2 和位置 3 处。此后，

上证指数向右继续横盘整理。直到向上突破之前，这段时间的MACD指标围绕0轴反复上下波动，并且成交量也没有出现明显激增的情况，这是主要的横盘整理行情。

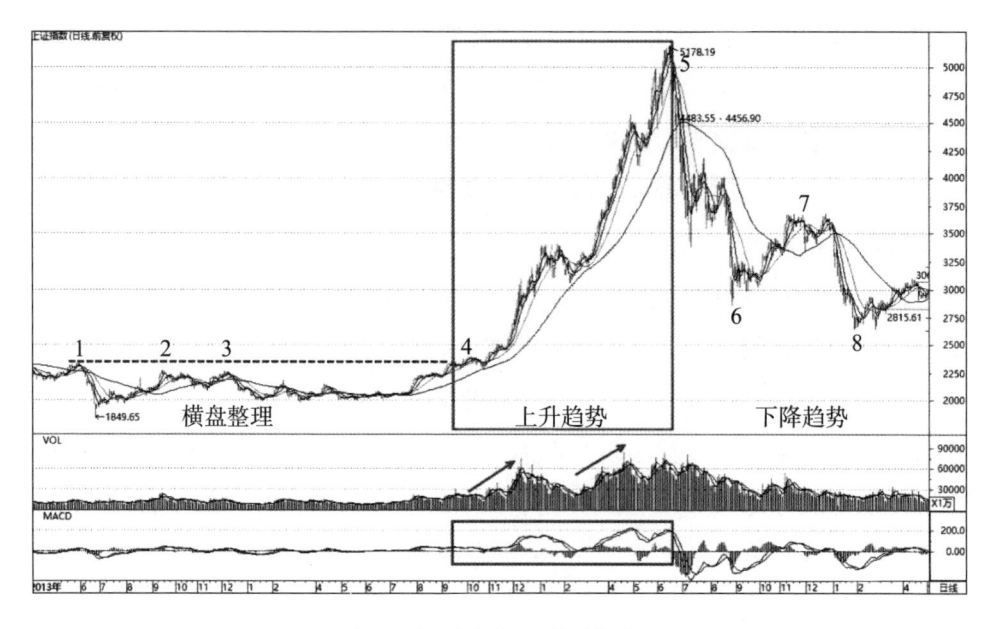

图 3-2　上证指数趋势划分

在位置4处，上证指数成功向上突破了之前的高点（阻力线），展开了大幅上涨行情，连续的上升推动浪使指数逐波创出新高，方框标出的区间是主要的上升趋势。在此期间，MACD指标一直运行在0轴之上，这是明显的多头行情，同时成交量也明显放大，股价一直运行在MA60均线之上。

到位置5创出新高5178点之后，指数开始快速下跌，进入了主要的下降趋势。指数大部分时间运行在MA60均线之下，MACD指标大部分时间运行在0轴之下，成交量较之前上涨时明显萎缩，这些现象都说明处于主要空头行情之中。

在下降趋势中，有一小段行情运行在MA60均线之上，MACD指标从低位发生金叉（位置6处），一直运行到0轴之上再发生死叉（位置7处），这是在主要下降趋势中的次级别上升趋势。对于主要下跌趋势中的中期反弹，长线交易者可以不参与。"罗马不是一天建成的",真正重大的趋势不会在一天或一个星期就结束,它走完自己的逻辑过程是需要时间的。而对短线交易者来说,中期反弹可能会有获利机会。

位置 7 之后走出了一波快速杀跌行情,在位置 8 处创出新低 2638 点,主要下跌行情告一段落,后面再次进入盘整行情,进入下一个循环。这三种趋势会出现在所有 K 线周期之中,不管日线图、周线图,还是更小周期的 30 分钟图、60 分钟图,都是由这三种趋势组合而成。根据观察周期的大小,可以确定不同级别的趋势。

◎ 趋势的特征

趋势有三种级别,可分为主要趋势、次要趋势和细微趋势,在时间上分别对应长期、中期和短期趋势。道氏理论中将这三种趋势形象地比喻为潮汐、波浪和涟漪。潮水的总体方向不会轻易转变,在潮汐中包含着无数波浪,波浪会发生与潮汐方向相反的波动,而涟漪是最微小的波动,方向随机,很难把握。

一段行情一定包含若干个次一级别的行情,同时它也处在一个更大级别的行情之中,这也符合波浪理论的浪级概念。

趋势具有相对的稳定性,一定级别的趋势一旦形成就不会轻易被改变,沿着趋势方向惯性运行。这也是跟随趋势的理论依据。

较小周期的趋势带动较大周期的趋势发生转向,较小级别的趋势突破所在周期原有的多空平衡之后,就会发生转向,并有改变较大级别趋势的可能,所谓"见微知著"。

图 3-3 是一种上升浪的结构,由五浪构成;第 1、3、5 浪为上升浪,第 2、4 浪为调整浪;第 4 浪是复杂形态,由 a、b、c 三个次级别波动构成;第 5 浪是一个延长浪,由五个次级别波动构成,在图中分别用 5-1~5-5 浪表示。

上涨推动浪通常以五浪的形式展开,而下跌浪通常是三浪,也就是常说的"五上三下"模式。价格波动还体现出了分形特征,整体行情中的一小段行情与整体行情走势类似(例如,第 5 上升浪与整个上升浪),这就像是枝杈与树干的关系，例如一根主干上长出三根枝杈，这三根枝杈又分别长出更小一级的三根小枝杈。

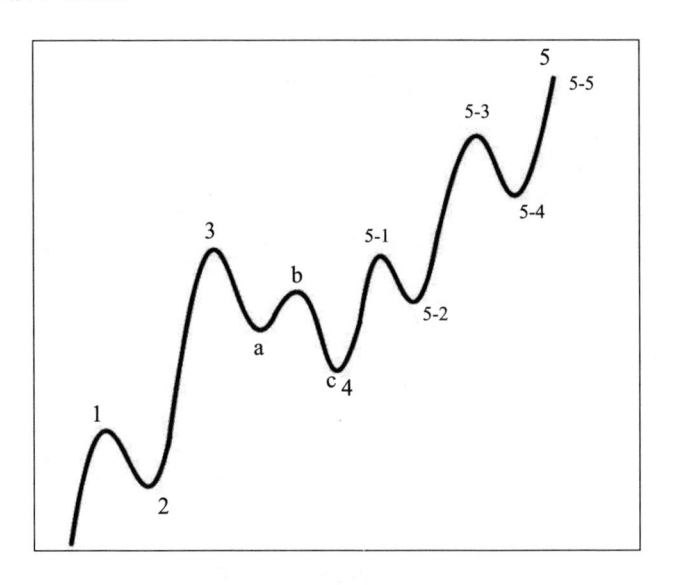

图 3-3　趋势级别划分图

图 3-4 是螺纹期货合约的 1 分钟 K 线图，下面来对这段行情进行趋势级别划分。

从图中可以看出，竖线左侧为主要上升趋势，用数字 1～5 标出了 5 浪结构。其中第 3 和第 5 上升浪都出现了延长浪，也就是次级别的上升趋势；第 4 调整浪发生了次级别的 3 浪下跌，分别用 a、b、c 表示；在第 5 浪中用 5-1 至 5-5 标出了次级别的 5 小浪上涨。

成交量和 MACD 指标能够帮助我们划分浪型，在 MACD 指标图中也标出了主要上升趋势中的 5 浪上涨结构。红柱线与绿柱线的宽度和长度可以为我们判断上涨浪与下跌浪的级别提供一些有用的线索。

图 3-4 中竖线右侧是主要下降趋势，用 A、B、C 表示 3 浪下跌。其中 B 浪是次级别的上升趋势，B 浪并不是很好的做多机会；C 浪也是延长浪，从幅度和节奏上可分为 5 小浪下跌，用 C-1 至 C-5 表示。整个下降趋势期间，MACD 指标都在 0 轴以下，很好地指示了空头市场。

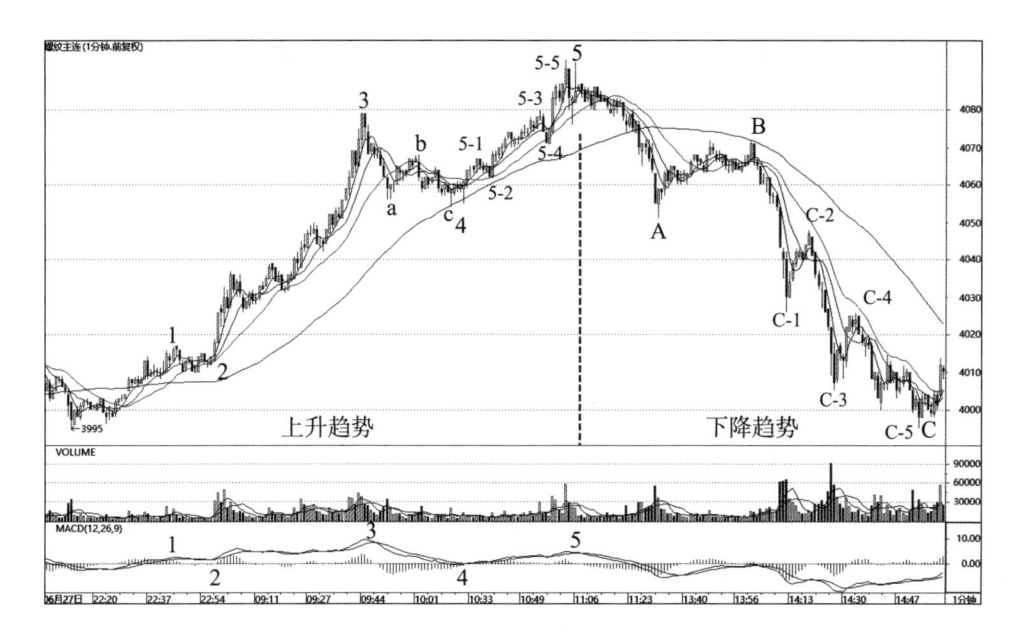

图 3-4 螺纹主连 1 分钟 K 线图的趋势划分

在上涨趋势末端的 5-5 浪时，市场处于严重超买区间，下跌概率增大。在下跌趋势末端的 C-5 浪时，市场处于严重超卖区间，上涨概率增大。值得一提的是，图中 5 浪上涨和 3 浪下跌这段整体行情也属于图表之外的更大级别上涨趋势中的一部分。1 分钟图的趋势包含在很多更大级别的趋势之中，它可能只相当于一棵大树中的一根小树枝，这张图能够很好地说明趋势的级别。交易者看到一张 K 线图就应该能够快速地确定当前处于上升趋势、下降趋势还是横向趋势，无论处于哪种周期，甚至应该一眼看出自己的买点与卖点位置。

◎ 支撑位与阻力位

价格在运行过程中，经常会遇到难以突破的关键点位或价格区间，这些位置就是价格的支撑位或阻力位（压力位）。当一个交易者能确定价格的关键点位，并能解析它在那个关键点上的表现时，他从一开始就胜算在握了。

当价格运行到支撑位附近时，多头认为到了对自己有利的价位，他们会在这个价格区间埋下很多买单，越靠近支撑位附近时，买入力道越足，价格往往很难停留，会快速发生反弹并在 K 线中形成下影线。

价格支撑往往是阶段高位获利回吐之后，消化获利盘到一定价位，多头再次发动向上攻势的位置。在前期突破时产生的高点，在下跌调整时通常都会成为支撑。还有其他一些关键点位或指标线也会具有支撑作用，例如，向上跳空缺口上方，前一波调整低点上方，形成多头排列的各条均线，以及各种通道线的下轨。

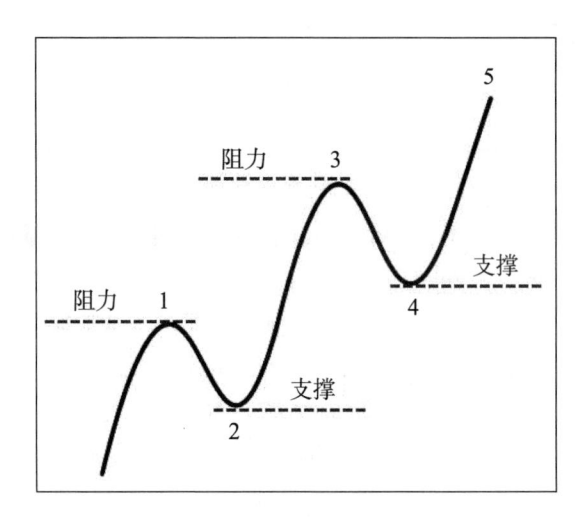

图 3-5 支撑与阻力

当价格向上运行到阻力位附近时，前期的高位套牢盘会对这波上涨产生一定的压力作用，一些做短线的多头也会在这时选择止盈离场。一旦对阻力位形成有效突破，这个价位就会变成后面行情的支撑位。

需要注意的是，当价格经过长期上涨，指标在超买区间运行了一段时间之后，如果再次突破位于前高的阻力位，往往会发生量价背离，这时可能形成多头陷阱，不应再追高，而应该逢高减仓。当出现顶部 K 线形态或者均线出现空头排列时，可以确认这是一次假突破，很有可能形成 M 头或头肩顶形态。

还有其他一些关键点位或指标线也会具有阻力作用，例如，向下跳空缺口下方，前一波反弹高点下方，形成空头排列的各条均线，以及各种通道线的上轨。

◎ **真突破与假突破**

当价格突破阻力位时，通常会有两种可能的走势，图 3-6 中画出了波浪理论中的第 5 浪在突破第 3 浪顶点时的两种可能走势，分别用 A、B 表示。

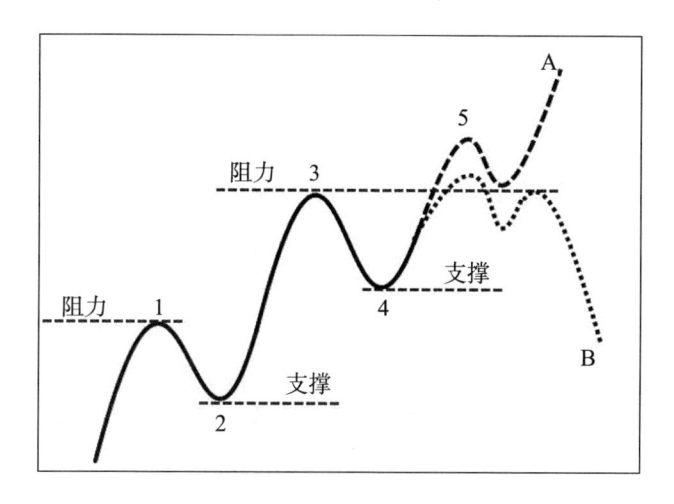

图 3-6　突破时两种可能的走势

走势 A 是一种正常的突破方式。价格首先突破前期高位，成功突破之后阻力位变成了支撑位，然后价格回测支撑位，确认这个支撑是否有效。在前高处得到支撑之后，价格继续创出新高。在向上突破阻力位时应该得到成交量的支持。

走势 B 是一种假突破。价格先是短暂突破前高，通常只停留数根 K 线，有时甚至只有上影线瞬间突破前高，这对做突破的交易者来说是一个多头陷阱。随后，价格很快回到阻力位之下，这时的阻力位并没有变成支撑位，而是成为更加牢固的阻力位。然后价格可能再次回测阻力位，如果产生这样一次回测动作，很可能是仍留在场内的多头的最后出逃机会。在此之后，多头会迎来更大的溃败。

在遇到其他形式的阻力位时，也要注意假突破的走势。在高位的假突破容易形成 M 头或头肩顶形态。以突破作为买入信号的交易者，更应该做好应对假突破的对策。我们始终在提醒交易者，要注意突破的位置和头部特征。

3.2 趋势线与通道线

◎ 趋势线

趋势线是最简单、有效的趋势分析工具之一。在上升趋势中，连接相邻两个波谷的直线是上升趋势线；在下降趋势中，连接相邻两个波峰的直线是下降趋势线。

在上升趋势中，以上升趋势线作为通道下轨，将上升趋势线适当向上平移，穿越波峰画出通道上轨，就形成了一组上升通道线。在下降趋势中，以下降趋势线作为通道上轨，将下降趋势线适当向下平移，穿越波谷画出通道下轨，就形成了一组下降通道线。

在图3-7中，连接该股相邻的波谷低点可以画出一条上升趋势线，当股价运行到这条趋势线上方时多次获得支撑，一共有5次都在趋势线附近止跌并形成了波谷。在第6次回测趋势线时，股价有3个交易日的挣扎，但未能再次回到上升趋势，以向下跳空缺口的形式脱离上升趋势线，开始进入下降趋势。

在股价沿着趋势线向上移动时，MACD指标的DIF线主要运行在0轴之上，说明是明显的多头行情，等到向下突破上升趋势线时，DIF线开始进入0轴下方的空头市场。值得注意的是，60日均线也对这次长期上升趋势起到了支撑的作用。

随着价格上涨时间增长，高位的价格波动幅度变得越来越大，上涨的角度也会变得更加陡峭，这时普通等差坐标可能已经不太适用，可以改用对数坐标。图3-8和图3-9分别显示了同一只个股太阳纸业在普通坐标和对数坐标图中的上升趋势线。

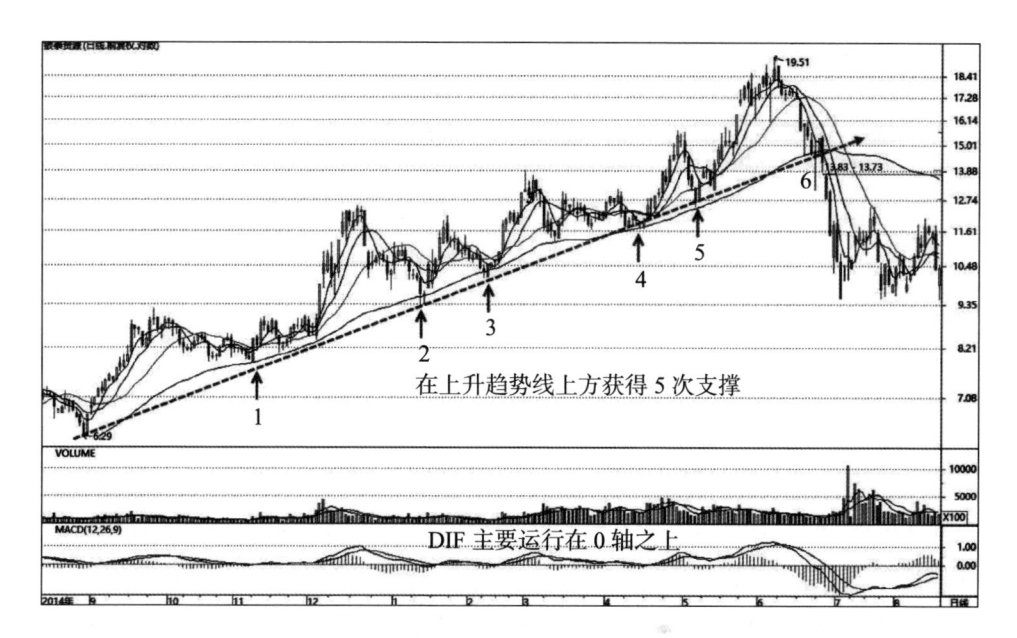

图 3-7 银泰资源（000975）趋势线

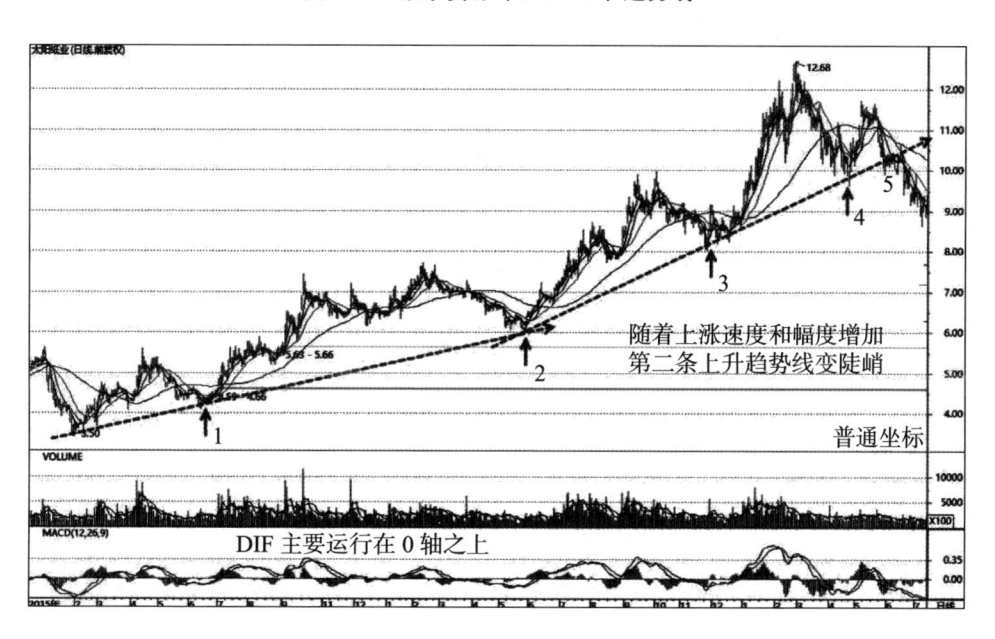

图 3-8 太阳纸业（002078）在普通坐标图中的趋势线

图 3-8 中，首先通过连接相邻波谷画出第一条趋势线，它使股价在位置 1 和 2 处获得了支撑。当该股经过长期持续上涨之后，上涨角度开始变得陡峭，

我们需要画出新的上升趋势线。股价在第二条趋势线上同样获得了两次支撑（3处、4处）。当该股第五次回测上升趋势线时，未能再次持续上涨行情，跌破了趋势线，开启下跌行情。

为了解决由于上涨角度而更换趋势线的问题，可以借助对数坐标。

在普通坐标图中，所有涨跌价格数值相等的交易日，其K线长度是一样的，比如在10元时上涨1元和在20元时上涨1元，两根K线的实体长度是相同的，但上涨比例是不同的。

在对数坐标图中，只有涨跌百分比相同的股票，其K线长度才是一样的，比如在10元时上涨1元（10%）和在20元时上涨2元（10%），这两根K线的实体长度是相同的。在观察较长期行情时，使用对数坐标更能够真实地反映股价的波动幅度。

在图3-9的对数坐标图中，该股只需一条趋势线就能反映出上升趋势，解决了在普通坐标图中由于上涨角度带来的问题。图3-9中，在行情的低位与高位利用涨跌比例来显示K线，K线图整体是比较均匀的。该股同样在上

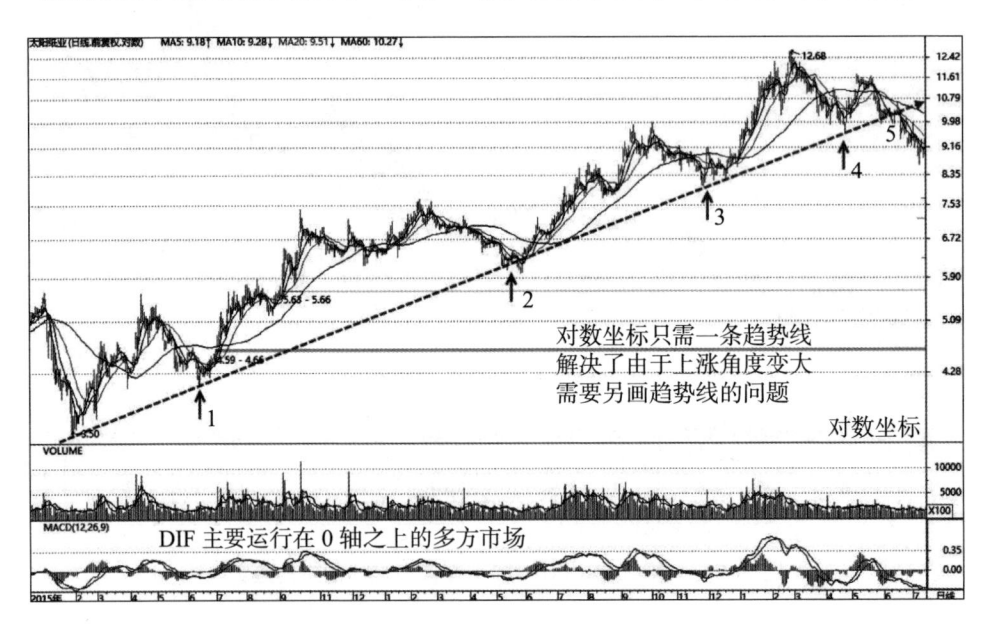

图3-9　太阳纸业（002078）在对数坐标图中的趋势线

升趋势线附近获得了 4 次支撑，在第 5 次回测趋势线时，形成向下突破，趋势开始转向。

◎ **通道线**

将上升趋势线向上平移一段距离，使其穿越波峰 K 线的实体上沿，便画出了通道线的上轨，原来处于波谷之下的上升趋势线作为通道下轨，就构成了一个上升通道。相对应地，下降通道是由下降趋势线向下平移得到的。

上升通道中应该包括绝大多数的 K 线，只允许个别 K 线处于通道线之外，但它们应该很快又回到通道之中。通道下轨对价格起到支撑作用，通道上轨对价格起到压力作用，在大部分时间内，价格在通道上下轨之间波动。下轨可作为波段买入位置，上轨可作为止盈位置。

上升通道线是指示上升趋势的最简单、有效的工具之一。图 3-10 是太阳纸业在对数坐标图中的一段上涨行情，之前已经画出了它的上升趋势线（通道下轨），现在我们只需穿过波峰画出一条与上升趋势线平行的直线作为通道上轨，这样就画出了一个价格通道线。

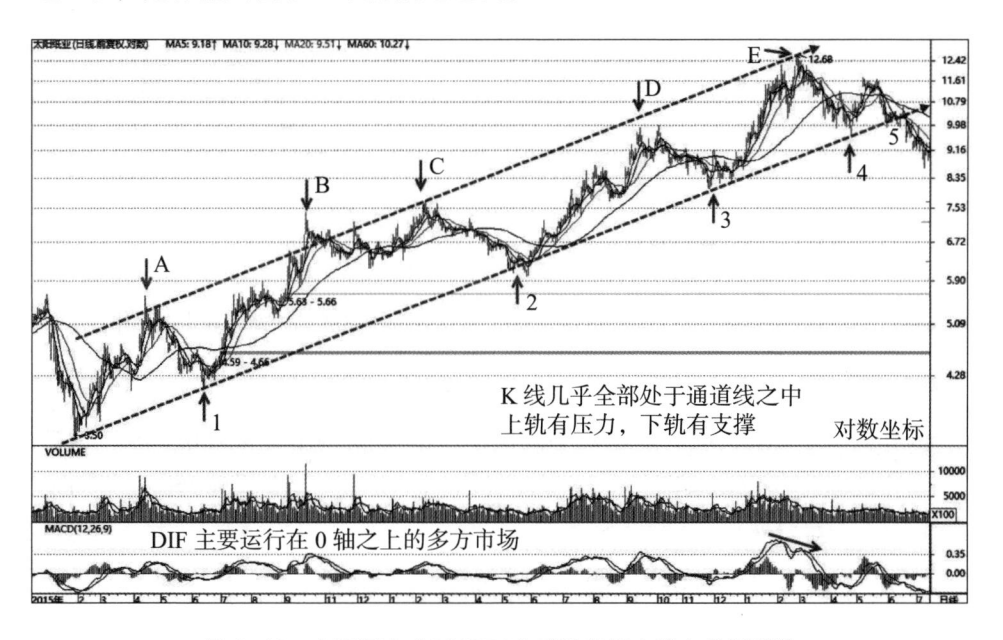

图 3-10　太阳纸业（002078）对数坐标中的上升通道线

该股大部分时间运行在上升通道之内，只有两个位置短暂突破了通道线（2处、B处），还有就是在最后跌出通道线（5处），开始下降趋势。

在通道下轨，股价有3次因受到支撑而反弹并创出新高（1～3处），下轨附近可作为波段买点。在通道上轨，股价有5次因受到压力而回落（A～E处），上轨附近可作为波段卖点。在E处，MACD指标达到历史最高的超买水平，同时发生量价背离和指标背离，创新高的K线是看跌吞没形态，所有这些都是卖出信号。

上面讲的通道线是以直线构成的，另外，通道线还可以是曲线，比如均线通道、薛斯通道和布林线等。在《随机指标KDJ：波段操作精解》（北京联合出版有限责任公司出版）中讲过，利用最近9个交易日的高点与低点构成一组通道线，它的下轨可以作为跟踪止损线。

最后来看一个曲线通道的例子，在图3-11中，我们将薛斯通道进行改良，得出了一种新的薛斯通道。

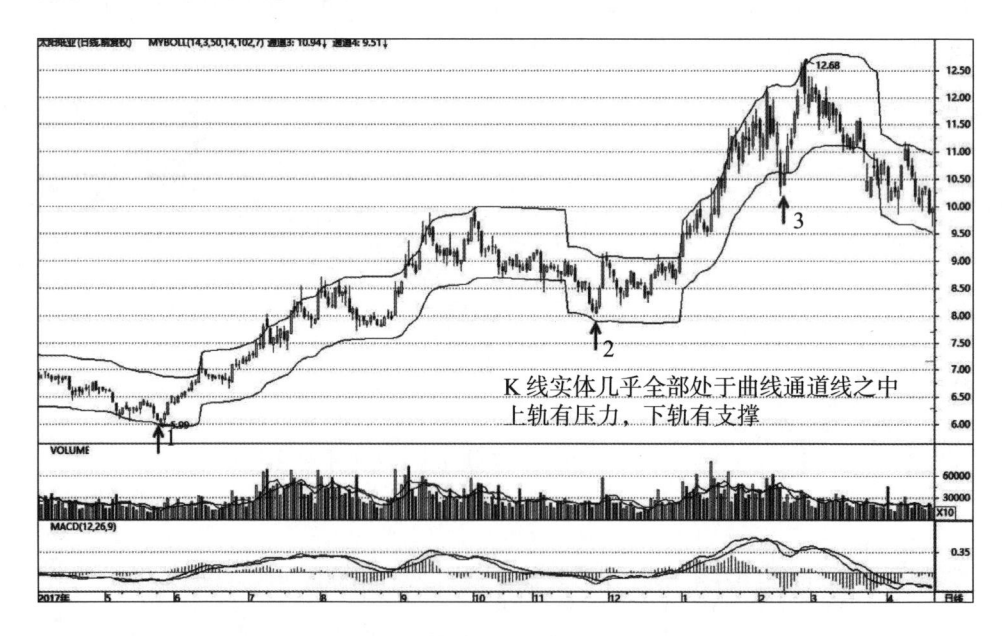

图3-11　太阳纸业（002078）曲线通道

仔细观察该通道和K线的关系，可以看出，K线的实体几乎都在通道线之内，通道线之外的多数是影线，这说明新薛斯通道很好地指示出了支撑位和阻力位。在上涨时价格沿着上轨运行，在下跌时价格沿着下轨运行。

通道线的上轨与下轨同时向上移动时，是明显的多头行情；上轨与下轨同时向下移动时，是明显的空头行情。在上升趋势中，下轨是波段买入位置；在下降趋势中，上轨是反弹离场位置。

注意，在使用通道线时，仍需要与成交量、MACD、KDJ等其他指标配合运用，这样能更好地判断趋势背景。交易者往往只关注价格会向哪里走，而不是当前在哪里。从价格与通道线的位置关系来看，即使是相似的图形，由于其在趋势中的位置不同，意义也不相同。

3.3 通道线中的反转形态

◎顶部反转形态在通道中的位置

在上升通道中，由于上轨对价格的压制作用，当价格运行到上轨附近时，经常会出现一些顶部反转K线形态，顶部K线容易出现长阴线和长上影线。

图3-12中标出了上轨附近的三个波峰位置，这里常见的顶部形态包括射击之星、看跌吞没形态、乌云盖顶、黄昏之星（暮星）、长腿十字线等。确认顶部形态形成之后，发出短线卖出信号。

重点需要关注主要上升趋势末端的顶部反转形态（图3-13中的位置5）。当个股经过较长期上涨，MACD指标持续运行在0轴之上，形成一波三折的图形，这时很可能即将见顶。量价顶背离和指标顶背离都是值得注意的顶部反转信号。

在图3-13的下降通道中，上轨是反弹行情的阻力线，上轨附近形成顶部K线形态时，是多头的离场信号，空头的加仓信号。我们常说顺势而为，在下降通道中做多没有优势。

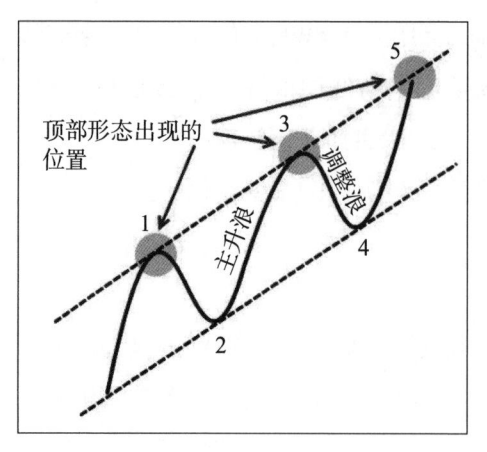

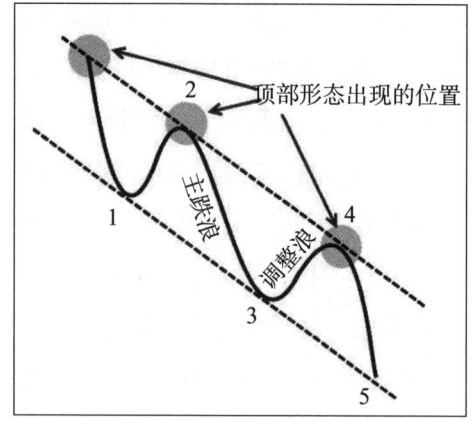

图 3-12 上升通道中顶部形态出现的位置　　图 3-13 下降通道中顶部形态出现的位置

图 3-14 是图 3-10 上升通道的后半段行情，为了在细节图中使通道线更适应当前走势的波峰和波谷，我们对其进行了细微调整。

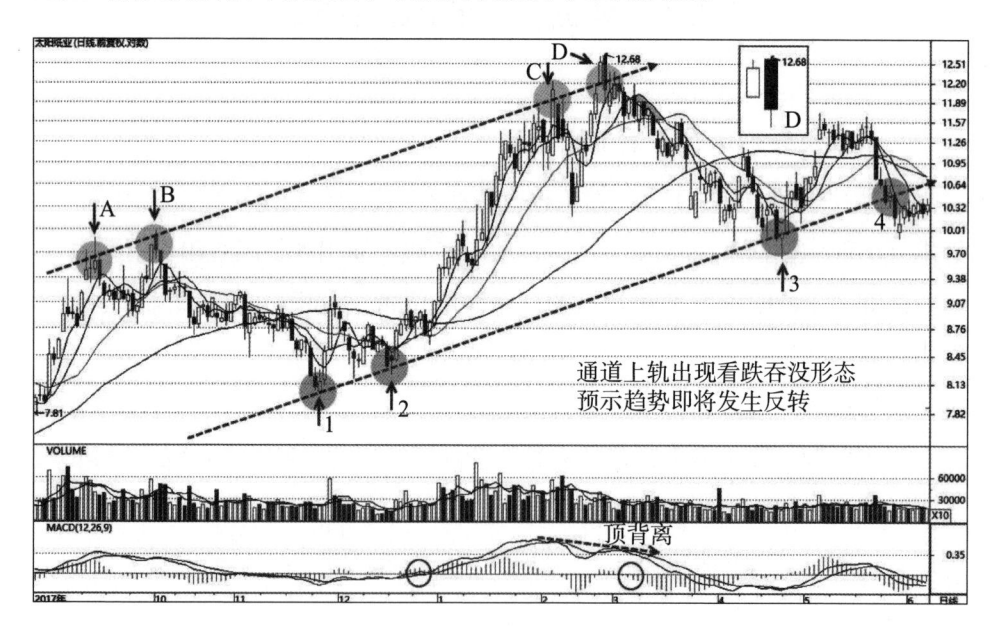

图 3-14　太阳纸业（002078）上升通道中的看跌吞没形态

在这段行情中，共有 4 次碰触到上轨（A、B、C、D），并因受到压力而形成波峰；共有 4 次碰触到下轨，前 3 次均因获得支撑而形成波谷（1、2、

3），第4次时跌破下轨，开始反转向下。

以趋势交易方法来看，位置1和位置2在下轨附近是买入（或加仓）位置，在位置2之后，MACD指标开始明显向上突破0轴，表示进入多方市场。经过一波连续上涨之后，在位置C和位置D处先后碰触到上轨线之后回落，这是波段卖出（或减仓）位置。

值得注意的是，在位置D处露出上轨线的两根K线，第一根是跳空高开阳线，第二根K线盘中创新高，但收盘为穿头破脚的阴线，它们组成了看跌吞没形态，预示趋势很可能发生反转。同时，MACD指标的顶背离增加了卖点的可靠性。

通过量价特征和指标特征，判断出上升趋势进入尾声，当在上轨附近看到顶部反转K线形态时，谨慎的交易者可以适当止盈部分持仓。上升趋势中，最后一次靠近上轨时，经常伴随着量价顶背离和指标顶背离现象，这是市场极度超买状态的表现。

◎ **底部反转形态在通道中的位置**

在上升通道中，由于下轨对价格的支撑作用，当价格回落到下轨附近时，经常会出现一些底部反转K线形态，底部K线容易出现长阳线和长下影线。

在图3-15的上升通道中，标出了下轨附近的三个波谷位置，这里常见的底部形态包括锤头线、看涨吞没形态、刺透形态、早晨之星（启明星）、弃婴形态等。确认底部形态形成之后，发出短线买入（加仓）信号。

在图3-16的下降通道中，下轨是下跌行情的支撑线，下轨附近形成底部K线形态时，是空头的止盈离场信号，注意在空头行情不宜做多。

重点需要关注主要下降趋势末端的底部反转形态（图3-16中的位置5）。当个股经过较长期下跌，MACD指标持续运行在0轴之下，指标形成一波三折的图形，这时很可能即将见底。量价底背离和指标底背离都是值得注意的底部反转信号。

下面来看一个下降通道的案例，如图3-17所示，是深证成指的一段下跌行情，图中依据波峰和波谷画出了两条下降通道线。

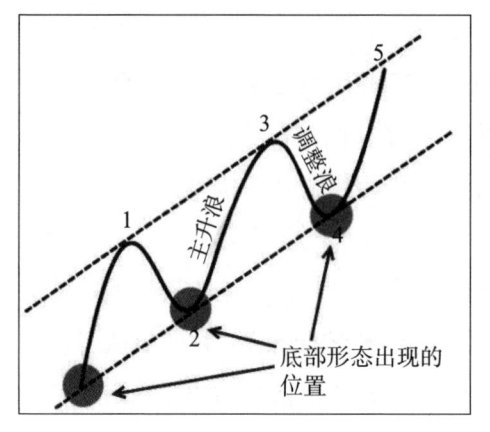

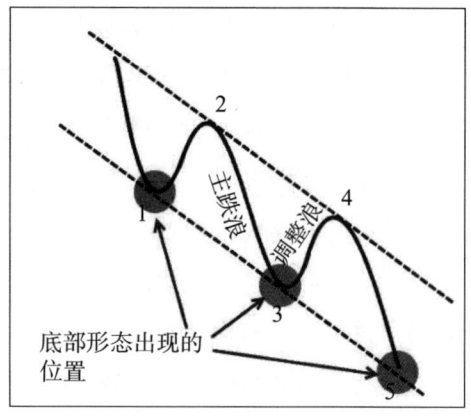

图 3-15 上升通道中底部形态出现的位置　　图 3-16 下降通道中底部形态出现的位置

在这段行情中，共有 3 次碰触到上轨，并回落形成波峰（D、E、F）；共有 3 次碰触到下轨，并反弹形成波谷（A、B、C）。

以趋势交易方法来看，前两次反弹到上轨是开空单位置（D、E）。持有多单时，在首次反弹到上轨时就应该离场；持有空单时，在回落到下轨时可以选择止盈（B、C）。

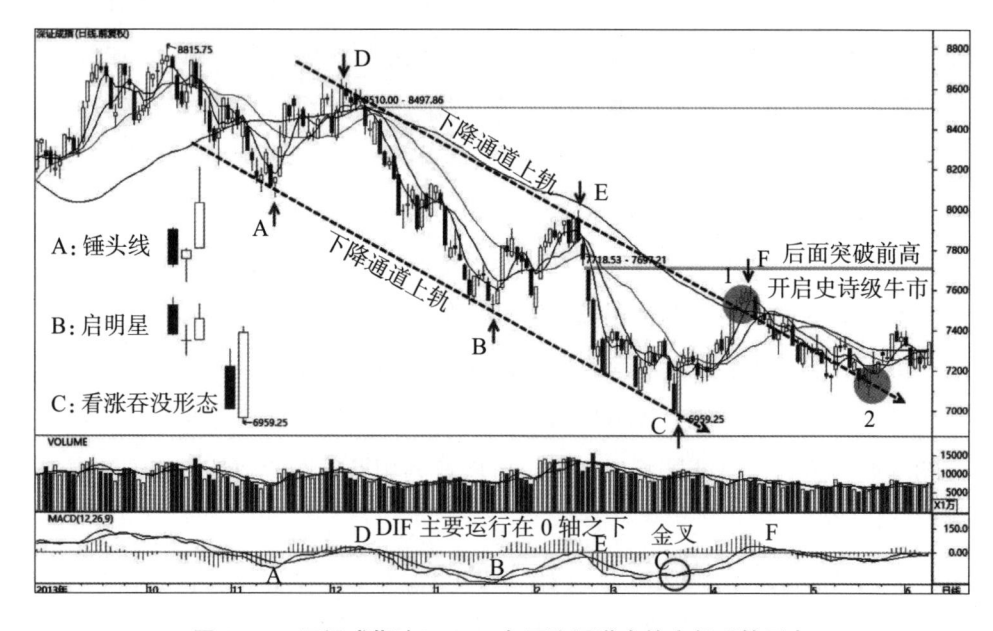

图 3-17　深证成指（399001）下降通道中的底部反转形态

在通道下轨，3个波谷的最低K线都形成了反转形态。A位置是锤头线，下一个交易日的高开阳线确认锤头线有效，后面是对主要下降趋势的次级调整，也就是反弹行情。B位置是早晨之星，也叫启明星，后面再次开始反弹。C位置是看涨吞没形态，是最强的看涨形态之一，这里的低点成为下降通道中的最后一个低点。

从MACD指标来看，从A处开始，DIF线进入0轴之下，进入主要的空头市场，之后的每次反弹（D、E、F）最终都在0轴附近形成死叉，可见在下降趋势中，0轴作为多空分界线，对多头具有压制作用。

下降趋势经过一波三折之后，在C处的下跌力量已经明显减弱，价格创新低，同时MACD指标的DIF线未创新低，形成底背离现象，市场进入超卖区间。

C处的看涨吞没形态之后，DIF线与DEA线也发生金叉，从之前两个波谷的走势来看，这里很可能是一个反弹起始位置，可以作为一个短线买点，止损设置在吞没形态的低点下方。

在反弹到F处时，该指数第一次突破下降通道的束缚，这里满足"123法则"的假设条件1（向上突破下降趋势线）。随后指数开始回落，到达位置2处，MACD指标发生金叉，说明这波回调没有再次创出新低，满足123法则的假设条件2（未创新低）。再往后，该指数如果向上突破位置1时的高点，则满足假设条件3（突破前高），确认下降趋势发生反转。

该指数在后面的行情中突破了位置1的高点，最终形成上升趋势。从位置C看涨吞没形态的低点6959点开始，到后来上升趋势的最高点18211点，总共上涨了10000多点，涨幅达150%以上。

通过量价特征和指标特征，判断出下降趋势进入尾声，当在下轨附近看到底部反转K线形态时，在双向交易品种中持有空单的交易者可以止盈部分仓位，多头可以开始开立多单。下降通道中，最后一次靠近下轨时，经常伴随着量价底背离和指标底背离现象，这是市场极度超卖状态的表现。

第 4 章

指标运用

> 但最令人兴奋的是,技术分析的效果非常好。如果你保持简单,坚持基本原则,跟随趋势,使用自下而上的分析,那么你就有规可循。你会对市场走势产生很灵敏的嗅觉。这就是我认为技术分析必须提供的东西。
>
> ——拉尔夫·阿坎波拉(Ralph Acampora)

> 你不应该只了解一个指标的用法,你还应该了解它为什么会起作用,它背后的逻辑是什么,你认为它会如何变化。
>
> ——维克多·斯波朗迪(Victor Sperandeo)

4.1 利用布林线识别与操作双顶、双底形态

投资者可以通过识别那些经常重复出现的形态来建立盈利方法。本小节将介绍如何利用布林线指标识别双顶和双底形态，也就是 M 头和 W 底形态。

很多新手交易者打开交易软件看到满屏的 K 线，很可能会有一种"拔剑四顾心茫然"的感觉。但是，一旦你真正学会了阅读图表，在执行交易时的不确定和焦虑心理就会有所消退。如果你能对市场中重复出现的形态进行正确地解读，这会成为你一个很大的优势。

"明天的走势很关键"，这是我们经常听到的一句股评用语。实际上，这句话适用于每一根 K 线，谁让它和我们的利益息息相关呢。

每一根 K 线，不管是作为一个个体，还是作为一个形态的组成部分，都具有一定的意义。然而，交易者不必知道每一时刻的市场语言。市场可以细分出很多波动级别，或者说层次，如果你把注意力放在各个周期的每一根 K 线上，这就是我们常说的过于贴近市场了。这样不仅容易受到市场情绪的影响，还会导致你过度交易，因为你会唯恐错过每个机会，这并不是技术分析的健康心态。

为了不与市场产生过于紧密的联系，你不必过分关注图表上的每一个波动，你只需熟悉那些容易重复出现的特定走势。如果交易者能够精通一种特定的走势，你就能在这段市场行情中或这种形态中成为王者。李小龙说过，"我不怕学一万种腿法的人，我怕的是把一种腿法练一万次的人。"

交易者只有对一种形态达到非常高的熟悉程度之后，才能相信它。把自己想象成一名形态猎手，就像行走在丛林里的猎手一样，你需要具备识别某种动物的行踪和足迹的能力。你对一种形态越熟悉，就越能快速地识别它，

即使它藏身在众多其他形态当中。我们在确立交易策略时,需要对一种特定"踪迹"(形态)形成明确的定义和清晰的描述,这是非常有价值的,尤其是你对这种形态能做进一步技术上的确认时。

◎ **牛熊行踪**

在交易时尽量保持简单,大道至简是很好的交易想念。我们经常听到关于上升趋势和下降趋势的讨论,有些人说起来好像是玄学一样。其实可以很简单地对趋势进行描述,市场不断走出更高的高点和更高的低点时就处在上升趋势,市场不断走出更低的高点和更低的低点时就处在下降趋势。

在上升趋势中,更高的高点意味着多头不断推高价格,市场中存在买压,最终推动价格向上突破前高。同样地,在下降趋势中,空头不断压低价格,市场中存在卖压,最终推动价格向下突破前低。

趋势虽然有惯性,但也不会无休止地持续下去,运行到一定阶段(时间和空间)之后,市场中的多空力量对比会开始发生变化。上升趋势中,当新高不再突破前高时,也就是说,新高等于或稍微低于前高,表明多头力量消耗殆尽,不能再将价格推向更高,这时空头开始占据优势。同样地,下降趋势中,当新低不再跌破前低时,也就是说,新低等于或稍微高于前低,表明空头力量消耗殆尽,不能再将价格推向更低,这时多头开始占据优势。这就像是中国古典哲学中的阴阳变化、否极泰来、此消彼长。

通过掌握这种牛市与熊市的特定走势,交易者可以判断趋势反转,从而在大量走势中获得优势。在趋势形成的初期进场,不仅能提升利润空间,还能降低进场风险。有经验的交易者应该知道,布林线收口区间的波动率相对较低,这会叠加很多方面的优势。

◎ **技术上的确认信号**

如果一种形态能获得技术上的确认信号,无疑能让交易者在操作时更有信心。这里我们将使用布林线指标对形态进行确认。布林线是一种带状指标,它由三条指标线构成,分别为中轨线、上轨线和下轨线。中轨线为 20 日均线,反映中期趋势方向。上轨线、下轨线分别为中轨线向上、向下移动两个标准差的距离得到的指标线，分别起到阻力和支撑作用。有90%以上的价格运行在布林线之中，在一定阶段，当价格越过上轨线时，很可能会下跌；当价格越过下轨线时，很可能会上涨。这是压力和支撑作用产生的结果。

M头，又称双重顶形态，由两个高度相当的波峰组成。有时第二个波峰会稍微低于第一个波峰，说明空头力量开始占上风。M头是一种看空的顶部反转形态，当M头发生在布林线的上轨线附近时是较强的确认信号。

W底，又称双重底形态，由两个深度相当的波谷组成。有时第二个波谷会稍微高于第一个波谷，说明多头力量开始占上风。W底是一种看多的底部反转形态，当W底发生在布林线的下轨线附近时是较强的确认信号。

布林线指标的发明者约翰·布林格（John Bollinger）曾以布林线来定义背离，第一个波峰向上穿越上轨，第二个波峰突破第一个波峰，但未能向上穿越上轨，这时虽然第二个波峰更高但也认为是更低的波峰，因为从相对于上轨的位置来看，第二个波峰更低。第一次接触这个概念的交易者可能需要一点时间来理解这话段。如果不太明白也没关系，看到后面的案例就能理解了。我们也可以借此方法来定义顶背离，而下轨线附近底背离的情况则正好相反。

在本小节，我们把布林线的中轨周期调整为斐波那契数列中的一个数字——21（原来的默认参数为20）。然后同样用该数列中的数字9作为短期均线周期，即MA9。将MA9自上而下穿越MA21作为M头的开空（或平多）确认信号。当M头形成于布林线上轨时，均线的死叉空头进场点有效。同样地，将MA9自下而上穿越MA21作为W底的开多（或平空）确认信号。当W底形成于布林线下轨时，均线的金叉多头进场点有效。

传统的布林线指标有三条指标线，要想在指标中加入MA9均线，只需在通达信软件中新建一个指标公式，把原来的布林线指标复制过来，然后再增加一条公式语句"MA9:=MA(CLOSE,9);"。这样就可以利用均线交叉来确认交易信号了。

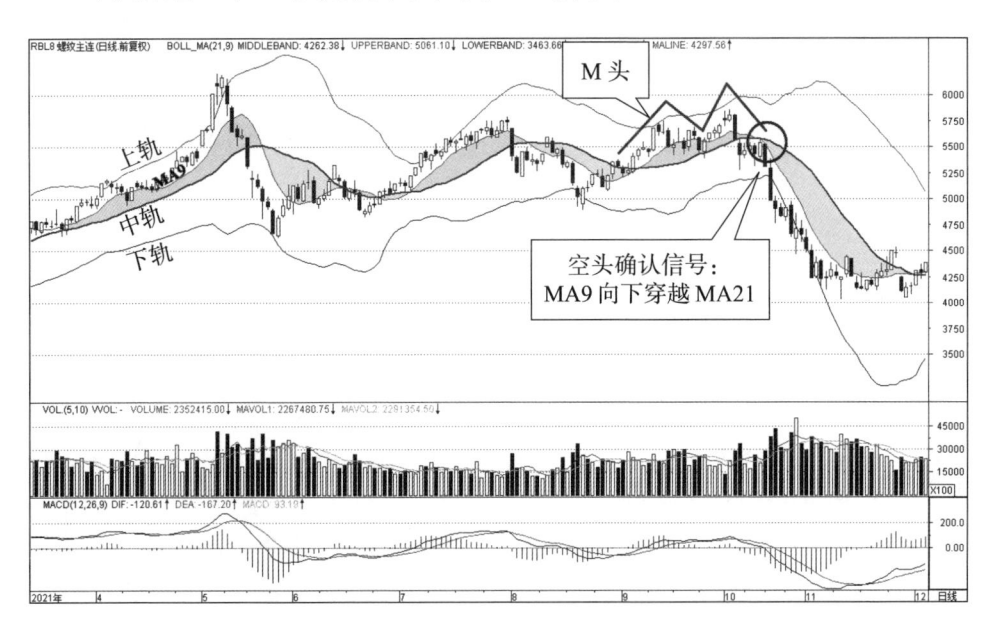

下面来看一个 M 头的例子，如图 4-1 所示。

图 4-1　螺纹主连（RB888）日线图 M 头形态

图 4-1 是螺纹钢主力合约的日线图，图中的短周期均线（MA9）围绕中轨（MA21）上下波动。中轨线上方的曲线为上轨，下方的曲线为下轨。两条均线 MA9 与 MA21 的封闭区间用阴影显示。我们在 K 线上方用折线标出了 M 头形态。细心的交易者会注意到，两个波峰之间的回撤会回踩一次布林线中轨。

M 头结合布林线的形态特征如下。

（1）经过长期上涨在阶段高位形成两个高度接近的波峰。

（2）第一个波峰触及布林线上轨。

（3）第二个波峰未能触及布林线上轨。

（4）MA9 向下穿越 MA21。

M 头的第一个波峰触及布林线上轨，而第二个波峰虽然创出新高，但未能触及上轨，形成了以布林线定义的顶背离形态，增大了反转的可能性。当 MA9 向下穿越 MA21 时，产生空头确认信号，可以开空单。开仓之后应该马上设置止损和止盈，如图 4-2 所示。

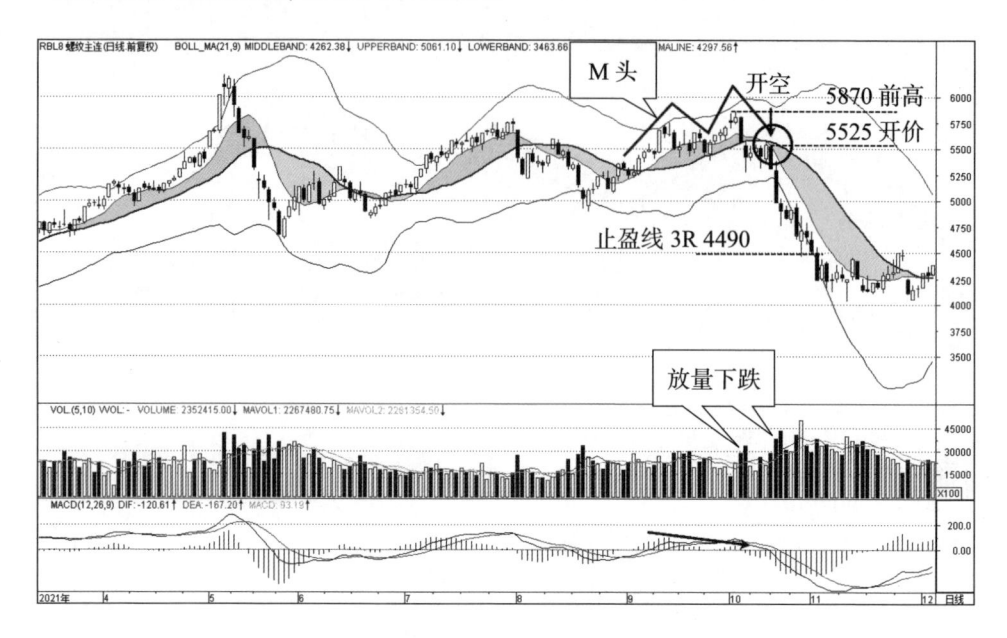

图 4-2　螺纹主连（RB888）日线图 M 头形态

可以看出，我们以发生死叉的 K 线的开盘价 5525 开仓（2021 年 10 月 20 日），并以前高 5870 设置止损。这笔交易的单位风险 1R 就等于开价与前高之间的距离 345。根据常用的风险回报比 3∶1 来设置止盈，那么止盈线应该设在 4490（5525−3×345）。

这个案例几乎是一次完美的做空操作，均线死叉之后没有发生反弹，开空的 K 线就是此后一段时间内的最高 K 线。卖空之后，该合约放量下跌并沿着下轨线向下移动，几个交易日之后就到达止盈目标位 4490，这时可以止盈离场（2021 年 10 月 28 日）。这次做空最终达到了止盈目标，是一次成功的交易。

从 MACD 指标来看，在形成 M 头时，第二个价格波峰创出新高，但相对应的红柱线波峰低于前一个波峰，由此可以画出一条方向向下的趋势线，就形成了顶背离，可以与布林线指标判断的顶背离相互验证。产生开空信号的当日，DIF 线首日进入 0 轴以下的空头市场，这也是一个空头确认信号。

从整体形态上来看，该合约在高位形成三波上涨，对应布林线指标三次向上开口的走势，MA9 与 MA21 形成三个向上的均线带，MACD 指标三次进入 0 轴上方。不过后两波上涨在试图突破前高时均未成功，这是一种典型的"涨不上去就下跌"形态。这个开空的位置和头肩顶形态的右肩位置十分相似，后面经常会出现大跌。如果预期成立，那么跌破前两个主要低点也将是大概率事件。

图 4-3 是创业板 50ETF 在上涨波段末端的 M 头形态，第一个波峰的顶端 K 线是一个射击之星，第二个波峰的顶端 K 线是一个吞没形态，它们均是看空 K 线形态。第一个波峰后面的回撤回踩布林线中轨，这往往是波浪理论中的第 4 调整浪。

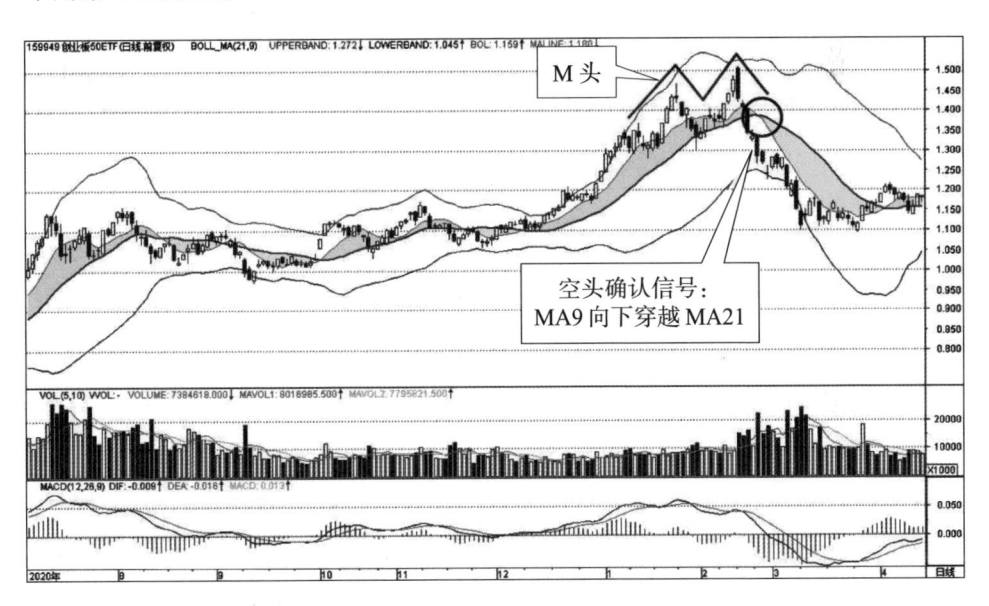

图 4-3　创业板 50ETF（159949）日线图 M 头形态

当 MA9 向下穿越 MA21 时产生空头确认信号。由于 ETF 基金不能做空，所以这时应是卖出信号。卖出 K 线是位于均线死叉下方的 K 线（2021 年 2 月 25 日），卖出价格为 1.269 元。

为了使这次交易形成一次闭环，同样可以利用布林线中的均线金叉来判断买点，如图 4-4 所示。

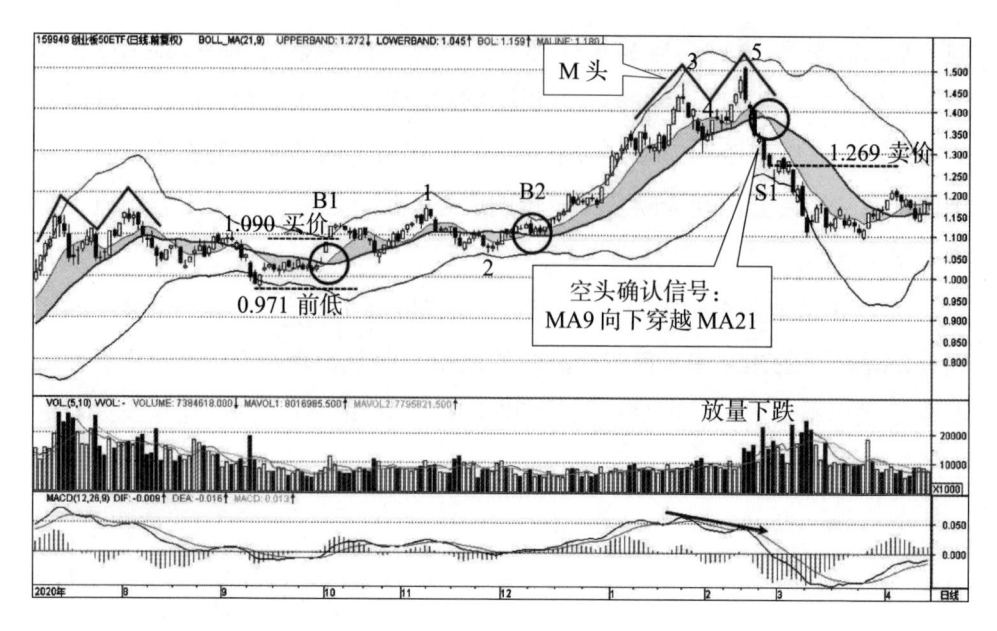

图 4-4　创业板 50ETF（159949）日线图 M 头形态

图 4-4 最左侧是前一波上涨的高位，也形成了一个 M 头形态。随后价格开始调整，布林线开始呈收口状态。直到调整浪的末端，价格向下突破了布林线下轨，创出阶段低点 0.971。当布林线再次呈开口状态时，MA9 均线向上穿越 MA21，产生买入信号（B1），买入价格为 1.090 元（2020 年 10 月 12 日）。

买入之后，我们以前面的波谷低点（0.971）为关键点设置止损。买入后该基金稍有回撤，似乎要向止损回落，但在中轨得到支撑并开始拉升，最终创出新高。依据波浪理论的原则，图中标出了 5 浪上涨结构，分别用数字 1~5 表示。这期间有一次加仓机会，在 2 浪调整之后两条均线形成金叉时可以再次买入（B2）。可以看出，由两条均线金叉产生的买点基本与 MACD 指标的金叉同步。

第 3 浪波峰与第 5 浪波峰形成 M 头形态之后，该基金产生前面判断出的卖点（S1）。卖出后，价格沿着布林线下轨快速回落。如果可以做空，以 S1 为卖空点，那么很快会获得与前面做多时同样多的利润。由于下跌的速度更快，所以空头的利润往往来得更快。从图形上看，下跌的走势与图 4-2 中做空的案例十分相似。

这次做多的波段交易最终可以获得 17.5% 的涨幅。由于第二个波峰迅速下跌，因此失去了很大一部分头部利润。这个上涨波段的振幅达到 46.5%，从最高点回落的 5 根阴线吃掉了将近 20% 的利润。因此，在出现顶部特征之后，在布林线上轨附近的止盈很重要。对于 M 头形态，前高附近是高抛时机。

W 底是发生在下降趋势末端的反转形态，下面来看一个利用布林线指标判断 W 底的案例，如图 4-5 所示。

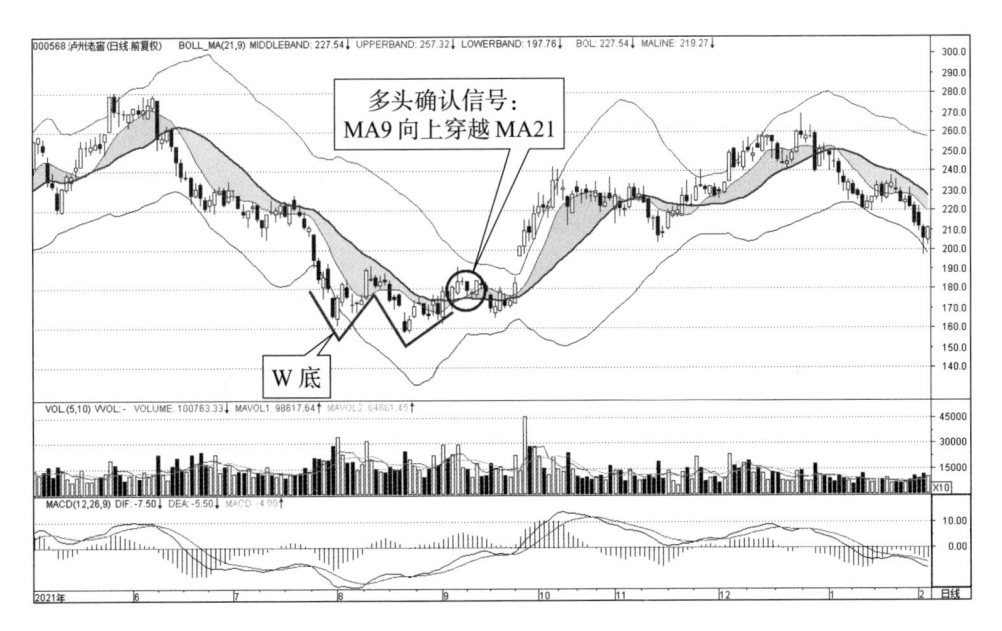

图 4-5　泸州老窖（000568）日线图 W 底形态

图 4-5 是泸州老窖的日线图，该股经过连续下跌之后，在阶段低位走出了 W 底形态，图中用折线在 K 线下方标出了该形态。

W 底结合布林线的形态特征如下。

（1）经过长期下跌在阶段低位形成两个价位接近的波谷。

（2）第一个波谷触及布林线下轨。

（3）第二个波谷未能触及布林线下轨。

（4）MA9 向上穿越 MA21。

W 底的第一个波谷触及布林线下轨，而第二个波谷虽然创出新低，但未能触及下轨，形成了底背离形态。从价格相对下轨的位置来看，第二个波谷与下轨的距离更远，说明下跌力度在减弱，这增大了向上反转的可能性。当 MA9 向上穿越 MA21 时，产生多头确认信号，可以作为买点（2021 年 9 月 9 日）。买入之后应该马上设置止损和止盈，如图 4-6 所示。

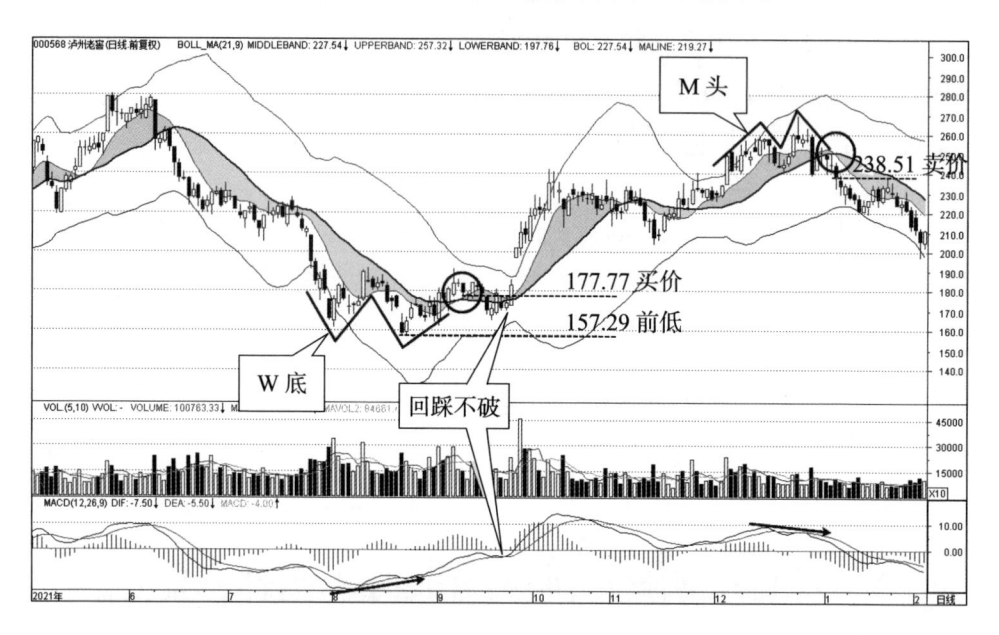

图 4-6　泸州老窖（000568）日线图 W 底形态

图 4-6 中，均线金叉产生买入信号时，布林线处于收缩阶段，这是在调整过程中的买点。买入之后，该股产生了一小波回调，MA9 靠近 MA21，但两条均线并没有封闭，似乎在积蓄多头力量。

随后突破上轨的 K 线是一根关键 K 线，这是长期下跌以来首次收盘在上轨线上方，并产生了一个大幅向上跳空缺口，这一天放量涨停。从此，布林线开始向上发散，两条均线走出了经典的"老鸭头"形态。多种方法互相验证，这里是一个起涨点。

交易者需要注意图中标出的两个"回踩不破"的位置，MA9 与 MA21、DIF 与 DEA 同时形成了同样的看涨形态。发生"回踩不破"时的价格波谷（右肩）与 W 底构成了一个头肩底形态，随后的关键 K 线突破头肩底的颈线，并且 DIF 线首次向上突破 0 轴，这是"Timing 侠"（善于抓住市场时机的人）见到就眼里发光的位置。

经过两波拉升之后，该股在阶段高位走出了 M 头形态，如图 4-6 中用折线标出的位置。我们利用前面讲过的均线死叉可判断出卖点（2022 年 1 月 6 日）。这次交易具有较高的盈亏比，最终盈利为 33.49%，从买点到 M 头第二个波峰的涨幅更是超过 40%。要想获得大盈利，一定要保持耐心，只要不触及止损，就一直持股到形成顶部形态为止。

最后来看一个包含失败 W 底形态的案例，如图 4-7 所示，为丽珠集团的日 K 线图。图中用折线标出了三个 W 底，前两个 W 底满足了前三个条件，只差多头确认信号——MA9 向上穿越 MA21。有时两条均线会发生黏合，这说明两条均线的数值相差不大，因此在实际应用中以 MA9 明显向上穿越 MA21 为条件能过滤掉一些噪音信号。如果在形态走出来之前提前进场，那么前两次买入都会触发止损，由此可见形态确认信号的重要性，它能让你的策略保持稳健。

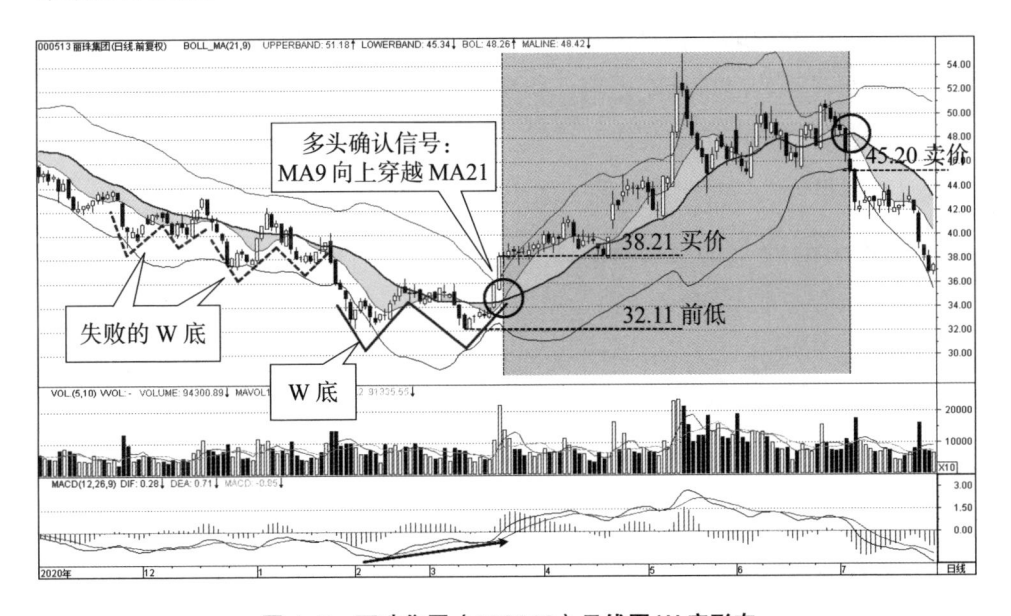

图 4-7　丽珠集团（000513）日线图 W 底形态

第三个 W 底是一个成功形态。第一个波谷跌破布林线下轨，而第二个波谷虽然创出新低，但未能触及下轨，形成了底背离形态。等到 MA9 向上穿越 MA21，产生多头确认信号并买入（2021 年 3 月 22 日）。在判断买点时，价格经过长期下跌之后，布林线指标先是向下扩散，然后收缩达到一个极限值，当中轨方向转为向上，并且价格向上突破上轨线时买入，这是一种经典用法。

实际交易过程中，还会遇到满足了所有条件但仍然触发止损的情况。当然会有一定概率出现这种结果，因为没有 100% 成功率的策略。因此，在进场的同时我们应该始终设置好止损。

作为形态猎手，当满足所有限定条件时，你看到均线发生金叉时可以开多仓。虽然行情并不会在每次进场后都朝着预期方向发展，但只要你坚持自己的交易纪律，每过一段时间，你总会遇到一次完美交易。

即使是顶级策略，也会有亏损的交易，市场中不存在 100% 正确的策略。在进场之前，当满足所有进场条件时，交易者倾向于主观认为这次是一次好机会。但要注意，实盘中我们只能看到进场 K 线的左侧部分，进场 K 线右侧的行情还没有发生，我们实际上并不知道这次交易的结果如何。

无论一次交易的结果是否盈利，它都可以成为一次完美的操作，注意是操作！这是在强调对持仓的处理。交易者应该把注意力主要集中在执行策略的细节上，这样做的结果往往不会差。一次大盈固然可以在账户资金和交易心理上获得极大的双重满足，但一次正确的止损也是值得称赞的。

◎ M 头和 W 底的交易策略回顾

我们可以在上升趋势末端识别出 M 头形态，也可以在下降趋势末端识别出 W 底形态。本小节主要介绍了如何利用布林线指标来识别这两种形态。注意，在上升趋势中，第一个波峰要突破上轨线，第二个波峰不能达到上轨线；在下降趋势中，第一个波谷要跌破下轨线，第二个波谷不能达到下轨线。这样的特征反映了原来趋势方向的力量在减弱，形成了顶/底背离，这能增加趋势反转的概率。

9 日均线和 21 日均线必须沿着新趋势方向形成交叉，并以此作为进场信号。在做空时，将止损设置在最近的一个高点或其上方一定距离；在做多时，将止损设置在最低的一个低点或其下方一定距离。

◎ **交易经验总结**

在执行一笔交易之前，等待满足所有交易条件再动手是非常重要的。一些形态可能满足其中的一些条件，但由于未能满足全部条件，实际上可能十分危险。利弗莫尔曾经说过，"优秀的交易者总是在等待，总是有耐心，等待着市场证实他们的判断。要记住，在市场本身的表现证实你的看法之前，不要完全相信你的判断。"如果你在没有满足全部进场条件的情况下，按捺不住急切进场的冲动，而且尝到了甜头，偶然获利了，那么你就会轻视其他一些条件。这最终会导致交易的不一致性，你偶然获得的利润迟早会还给市场。因此，严格遵守交易纪律以及保持耐心，是实现稳定盈利的必备素质。

好的交易者和训练有素的职业运动员类似，必须通过专项训练及高水平的竞技来维持技能水平和良好的心理状态。入行成为一名合格的交易者，你的收益将能媲美几乎任何一个行业，那么问题来了，为什么其他行业收入相对低一些的人不来做交易呢？因为这行看似门槛低，但实际上需要大量的专业技能。一般人不会认为自己在三五个月内能转行成为一名称职的医生、律师、足球教练或者电子竞技职业选手。所有专业技能的获得都要遵循一万小时定律，交易也是如此，它需要付出大量的时间、金钱、智力和努力。

使用该策略的交易记录：

做空交易（图 4-2）

交易品种：螺纹钢主力合约

开仓价格：5525

止损价格：5870

止盈价格：4490

开仓时间：2021 年 10 月 20 日

平仓时间：2021 年 10 月 28 日

盈利点数：1035

做多交易（图 4-4）

交易品种：创业板 50ETF

开仓价格：1.090

止损价格：0.971

止盈价格：1.269

开仓时间：2020 年 10 月 12 日

平仓时间：2021 年 2 月 25 日

盈利幅度：17.5%

做多交易（图 4-6）

交易品种：泸州老窖

开仓价格：177.77

止损价格：157.29

止盈价格：283.51

开仓时间：2021 年 9 月 9 日

平仓时间：2022 年 1 月 6 日

盈利幅度：33.49%

做多交易（图 4-7）

交易品种：丽珠集团

开仓价格：38.21

止损价格：32.11

止盈价格：45.20

开仓时间：2021 年 3 月 22 日

平仓时间：2021 年 7 月 5 日

盈利幅度：18.32%

4.2 黄金分割线与回撤交易法

如果交易者不能在市场中准确地定义自己的方法，那么交易可能变得相当复杂，对价格走势的解读能力不足会导致交易的不一致性。基于一些交易原则形成一套交易策略，并使它具有一定优势，是实现长期盈利的第一步。

在一段走势中，市场在各种时间周期内都会创造出一些阶段高点和低点，其中就有我们所说的关键点。如果你知道如何对不同的高点和低点进行分类，那么市场将变得更容易理解一些。交易者在做股票时都知道要低买高卖，买入价格越低，卖出价格越高，越能获得更多利润。但是市场中的低点与高点在多数情况下是相对的，不存在绝对的低点与高点。如果你能判断一定时间内的阶段低位与高位，那么你就具备了解读市场的能力，就容易发现更可靠的进场和离场位置，这样将有更大的机会实现盈利。

在斐波那契数列中，随着数值的不断增大，后一项与前一项的比值会越来越接近0.618，这就是黄金比例。由此又可以引申出一组黄金数字：0、0.191、0.382、0.5、0.618、0.809、1……，这些数字在波浪理论中经常用到，可以用来测量价格波动的预期目标位。为了更方便地识别合适的进场和离场位置，我们可以利用股票软件提供的与黄金比例相关的画线工具来进行判断。

通达信股票软件中，有三种方法可以调出画线工具窗口，一是通过行情窗口右上角的"画线"功能，二是在行情窗口上方的"功能"菜单里找到"画线工具"，三是使用快捷键"Alt+F12"。调出来的画线工具窗口如图4-8所示，可以看到有多种画线工具可供选择，其中与黄金比例相关的有三种，分别为黄金价位线（GP）、黄金目标线（GA）和黄金分割线（G）。后两者都可以用来确定本节所讲的进场点，我们选用黄金分割线来进行说明。

◎黄金分割线画线工具的使用方法

（1）点击通达信右上角的"画线"，打开画线工具窗口。

（2）在画线工具窗口移动鼠标，鼠标停留在画线图标上会自动显示其名称，找到"黄金分割"并单击左键。

（3）鼠标箭头变成画笔状态，找到主要趋势的终点K线和起点K线，在终点K线最高价按下鼠标左键，并拖动鼠标到起点K线最低价，这样就能画出黄金分割线。

（4）点击选中黄金分割线，点击右键可以"编辑画线"或"删除画线"。

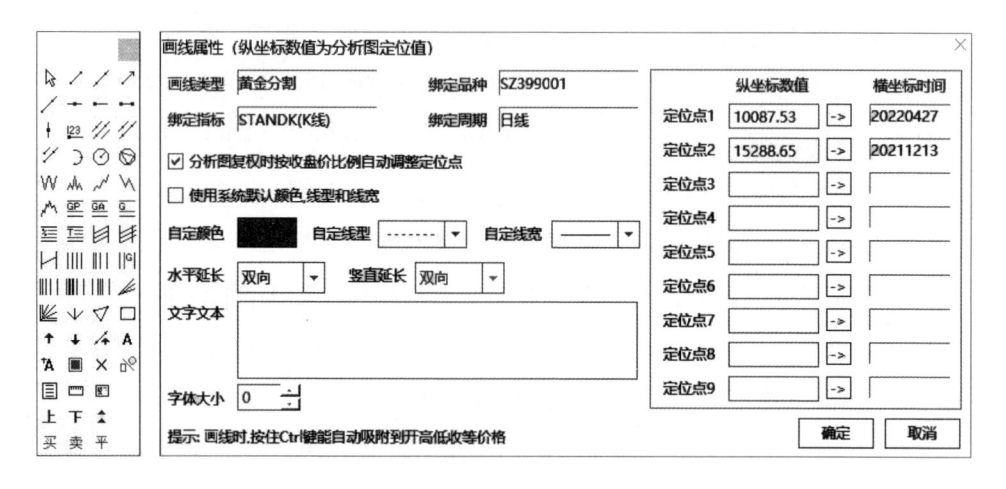

图 4-8 画线工具　　　　图 4-9 画线属性

黄金分割线处于选中状态时，上下两端的定位点可以拖动，以调整所定位K线的时间和价位。黄金分割线默认显示为实线，通过"编辑画线"调出"画线属性"窗口，如图 4-9 所示，可以对画线的颜色、线型和线宽进行修改。将定位点的横坐标时间准确定位到创出极值的K线，则可以在"画线属性"窗口中点击"→"图标，将纵坐标数值精准地定位到当前K线的收盘价、最高价、最低价或开盘价。

由斐波那契数列计算出来的黄金比例代表着价格对前一波主要趋势的回撤程度。黄金比例的用法很简单。当市场整体处于下降趋势并且价格开始反弹时，从趋势终点（最低点）到趋势起点（最高点）画出黄金分割线。当市场整体处于上升趋势并且价格开始回调时，从趋势终点（最高点）到趋势起点（最低点）画出黄金分割线。黄金分割线将前期趋势分为 0.0%、23.6%、38.2%、50.0%、61.8%、80.9% 和 100.0% 等区间。在下降趋势中，当反弹接近或超过 61.8% 时，适宜看空做空；在上升趋势中，当回调接近或超过 61.8% 时，适宜看多做多。

下面来看一个在沪深 300 期货合约的日线图上画出黄金分割线的案例，如图 4-10 所示。可以看出，该合约前期处于下降趋势，MACD 指标一直运行在 0 轴以下的空头市场。我们可以在这个合约上进行做空交易，如果你错过了下降趋势初期的做空进场位置，到趋势末段你会既担心错过做空机会，又担心随时发生快速反弹，这时黄金分割线可以帮助你确定最合适的进场位置。这波下降趋势结束之后，市场会进入修正阶段，价格开始反弹。在市场恢复下降趋势之前，在回撤到合适的位置时进场，这就是回撤交易法。

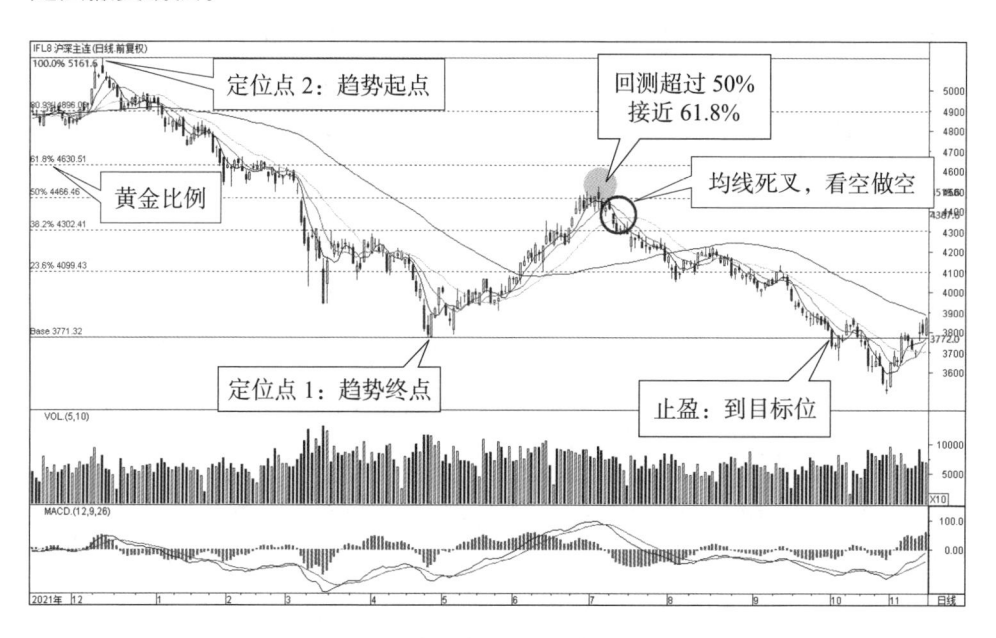

图 4-10　沪深主连日线图黄金分割线

关键点位：交易中最重要的问题

画黄金分割线时，以趋势终点 K 线为定位点 1，横坐标时间为 2022 年 4 月 26 日，纵坐标数值为当天 K 线的最低价 3771.4，这是基准点，黄金比例为 0.0%。以趋势起点 K 线为定位点 2，横坐标时间为 2021 年 12 月 13 日，纵坐标数值为当天 K 线的最高价 5161.6，黄金比例为 100.0%。水平实线是黄金分割线的边界，中间的几条虚线对应不同比例：23.6%、38.2%、50.0%、61.8% 和 80.9%。

利用均线的金叉与死叉方向可以判断趋势方向。均线可以平滑掉 K 线价格波动的毛刺，起到去除市场噪音的作用。交易者可以选择两条均线，例如常用的 MA5 和 MA10，或者以斐波那契数字为周期的一组均线，然后利用其交叉的方向来判断趋势方向。当价格回撤到 61.8% 水平时，进入可靠的顺势交易区间，这时很有可能恢复之前的主要趋势，然后利用均线金叉、死叉来帮助判断进场位置。

图 4-10 中，价格从定位 1 的低点开始回撤到前波趋势的 61.8% 附近，这时到了一个更强的阻力位。在圆圈标出的位置，MA5 向下穿越 MA10，两条均线发生死叉，这时应看空做空。开空 K 线发生在 2022 年 7 月 11 日，开空价格为 4337。这就好像一个向下方弹出的弹簧被压缩回了 6 成，压缩的力量释放后又会向下方弹出。此后价格逐波下跌，到 2022 年 10 月 10 日跌破前期关键低点，到达止盈目标位 3771.4。

下面来看另一只 ETF 指数基金在同期的走势，如图 4-11 所示，是深证 100ETF 基金从 2021 年 12 月到 2022 年 11 月的走势。可以看出，该基金创出阶段高点与低点的节奏与前面的指数期货合约基本一致。ETF 基金只能做多，在定位点 1 之后进场的多头交易者应该在图中圆圈标出的位置离场或减仓。该基金同样在 7 月 11 日两条均线发生死叉，对应的 K 线是后面很长一段时间的最高 K 线，因此这里是一个合理的离场位置。需要注意的是，在只能做多的品种中也要有空头思维。

该基金最终在 2022 年 10 月 25 日跌破前期关键低点 2.746，到达止盈目标位。这与前面期货合约创新低的时间相比晚了一波，可能是因为空头在期

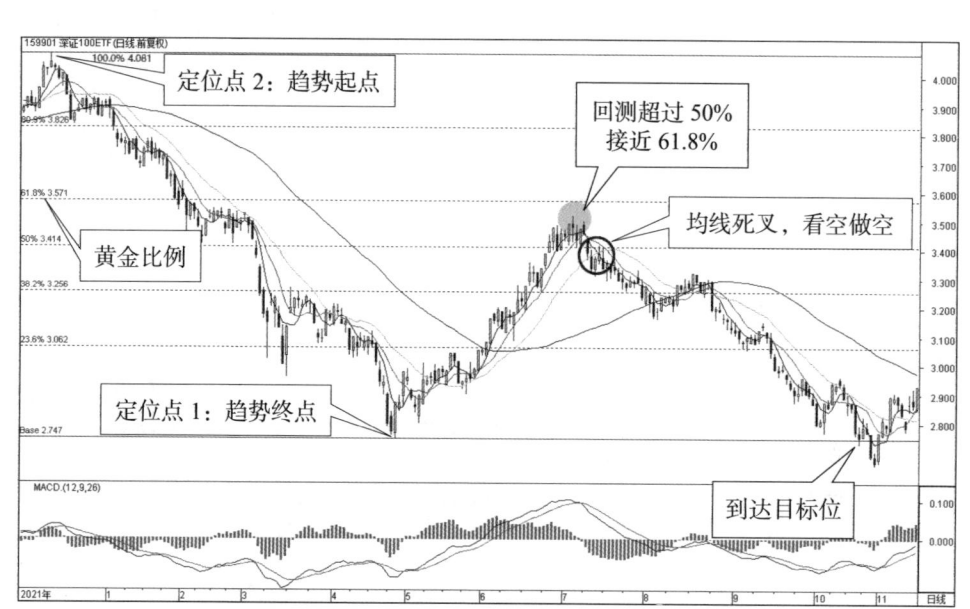

货品种中加速了价格发现的过程。

图 4-11　深证 100ETF（159901）日线图波段交易

黄金比例为我们增加了一个分析维度，这对交易者研究行情的发展阶段很有帮助。与黄金分割线类似的工具还有角度线，感兴趣的交易者可以自行学习，这里不再赘述。

这是空间上的黄金比例，时间上能否利用黄金比例预测变盘时间窗口呢？当然可以，股票软件上也有黄金周期线等几种与周期相关的画线工具。通过空间和时间两个维度，可以在纵坐标、横坐标上确定更精准的变盘区域。不过这是另一个话题，本小节我们集中探讨利用黄金比例的回撤交易法。

在合适的时间框架内，针对上升趋势的回撤达到 61.8% 之后，价值投资者所说的价值就能显现。技术分析者不必用复杂的方法，从回撤比例上就很容易判断跌出了价值区间。

再来看一个利用回撤交易法做多的案例，如图 4-12 所示。

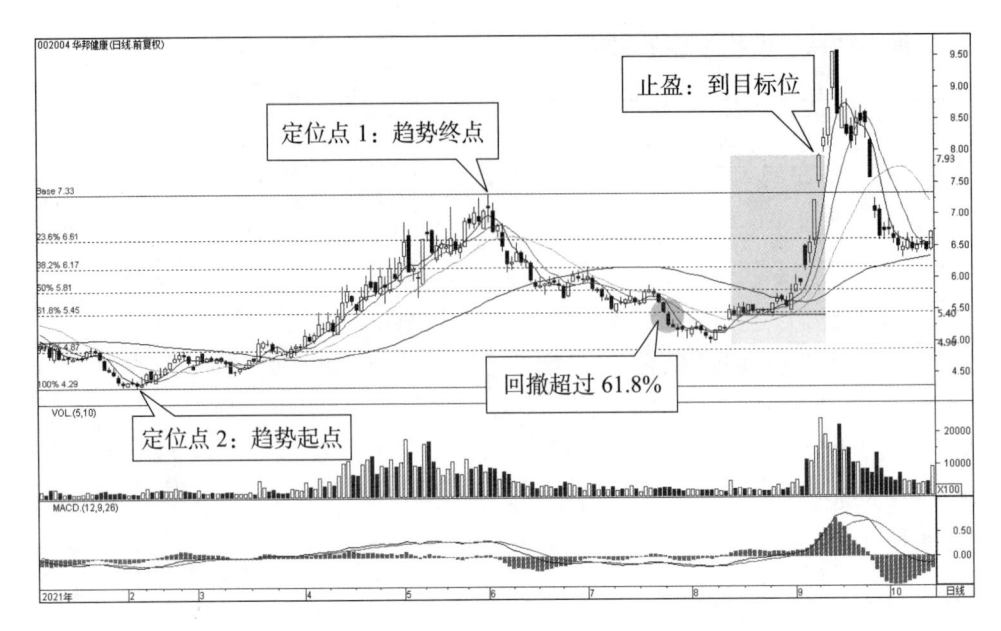

图 4-12　华邦健康（002004）日线图波段交易

　　该股前期整体处于上升趋势，MACD 指标长时间运行在 0 轴上方的多头市场。这波上升趋势结束之后，市场会进入修整阶段，价格开始回调。在市场恢复上升趋势之前，在回撤到合适位置时进场，这就是利用回撤做多的方法。

　　上升趋势的起点位于 2021 年 2 月 3 日的 4.29（定位点 2），终点位于 2021 年 6 月 1 日的 7.33（定位点 1），我们以这两个定位点画出黄金分割线。当价格回撤到黄金比例 61.8% 以下之后，利用均线确定买点。当 MA5 与 MA10 发生金叉时，以收盘价进场做多，开多价格为 5.40 元，该价位以一条直线被标记了出来。价格线下方的阴影区间为止损区域，止损价格为 4.96 元。价格线上方的阴影区间为止盈区域，止盈价格为 7.33 元。买入后，该股稍做整理，然后放量狂飙。最终该股运行到止盈价位时，向上跳空收出长阳线，我们以收盘价止盈，价格为 7.92 元。

　　使用该策略的交易记录如下。

　　交易品种：华邦健康（002004）

进场时间：2021 年 8 月 13 日

离场时间：2021 年 9 月 8 日

开多价格：5.40

止损价格：4.96

止盈价格：7.92

盈利/亏损：+2.52

下面再来看一个利用回撤交易法做多的案例，如图 4-13 所示。该股前期整体处于上升趋势，波谷逐波抬高，MACD 指标长时间运行在 0 轴上方的多头市场。

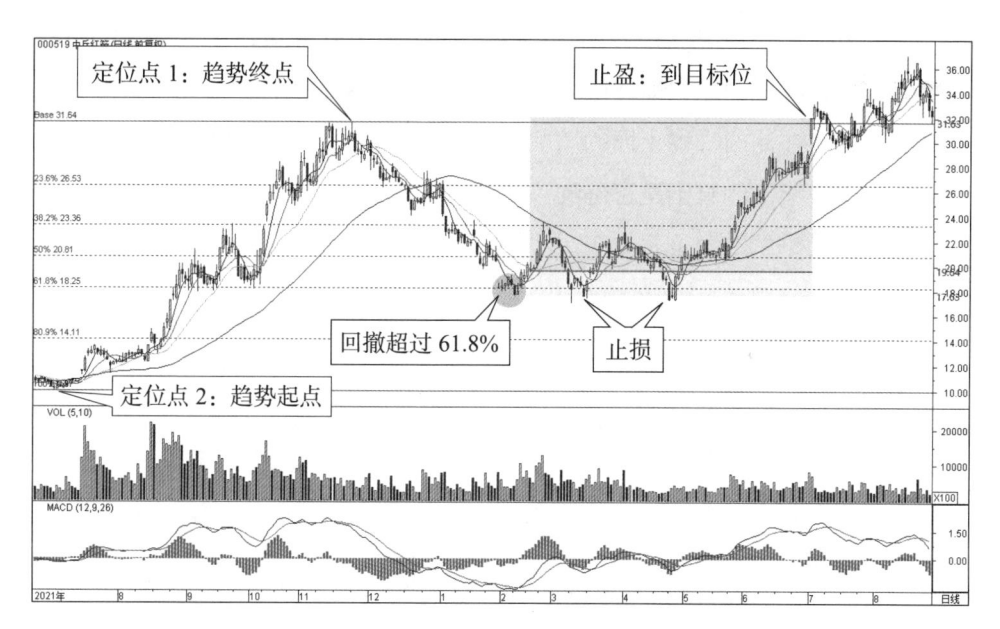

图 4-13　中兵红箭（000519）日线图波段交易

上升趋势的起点位于 2021 年 7 月 2 日的 9.99，终点位于 2021 年 11 月 23 日的 31.63。我们以趋势终点为基准，向下拖动到趋势起点，画出黄金分割线。当价格达到回撤目标之后，利用均线判断可能恢复上升趋势的初始位置。该股在 2022 年 2 月 7 日回撤到前期涨幅的 61.8%。直到 2 月 18 日，MA5 与 MA10 形成金叉并发出做多信号，开多价格为 19.64 元，同时以前一个波谷低点设置止损，止损价格为 17.63 元。

买入之后，该股发生了两次调整，其最低收盘价分别为 17.57 元和 17.31 元，均跌破了止损价 17.63 元，虽然只是微幅跌破，但严格来讲，仍应该执行止损操作。也许从后面的走势来看，你会认为这两次止损没有必要，但这是从事后上涨的角度来反推的。如果实际走出了向下创出新低的走势，那么你又会认为这两次止损是必要的。要知道，按计划执行止损，永远是在当时情况下的一种较优选择。如果交易者希望避免这类微幅跌破关键点产生的噪音信号，在设置止损时可以在空间和时间上增加限定条件，比如以关键点位下方的一定幅度设置止损，或者以连续两根 K 线跌破关键点来从时间上进行过滤。

从图 4-13 中画出的止盈与止损空间的高度可以看出，这次交易的盈亏比数值较大，可能的盈利幅度达 11.99，最大亏损为 2.01，盈亏比接近 6 倍。稳健的交易者在使用窄幅止损的情况下，有可能错过后面的上涨，但是坚持"宁可错过也不做错"的原则是正确的。

使用该策略的交易记录如下。

交易品种：中兵红箭（000519）

进场时间：2022 年 2 月 18 日

离场时间：2022 年 7 月 1 日

开多价格：19.64

止损价格：17.63

止盈价格：31.63

盈利/亏损：-2.01

再来看一个做空的例子，如图 4-14 所示，是螺纹钢合约在 2023 年 1 月 4 日前后的 5 分钟 K 线图。该合约从高位开始形成了一波百点以上的急速下跌，似乎预示着一个阶段高点的产生。这波下降趋势起点为 4124，终点为 4016。我们仍然从趋势终点到起点画出黄金分割线。

开盘急跌然后反弹，反弹遇阻再跌破前低，这是一种常见模式。这种模式还有一种极端情况，就是在空头时开盘产生一个向下跳空缺口，然后反弹并回补这个跳空缺口，后面再恢复下降趋势。其形态与倒置的英文字母 N（И）相似。

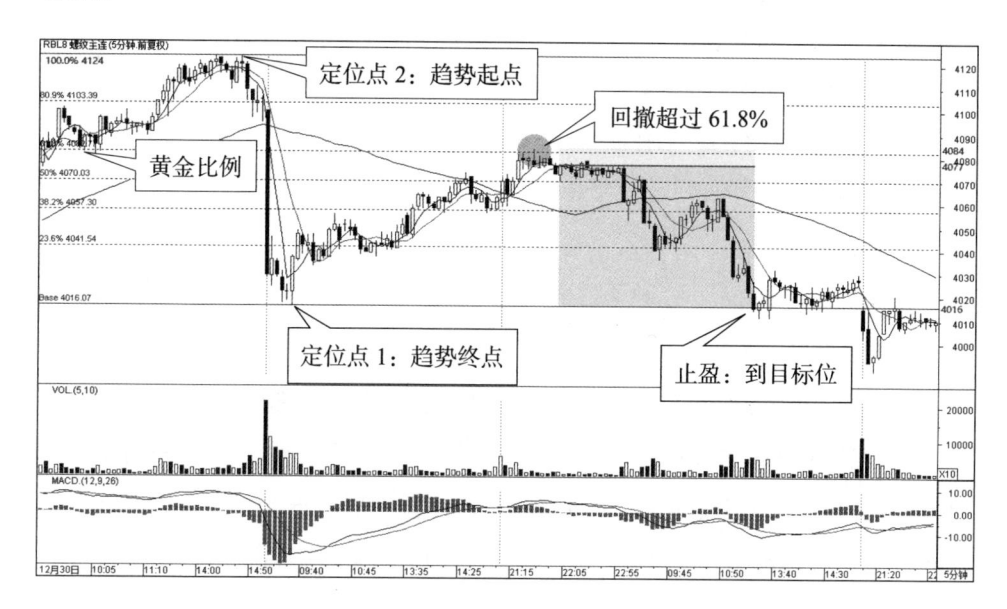

图 4-14　螺纹主连（RB888）2023 年 1 月 4 日 5 分钟图

价格从定位点 1 开始，经过三波反弹，达到回撤目标 61.8%。当 MA5 与 MA10 发生死叉时，应该看空做空，开空价格为 4077。做空时，应该将止损设置在回撤的波峰顶点或之上一定距离。我们以前一个波峰的顶点 4084 设置止损。

这是回撤交易策略的一个典型案例，价格瞬时、小幅突破 61.8% 的黄金比例，只有上影线在这一比例上方，当满足所有开空条件之后，空单进场。开空之后，只有很小的回撤，然后展开下跌，很快到达止盈目标位。从盈亏比来看，止损只有 7 个点，止盈却达到 61 个点，有着非常高的风险回报比。

使用这种方法时，交易者必须判断出趋势的起始与终止位置，这是比较容易的。此外还要判断出整体趋势的主要方向，这在 1 分钟或 5 分钟这样的短周期比较难以准确判断，因为短线行情有太多具有不确定性的杂波，需要对行情进行一定的过滤，识别出那种大概率的关键点。这对交易者判断阻力位与支撑位的能力有较高要求。

使用该策略的交易记录如下。

交易品种：螺纹钢主力合约

进场时间：2022年1月3日22：05

离场时间：2022年1月4日11：20

开空价格：4077

止损价格：4084

止盈价格：4016

盈利/亏损：+61

再来看一个在1分钟K线图上利用回撤法做空的案例，如图4-15所示，是螺纹钢合约在2023年2月6日前后的1分钟K线图。该合约在前期呈下降趋势，从最高点4083逐波下跌，最终创出最低点4001。MACD指标长时间运行在0轴下方，并且已经发生多次底背离。随后该合约展开反弹，当回撤超过61.8%之后，在均线死叉时进场做空，开空价格为4050，同时

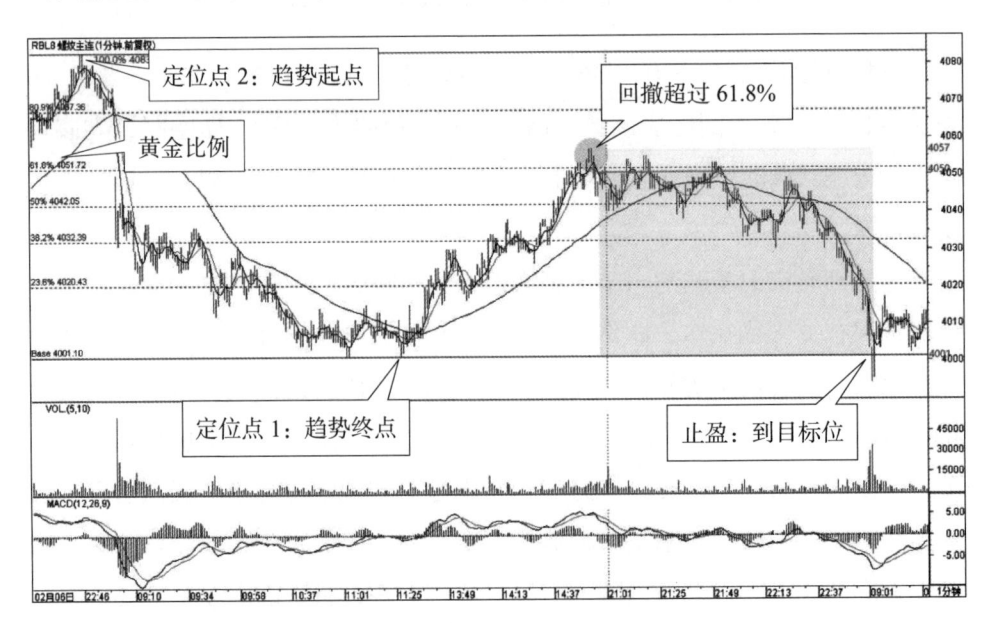

图4-15 螺纹主连（RB888）2023年2月6日1分钟图

以前高 4057 设置止损。在此之后，该合约有三次进入开空价格上方并产生浮亏，但未能触发止损。最终随着价格连续下跌到达目标位，触发止盈，价格为 4001。

当遇到一种模式反复出现时，交易者会认为自己发现了一种神奇的方法。价格好像经常回撤到 61.8% 的比例，然后开始恢复之前的主要趋势。不过，千万不要以为这是一种万无一失的方法，只要看盘时间足够长，你会发现 50% 和 80.9% 这两个黄金比例也经常起作用。黄金比例 61.8% 对技术分析的意义究竟是什么呢？它是一个大概率的回撤阻力位。市场合力比较小的时候可能没有到达这个比例就开始恢复主要趋势，市场合力比较大的时候也有可能走出"穿头破脚"突破前期关键点的走势。

使用该策略的交易记录如下。

交易品种：螺纹钢主力合约

进场时间：2023 年 2 月 6 日 14：58

离场时间：2023 年 2 月 7 日 9：02

开空价格：4050

止损价格：4057

止盈价格：4001

盈亏/亏损：+46 点

最后来看一个亏损的案例，如图 4-16 所示。这段行情发生在 2022 年 11 月 24 日。仍然按照之前的进场条件判断趋势方向向上，等待回撤超过 61.8%，MA5 与 MA10 均线发生金叉时进场做多，开多价格为 3698，同时以前低 3685 设置止损。但这次多单进场不久，价格向下突破止损位，应该无条件执行止损操作。

随后该合约走出连续阴线，价格再下一个台阶，直到 80.9% 以下才止跌。这再次测试了前期关键低点的支撑力量，在这个位置继续向下突破前低或者开始反弹都有可能。如果在均线再次金叉时继续进场做多，应该以前低 3659 设置止损，防止跌破关键点造成大幅亏损。从图 4-16 中可以看出，这次从高点的三波下跌的波谷分别在上升趋势的三个黄金比例 23.6%、61.8% 和 80.9% 附近展开调整。

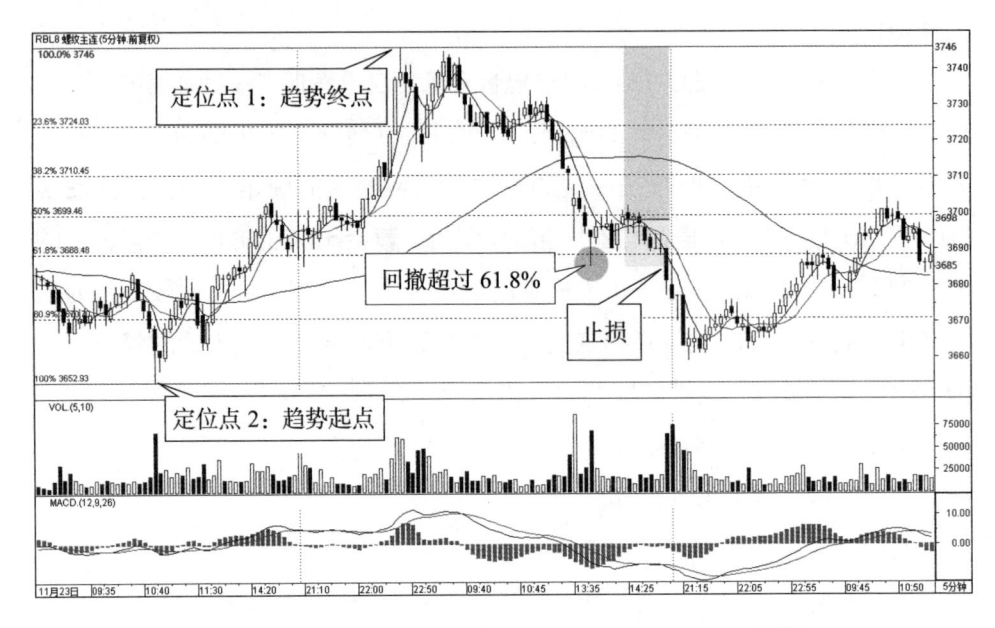

图 4-16　螺纹主连（RB888）2022 年 11 月 24 日 5 分钟图

使用该策略的交易记录如下。

交易品种：螺纹钢主力合约

进场时间：2022 年 11 月 24 日 14：25

离场时间：2022 年 11 月 24 日 15：00

开多价格：3698

止损价格：3685

止盈价格：3746

盈亏/亏损：-14 点

亏损就是交易者向市场付出的学费，而研究亏损交易单能让这些学费不白花，能让你重视不同走势的可能性，在交易中绝不放松风险管理。在以上案例中，单次最大的可能亏损都在 2%～5% 以内，而盈亏比都在 2 倍～3 倍或以上，合理的风险管理为长期盈利提供了保障。短线交易更难以严格执行止损，止损意识稍有放松就可能错过最合理的离场位置，为扛单埋下了隐患。

　　交易者不应过于看重单次交易的盈亏，亏损单的数量多于盈利单并不可怕，要想以小博大，这是你必须要付出的代价。成功的交易者并不是每笔交易都盈利的交易者，相反，他们能控制连续亏损，渡过亏损期之后，他们的盈利能覆盖之前的亏损。即使出现了多个互相验证的信号，交易者也不应对任何一次交易过于自信和兴奋。

　　我们的交易策略所捕捉的价格形态总是重复出现，优秀的交易者应该在好的形态出现之前始终保持耐心。利弗莫尔曾经说过，"不论何时，只要耐心等待市场到达我所说的'关键点'之后才动手，我的交易总能获利。"此外，优秀的交易者应该能够辨别那些看似能够走出来而实际上却是虚假信号的情况，这不仅需要良好的直觉和盘感，还要有良好的处理亏损单的能力。

　　总之，成功的交易者应该谨慎遵守自己的原则，几乎要像一个不带情绪的机器人一样。盘中任何一丝杂念都可能暗中破坏你的执行力，只有做一个"没有思想"的执行者，才能提高交易效率，简化交易过程。

第 5 章

交易策略

不管多么复杂的模型，没有一个能让你长期不变地一直赚钱，因为市场在变化，信息在变化，我们不是机器的奴隶，只有通过不断的学习，持续不断地更新自己的模型和策略，寻找市场上的规律，让你的交易系统跟上变化本身，才能在交易市场中立于不败之地。

——詹姆斯·西蒙斯（James Simons）

如果你的模型包含了太多的规则，那么你就是在创建一个过度拟合的模型，它可能在回测时表现很好，但在实盘时不太可能表现良好。

——杰拉尔德·阿佩尔（Gerald Appel）

5.1 一个简单的均线趋势跟踪策略

趋势是你的朋友,这是我们在市场中经常听说的一句话。有时候你能在逆势操作中抢到反弹,赚到快钱,但是一旦被套在下降趋势,面对"跌跌不休"的局面时,你就会重新审视顺势操作的重要性。有些人经过几次市场教训之后会形成肌肉记忆,不再伸手,从而养成顺势操作的良好习惯,但有些人会陷入在顺势与抄底间不断跳转的死循环中。

为什么顺势操作更容易赚钱呢?很简单,因为你的交易方向与市场方向是一致的。强大的趋势站在你背后,时间和概率就都站在你这边。如果市场有玄学的话,这就是其中的玄机。

我们经常按交易时间框架的长短把交易者分成日内交易者、日间波段交易者和长线交易者(投资者)。从另一个角度来看,他们其实都是波段交易者,区别在于参考的 K 线周期不同。日内交易者参考 1 分钟、5 分钟或 15 分钟 K 线;日间波段交易者参考日 K 线;长线交易者参考日 K 线和周 K 线。

假设有一个交易品种在各种周期上的一波上涨大概率都会持续 20~30 根 K 线,那么不同市场选手的持有时间可能是 20~30 分钟、20~30 天、20~30 周。他们的共同点是,都在自己的 K 线图上做了一次波段操作。

系统交易者应该具备这样一种能力,任意给你一张 K 线图,无论是哪个品种或哪种周期,你都应该能够按照自己的方法指出波段操作的进场点和离场点,在你的眼中没有时间和价位,只有符合条件的 K 线。

本小节将通过一个简单的趋势跟踪策略,说明并回顾波段交易的一些要点。

◎ 日间波段交易与日内交易

通常所说的波段交易，是指在股票日线图上捕捉一波连续上涨行情的交易方式，其背后的逻辑是识别更高一级的趋势并积累其中的利润。相比日内交易来说，日间波段交易每笔交易可以产生更大的利润，但要承担更高的波动性风险。

日间波段交易与日内交易有许多共同点，二者最大的区别在于时间框架。日间波段交易者的持仓时间从几天到几周不等，在操作时会参考 60 分钟 K 线图和日线图。日内交易者的持仓时间从几分钟到几小时不等，但绝不会持仓过夜，在当日收盘前处理掉持仓。日内交易可以避免隔夜跳空的风险，减少意外情况给账户造成的损失。

两种交易方法都存在内在风险。由于采用更短的时间框架，日内交易的利润容易被滑价和手续费吞噬。日内交易者的交易次数会明显多于日间波段交易者，因为他们是靠低盈亏比的多次交易来积累利润。日间波段交易者的盈亏比较高，但胜率较低，每次止损的比例和金额更高，他们不仅要面对隔夜跳空风险，在股票市场还要面对可能的停牌风险。

二者需要投入的时间和精力也是一个重要差别。日内交易者需要全天候盯盘，寻找进场机会，并处理手中的持仓。当然，如果你是一位程序化交易者，那么日内交易会轻松许多，可以省去大量的逻辑判断和重复操作。但对于一般的日内交易者来说，这就意味着交易成为了一项全职工作，交易者没有时间或者很少有时间在盘中做其他事情。一个不容忽视的问题是，交易者越贴近市场，就越容易受到市场情绪的影响，过分地担忧交易成绩，这会使他们非常情绪化，无疑会导致决策失误。

需要注意，即使你是一位日内交易者，你的策略也不一定必须每天都有交易信号，也就是说，日内交易并不一定每天都做交易。为了提高胜率，你可以在日线级别上增加过滤条件，选择更有优势的交易信号。有的成熟交易者会利用"三重滤网"方法，精选出交易信号，他们的交易频率要比平均水平低很多，但收益却远高于平均水平。

对于日间波段交易者来说，更不必一直待在市场里面，可以定期检查持仓或者使用预警信号。留给日间波段交易者的思考和反应的时间相对更长，这使得他们能够冷静地执行既定计划，更有效率地进行交易。很多股票交易者的一个操作误区就是始终持有股票，似乎踏空比亏损更让人在心理上难以接受。有多空思维的交易者不会允许自己的持仓在错误的方向上随波逐流。

既然日间波段交易有这些重要的优势，他们应该更容易取得成功，那他们为什么仍然会亏钱呢？

简而言之，影响交易成功的三个因素包括：交易策略、资金管理和交易心理。我们在本小节主要讨论其中的一个因素——交易策略。

我们发现，交易者倾向于将交易策略复杂化。但是，成功的交易者都倾向于让策略更简单、更"傻瓜"。美国著名期货专家斯坦利·克罗（Stanley Kroll）提出过一个重要的投资原则叫 KISS 原则：keep it simple and stupid（保持简单、易懂），这也是产品设计中的一个原则。我们应该追求简单的交易策略，同时保证它对行情具有一定的区分度，使它具有概率优势。请记住，没有 100% 正确的交易策略，你不应该为了使策略更精确而不断增加它的复杂性。

下面介绍一个简单而有效的策略——均线趋势跟踪策略。从它的名字可以看出，我们会用到移动平均线，并且该策略适用于趋势行情。

◎ **均线趋势跟踪策略**

我们以三条不同周期的均线确立一个简单的交易策略，这足以观察主要趋势发展方向，让你的屏幕更简洁，避免受到更多信息的干扰。但是你需要对行情阶段进行有效区分，注意在行情启动的初始阶段进场。这个策略很容易理解和使用，只需遵循以下几个步骤。

（1）确定主要趋势方向。

熟悉均线使用方法的交易者应该知道均线的多头排列和价托形态，本节讲的这个交易策略就是基于这两种形态。首先你要确定使用哪三条均线，可以使用常用的 5、10、20 日均线，也可以使用以斐波那契数列中的神奇数字为周期的 8、13、21 日均线，本小节以前者为例进行说明。

通过 MA5、MA10 和 MA20 组成的均线带，可以清楚地观察并判断出趋势的转折和持续阶段。当短期均线向上突破长期均线时，说明市场短期平均成本开始高于长期平均成本，人们为了获得筹码需要付出高于平均水平的价格，市场进入多头市场。当短期均线向下突破长期均线时，说明市场短期平均成本开始低于长期平均成本，人们为了抛售筹码需要挂出低于平均水平的价格，市场进入空头市场。当以上三条均线自上而下依次排列时，称为多头排列；相反，当以上三条均线自下而上依次排列时，称为空头排列。

当然，形成多头排列的初期是做多的有利位置，但是在实际操作中我们仍然会发现有很多形态相似但效用不同的位置，如何区分它们呢？这就需要更高级别上的趋势判断以及明确你的交易理念。例如，我们以 MA60 均线的方向来判断更长期的多头和空头市场，在做多时，你是希望在 MA60 均线经过长期下跌之后的转向阶段买进，还是在它保持向上时买进？不过，你至少应该知道要避免在 MA60 均线经过长期上涨之后的下降阶段买进。

（2）确定高胜率进场点。

根据既定形态限定的进场点就像一个封装好的插件一样，我们可以把它放在整体趋势中的任意一个位置，或者说，我们可以在不同的趋势阶段识别出符合条件的进场信号。以做多时的买点为例，我们把买点确定在价托中的回撤位置，均线多头排列是对买点的确认。可以想见，下降趋势反转之后的位置，以及上升通道下轨附近的位置，容易产生高胜率的买点。

下面来看一个在长期上升趋势中的进场点的案例，如图 5-1 所示。

图 5-1 是红利 100ETF 基金的日线图，可以看出这只 ETF 的波动较为温和，而且有着很好的趋势性。

我们利用 MA5、MA10 和 MA20 组成的均线来判断中短期趋势，利用 MA60 均线来判断长期趋势。价托是指三条均线在相对低位形成的封闭区间，MA5 首先向上穿越 MA10，然后它们分别向上穿越 MA20。在价托区间的价格回撤是好的买入机会。《量价时空：波段操作精解》（天津人民出版社出版）一书中专门讲解过价托与价压形态，有兴趣的交易者可以进一步了解更多相关内容。

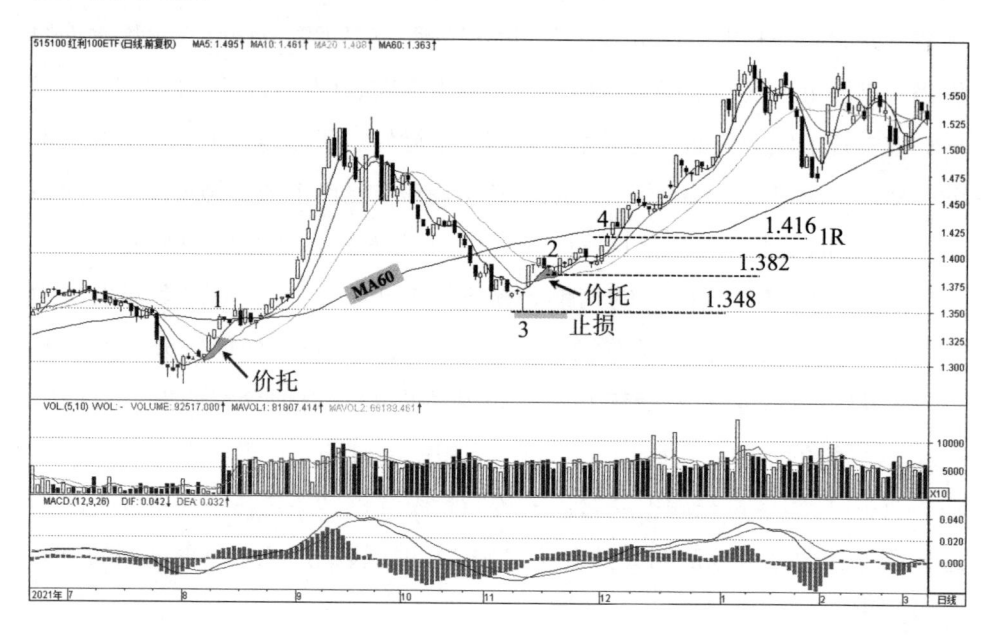

图 5-1　红利100ETF（515100）日线图

在位置1时，三条均线形成了一个价托，图中用阴影标出了这个区域，但价格没有回撤到价托之内，我们严格按照买入条件判断，这次没有产生买入信号。（细心的交易者会注意到，这波上涨在突破前高之后产生了流畅、完美的拉升行情，这是回撤买进策略可能错过的走势，可以看作为了寻求更安全的买点而付出的机会成本。）

在位置2时，三条均线再次形成价托，这次价格回撤到价托之内，产生买入信号，买入价格为1.382元。价托的宽度之内是买入时间窗口，买入之后马上以这波上涨的低点，即位置3处的K线低点1.348设置止损。为了起到缓冲作用，有的交易者会将止损设置在这类关键低点之下的几个价位，例如1.340。

买入之后，该ETF沿着MA10均线上涨，三条均线形成了多头排列形态。

当运行到位置 4 的 K 线时，价格上涨到达 1R（1.382−1.348＝0.034）止盈点位 1.416（1.382＋0.034＝1.416）。我们可以将止损进一步向上调整到买入价位 1.382 元，这样，最坏的情况就是价格马上开始下跌并跌破新的保本止损位，最终保本离场，所以这次交易已经处于无风险状态。此后，随着价格的上升，可以继续不断向上调整止损位。

价托中的买点处于上升趋势的初始阶段，在上升趋势形成之后，均线带呈向上发散状态，这时趋势已经明朗，可以适当加仓。但要注意加仓位置不应在出现顶部量价特征之后，而应在上升趋势的前半段，这样可以享受到趋势惯性带来的利润。如果能乘上趋势性良好的主升浪，那么增加的仓位将能够快速地实现利润。

再来看一个包含失败的价托形态的案例，如图 5-2 所示，是安琪酵母的日 K 线图。该股在下跌过程中一共形成了 4 个失败的价托形态，见图中用字母 A～D 标出的位置。其中的 A、C、D 位置，MA5 均线未能向上突破 MA20 均线，所以没有形成价托形态。在 B 位置，MA5 向上突破了 MA20，但 MA10 未能

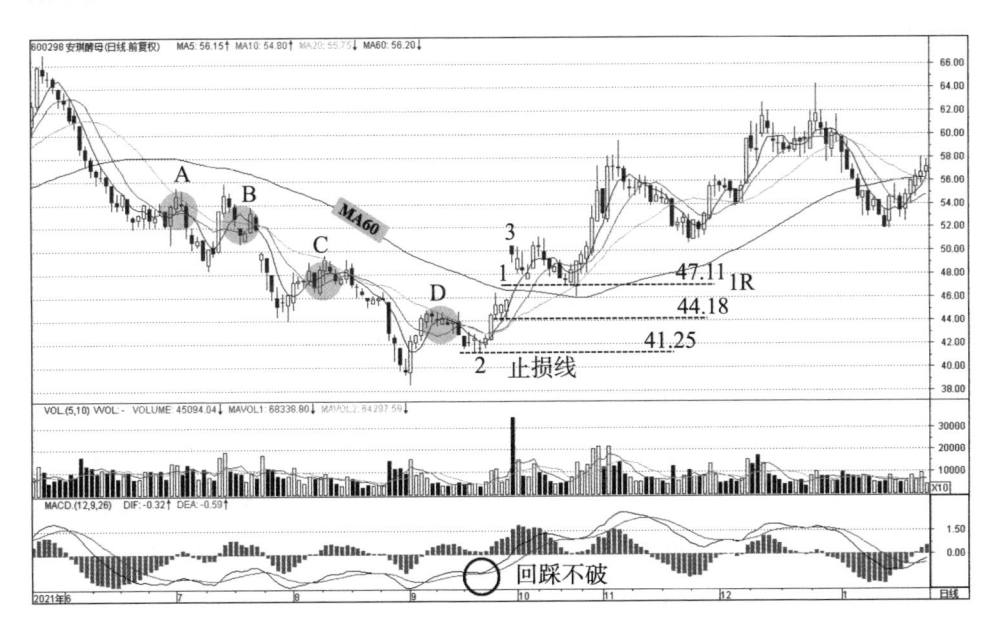

图 5-2　安琪酵母（600298）日 K 线图

向上突破。因此，这些位置都没有产生基于价托形态的买点。D 位置如果反弹再强势一点，可能形成一个价托买点，这时已经处于底背离之中。

在位置 1 处，MA5 与 MA10 处于金叉初始阶段，而 MA10 与 MA20 几乎处于重合状态。我们可以把这个位置看作一个极小的价托形态，同样是形成多头排列的雏形。当价格回撤到均线带之内时，产生买入信号，买入价格为 44.18 元。买入之后，继续以这波上涨的低点，即位置 2 处的 K 线低点 41.25 设置止损。这样，1R 就等于 44.18 减去 41.25，结果为 2.93。

买入之后，该股次日便大幅向上跳空高开（位置 3），收盘时形成了一个突破缺口，当日放出巨大成交量，同时向上突破 MA60 均线。这时价格已经向上突破 1R 止盈位置 47.11（44.18+2.93）。我们可以将止损位进一步向上调整到买入价位 44.18 元。现在这次交易已经处于无风险状态，此后随着价格的上升，我们可以不断向上调整止损位。

从 MACD 指标来看，在圆圈标出的位置，DIF 线与 DEA 线形成了回踩不破形态，这从另一个指标上支持了位置 1 的买点。在位置 3 标出的 K 线，DIF 线向上突破 0 轴，进入多头市场。这通常会与 K 线向上突破 60 日均线同步发生。

回过头来再看一遍前面 4 个没有走出价托形态的位置。如果绝大多数股票都跟随大盘同步运行，那么在这波持续 60 多个交易日的下跌调整阶段，作为一个坚持既定买入原则的交易者，你将只能待在场外观望。等待交易信号出现的这段时间很漫长，对新手交易者来说是一个艰巨的考验。

新手倾向于寻找更多的交易机会，他们认为做的越多，赚的越多。但是，如果你能过滤出更好的机会并加大仓位，往往能取得更好的业绩。假设在一段行情中，你原本有 70 次正常的交易机会，但你希望能找到 100 次交易机会，多出来的就一定会是赚钱的机会吗？实际上这样做往往适得其反，放宽进场条件之后，结果会导致做的越多，错的越多，出手成功率不断降低。相反，如果你能从原来的 70 次机会中过滤出 30 次精选机会，并适当加大仓位（胜率明显提高的情况下可以仓位加倍），这样做的效果可能更好。

（3）风险管理。

这个步骤主要涉及仓位管理和止损设置，简单来说，你需要确定一次交易使账户资金承担多大风险。

止损设置在买点之下一定距离。可以根据价格的波动率来进行设置，也可以采用固定数值（比例）或一个相对位置，比如均线发生金叉的价位之下一定距离。通常最近的一个波谷低点就是一个可靠的止损位。

你的止损幅度就是定义的 1R 风险，随着上升趋势的形成，当价格上涨的幅度达到 1R 时，止损可以向上移动。这意味着你的这次交易已经至少不会亏损。随后的卖点，可以主观地设置 2R 的止盈，也可以使用跟踪止损。

图 5-3 是与图 5-1 相同的红利 100ETF 行情。随着价格的波动加剧可以适当扩大止损区间，如果严格执行初始止损的话，在位置 5 会触发跟踪止损，退出这次交易。如果使用宽幅止损，则会在随后的价压形态中产生主动离场信号。

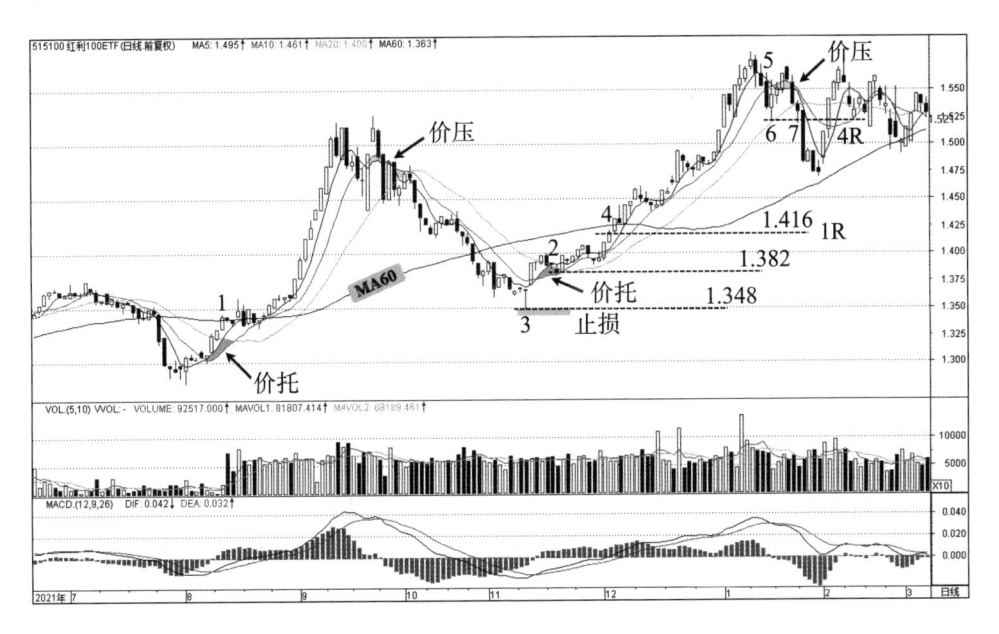

图 5-3　红利 100ETF（515100）日线图

价压是指三条均线在相对高位形成的封闭区间，MA5 首先向下穿越 MA10，然后它们分别向下穿越 MA20，这是与价托相对应的形态。在价压区间的价格回抽是好的卖出机会，达到预期目标位之后，可以在高位止盈，例如当价格回抽 10 日线时在价压中卖出。

我们经常会被问到一个很"深刻"的问题——什么是上升趋势？其实答案很简单，上升趋势就是在某个观察周期内波谷不断抬高的走势。当价格跌破前一个波谷时就破坏了连续上涨的节奏，因此，跟踪止损也可以利用不断抬高的波谷低点来设置止损。我们将位置 6 的一个波谷低点 1.521 设置为最近的一个跟踪止损位。在位置 7 标出的 K 线，价格向下突破止损线，执行卖出操作。这次波段操作的获利幅度为 0.139 元（1.521−1.382），相当于获得了 4R 的盈利（0.139/0.034）。

至此就完成了一次波段操作，从价托开始到价压结束，这期间的三条均线在大部分时间里呈多头排列状态。从 MACD 指标也可以看出，DIF 线与 DEA 线从金叉到死叉形成了一个完美的上升波段。

上升波段并不总是十分流畅，有时候中间会有较大的回撤，相对复杂的波动会给操作增加难度。下面来看图 5-2 中的安琪酵母在持股和离场阶段的操作，如图 5-4 所示。在买入之后，该股回补了位置 3 产生的巨大跳空缺口。然后再次拉升，并伴随着成交量不断放大。可以看出，该股的走势要比图 5-3 中的红利 100ETF 更曲折一些。

该股在相对高位先后产生了两个价压形态，第一个价压的区间较宽，持续了 7 根 K 线，第二个价压只持续了 1 根 K 线。回抽到这两个价压形态中间的价格都是好的主动卖出机会。以位置 4 的 K 线盘中价 55.50 元计算，可获利 3.9R。以位置 6 的 K 线开盘价 59.68 元计算，可获利 5.3R。这两个卖点都得到了高 R 值。以 1R 风险博取 3R～5R 的利润，属于非常有利的交易。

虽然波动曲折，但该股在上涨过程中的几个波谷是逐波抬高的，只有位置 5 处的波谷低点被跌破，这就是由跟踪止损触发的卖出信号，卖出价格为 57.88 元，相当于获利 4.7R。这样的止损方式就显得更机械一些，最近的波谷低点是一个客观的价格，不是凭主观猜测的目标点位。一个需要注意的细节是，你应该事先确定在跌破止损位时，是以盘中价格还是以收盘价格为准。

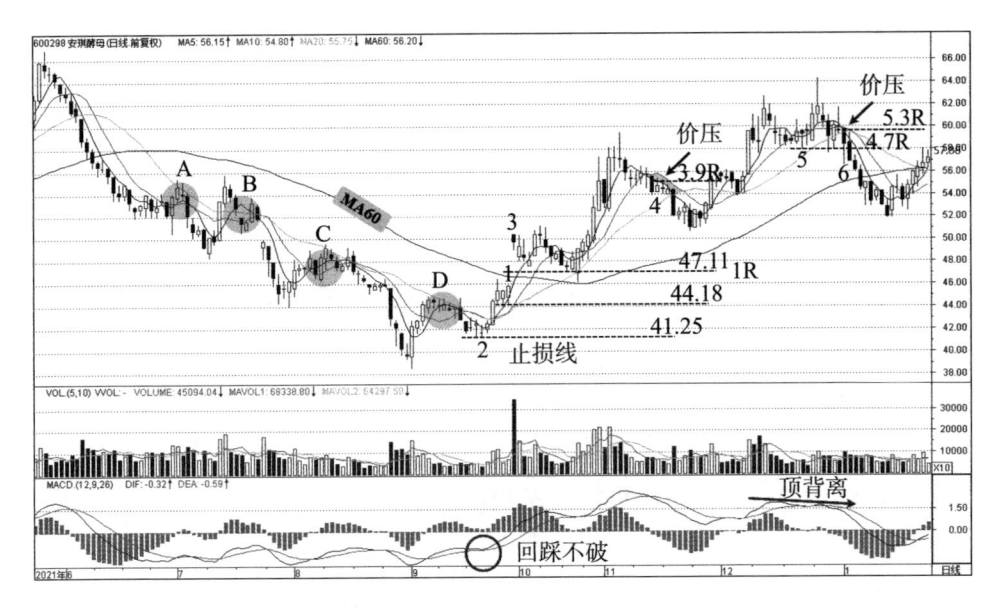

图 5-4　安琪酵母（600298）日 K 线图

◎ 交易原则

对于本小节所讲的交易策略，或者任何一种交易策略，在确立之初以及最终测试完善之后，都应该符合一定的交易原则，也有人称之为铁律。下面我们试着总结一些需要遵循的交易原则，它们将有助于波段交易者高效地进行交易。

（1）限制亏损。

有些交易者在一次交易陷入亏损时，倾向于等待回本时再离场，在心理上抗拒在亏损的状态下结束本次交易。这样做虽然有时候能扛回来，但早晚会遇到一次大亏，导致账户资金很难回本。我们常说"最早的亏损是最小的亏损"，你应该把亏损限制在最低限度。

当然，这需要合理地止损，既不能见到亏损就离场，也不能抱着亏损不放。当你的进场理由失去意义之后就要坚定离场，要知道市场不会关门，后面还有更多交易机会。这也是一个交易心理方面的问题，交易者不应该从单次交易的角度来看待当前的交易，而应该从多次交易的角度以概率思维来看待。

（2）不要让每次交易的风险超过2%～5%。

执行有效的资金管理，单次交易的风险不应超过2%～5%，带杠杆的交易品种更要严格控制单次交易的风险。严格遵守这项纪律将显著降低爆仓的风险，并为你的交易成功奠定基础。

这种风险控制似乎会让你的账户增长束手束脚，但这是经过反复验证的避免爆仓的资金管理策略。成功的交易者对待每次交易的态度应该是如履薄冰、如临深渊。

（3）心理止损。

这一点可以从两个方面来理解，一方面在主观上要接受止损，你要承认自己不可能100%正确，亏损的单子也可以是正确操作的结果；另一方面，当你有了一定的交易经验之后，会形成良好的市场嗅觉或直觉。这种直觉是大脑处理了大量走势之后形成的第六感觉，它可能让你避免一些不必要的亏损。这当然不是让你抛弃交易策略，采取任意决策，而是在某些离场位置纳入心理止损。

（4）避免过度交易。

有研究表明，过度交易是导致交易者亏损的主要原因之一。如果你每次都能等到合适的时机再出手，不仅会减少很多不必要的亏损，还可以提高出手成功率。

避免过度交易与保持耐心是同样的道理。缺少经验的交易者很难做到"谋定而后动"，他们总是经不住价格波动的诱惑，轻易下单，这正是对手盘在寻找的破绽。要知道，保守一些的交易策略要比激进的策略更有利。利弗莫尔说过，"只要我失去耐心，没有等到关键点的出现，而是想轻而易举地赚到钱，我就肯定会赔钱。"

（5）复盘。

你的交易策略是在某种交易理念下的所有经验教训的集合，过往的错误会成为有益的经验，过往的大赚也会成为正向激励，增强你坚持执行该策略的信心。你下一次交易的价格走势，绝大部分都能在历史行情中找到相似的部分。找到最优的处理方式就是复盘的意义所在。在以后面对类似图形时，你要做的就是按图索骥。

（6）始终遵守你的原则。

这是最重要的一条原则，如果你不能遵守原则，那么无异于没有原则。确保你能严格执行既定的一套原则，是通向成功交易的必要条件。

◎ 策略要点回顾

策略名称：均线趋势跟踪策略

交易风格：中短线波段交易

交易品种：波动流畅的个股，熟悉的好公司

时间框架：日线

指标：MA5、MA10、MA20

买入信号：均线形成多头排列的价托，当价格回撤到价托区间买入

卖出信号：均线形成空头排列的价压，当价格回抽到价压区间卖出

离场原则：当触及止损或止盈

仓位：使单次止损的风险不超过账户资金的2%

止损：价托之下一定距离

止盈：2R～3R，或者跟踪止损

盈亏比：1：2以上

回本线：当价格达到1R时将止损线向上调整到买入价位

跟踪止损：以最近的一个波谷为跟踪止损位，一旦跌破止损位则无条件离场

使用该策略的交易记录如下。

做多交易（图5-3）

交易品种：红利100ETF

开仓价格：1.382

止损价格：1.348

止盈价格：1.521

开仓时间：2021 年 11 月 19 日

平仓时间：2022 年 1 月 24 日

盈利/亏损：0.139（4R）

做多交易（图 5-4）

交易品种：安琪酵母

开仓价格：44.18

止损价格：41.25

止盈价格：57.88

开仓时间：2021 年 9 月 29 日

平仓时间：2021 年 12 月 29 日

盈利/亏损：13.70（4.7R）

5.2　一个短线均线交易策略

你相信光吗？

你相信趋势吗？

本小节将要介绍一个简单的短线趋势跟踪交易策略，该策略利用 60 分钟 K 线图识别短期趋势，利用 5 分钟 K 线图判断开仓与平仓信号。

一个可信的交易策略应该能够让你无论在上升还是下降趋势中都能大概率保持盈利。基于价格波动性确立的交易策略应该适用于大部分流动性良好的品种。由于你的交易策略符合市场运行逻辑，你的进场信号应该出现在市场意欲突破关键点位的时候，并且总是倾向于快速且放量达成突破。

为了保证持续盈利能力，很重要的一点就是确立一套适合自己风格的交易策略并且严格执行。一致性地执行是通向成功交易至关重要的一环。交易策略不仅需要考虑进出场条件，还应该考虑主要操作品种（本小节以螺纹钢合约为例），你喜欢的交易频率，以及使用的资金规模。

为什么需要交易策略？如果你曾经怀疑过交易策略的必要性，我们列出了下面几条主要原因。

交易策略起到路线图的作用。采用交易策略就像使用地图一样，它能指引你的每一步行动——在哪买/卖、买/卖多少、做对/做错时如何应对。成熟的交易者看到任何一张 K 线图，无论是哪个周期，如果有符合条件的开仓信号，都应该在头脑中形成一个操作路线图，针对所有变数的应对措施已经成竹在胸。

交易策略能让你避免情绪干扰。很多交易者在操作过程中遇到的一个常见问题就是很难隔绝市场情绪。由于人性使然，这无疑是一件非常困难的事情。人类大脑一旦遭遇恐慌和焦虑情绪，就会失去理性思考能力。无论你是新手还是老手，在没有策略约束的情况下，都很难控制自己随意下单或拖延止损的行为。甚至在有些情况下，即使有了交易原则，你也会像被施了魔法一样，总是会在盘中犯下这样或那样的错误。这似乎是命运的安排，又似乎是市场在存心捉弄。收盘后你往往会很快意识到自己的冲动交易行为，但在盘中无论如何都很难管住自己的手。

然而，一旦能够成功避免情绪干扰，你的交易水平将得到明显提高。使用交易策略能够帮助你使自己的决策制定过程自动化。始终坚持交易策略是最明智的交易行为。

交易策略有助于复盘总结。交易策略的形成并不是一蹴而就的，它需要经过一个不断复盘和回测的过程，反复打磨之后才能最终固定下来。"宝剑锋从磨砺出"，这个过程能让你理清思路，放弃一些模棱两可的信号。特别是对于一些已经尝试过不少方法的交易者来说，新的策略需要一个磨合过程，这能让你相信该策略并产生严格执行它的坚定信念。

很多交易者都会关注到交易中道与术的关系。交易策略确立起来之后，在初期可能希望纳入更多有用的交易经验和原则。但到了后期，为了保持交易策略的"敏锐"程度，你必须要舍弃一些不必要的、冗余的"细枝末节"。复盘并不一定是要丰富你的策略，也可能是为了精简你的策略。

交易策略有助于风险控制。每个交易者都应该设定一个风险阈值，避免由于仓位过大或杠杆过高导致爆仓。交易策略需要你确定一个合理的单笔交易风险值，因此它能起到风险控制的作用。

相对股票市场来看，期货市场的风险较高，双向交易和保证金交易规则都容易让你产生过度交易行为。虽然期货市场看上去获利机会似乎更多，但对于普通交易者来说，多做多错是常态。这同样适用于股票市场的短线操作，尤其是在T+1规则下的所谓的T+0操作。

这是一场胜率和盈亏比的平衡配比游戏，对于容易犯错的普通交易者来说，取得优异成绩的关键在于盈利次数高于亏损次数。有些老手可能持有"重剑无锋"的低胜率、高盈亏比策略，但他们通常是高阶交易者。当然，也有人会说不能以这个标准来判定交易水平，因为市场中存在成功的高频交易者。但是他们是很难被模仿的，这是以胜率制胜的一种极端现象，他们是处在天秤另一端的高阶交易者。

交易者与赌徒的一个主要区别在于是否使用交易策略。利弗莫尔曾经说过，只对"市场不可避免的升和跌"押注，在市场中赌博是迟早要破产的。换句话说，就是要坚持做大概率的事情。

◎一个简单的短线交易策略

如前所述，本小节要介绍的是一个简单的短线趋势跟踪交易策略，我们要捕捉的目标是多头背景下的一段连续上涨或下跌行情。该策略由60分钟图以及5分钟图逐步确定交易机会。虽然过往的业绩并不代表未来业绩，但从经验来看，如果能有效区分行情发展阶段，用这种简单的方法也能获得不俗的成功率。

该策略利用60分钟K线图来识别短期趋势，利用5分钟K线图判断具体开仓与平仓位置。该策略需要用到三种指标：WMA144（144日加权移动平均线）、MA5（5日移动平均线），以及KDJ（随机指标），如图5-5所示。

这两个均线周期都是斐波那契数列中的数字，144 和 5 分别是该数列中的第 12 个和第 5 个数字。该策略需要三个步骤的确认信号：60 分钟图上的趋势方向、5 分钟图上的趋势方向，以及 5 分钟图上的短线转折点。

图 5-5 螺纹主连（RB888）指标图

采用该策略进行每一次开仓之前必须首先识别当前的市场趋势，这是 60 分钟 K 线图的作用。当 MA5 均线与 WMA144 均线发生交叉时，确认形成新的趋势。若短期均线 MA5 向上穿越长期均线 WMA144，表示上升趋势，如图 5-6 所示；若 MA5 向下穿越 WMA144，则表示下降趋势，如图 5-7 所示。

由于这是一个短线策略，所以在识别出满足条件的形态之后要立即准备执行下单操作。

图 5-6 中的看多金叉发生在 2022 年 9 月 23 日 22：00，短线进入上升趋势。金叉后进入开多时间窗口，在后面的几根 K 线内会出现做多机会。

图 5-7 中的看空死叉发生在 2022 年 6 月 14 日 11:15, 短线进入下降趋势。死叉后进入开空时间窗口，在后面的几根 K 线内会出现做空机会。

图 5-6 螺纹主连（RB888）60 分钟 K 线图看多金叉

图 5-7 螺纹主连（RB888）60 分钟 K 线图看空死叉

◎ 执行策略

一旦在 60 分钟 K 线图上识别出均线交叉，马上切换到 5 分钟 K 线图并等待预期方向上的再一次交叉。鉴于螺纹钢是一个比较活跃的期货品种，并且在这里使用了较短周期的 K 线，因此应该很快产生交叉信号。

我们的开仓思路是在主要趋势中发生次级回撤之后进场。例如在多头趋势中，应该在类似波浪理论中的第 2 浪调整之后，在第 3 浪的初始位置进场。在这种情况下，我们用到了 KDJ 指标，因为该指标的一大优势就在于判断短线转折点。当 K 线经过 20 以下的超卖区间与 D 线产生向上交叉（金叉）时，产生开多信号；当 K 线经过 80 以上的超买区间与 D 线产生向下交叉（死叉）时，产生开空信号。

在 60 分钟图产生交叉信号并且 5 分钟图运行在预期的趋势方向上时，我们需要等待 KDJ 指标在趋势方向产生交叉。这意味着在多头趋势中，等待 KDJ 指标在超卖区间产生金叉，如图 5-8 所示；而在空头趋势中，等待 KDJ 指标在超买区间产生死叉，如图 5-10 所示。

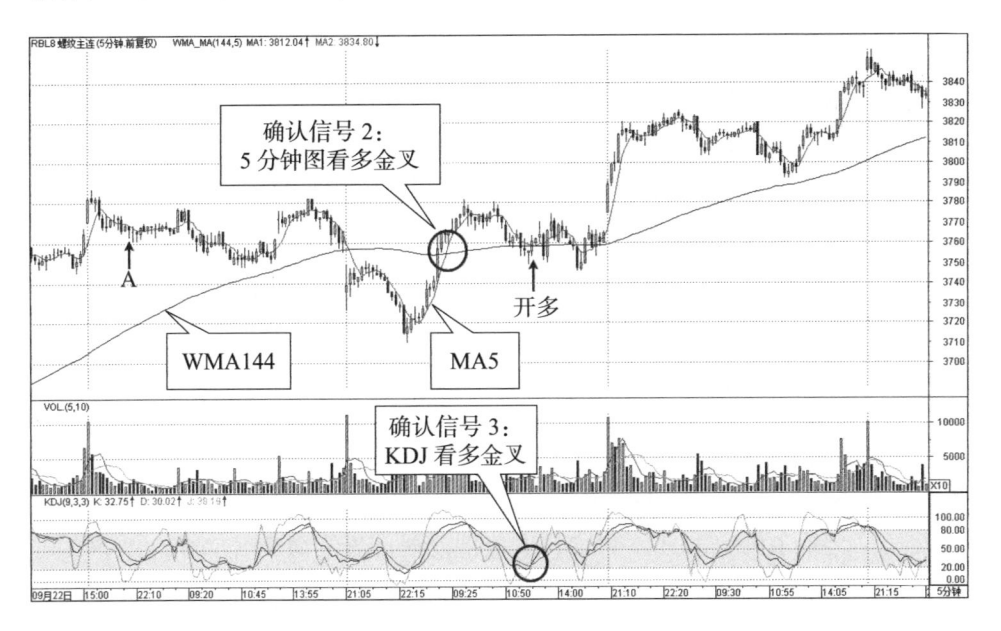

图 5-8 螺纹主连（RB888）5 分钟 K 线图 KDJ 指标看多金叉

60 分钟图上出现确认信号之后，切换到 5 分钟图寻找 KDJ 指标的看多金叉，出现确认信号之后马上开多。注意 K 线指标需要经过超卖区间，表示多头趋势中的次级调整已经跌过头。当出现金叉时很可能是短线转折信号，我们的目标是在调整浪的波谷右侧开多。

　　在图 5-8 中，用字母 A 及向上箭头标出的是在 60 分钟图上形成看多金叉的 K 线收盘时间（9 月 23 日 22：00），然后我们等待价格对 WMA114 均线进行一次调整。当 MA5 自下而上穿越 WMA114 时，产生第 2 个确认信号。我们离开仓越来越近了，只需再等待一小波回调。当 KDJ 指标的 K 线经过超卖区间向上穿越 D 线时，产生第 3 个确认信号，这时立即开多（9 月 26 日 11：25）。

　　在完成开仓之后，我们可以以前低或最近的支撑线设置止损位，并以 3R 的幅度或高位的阻力线设置止盈目标位，如图 5-9 所示。当然，你也可以根据所交易品种的波动性和自己的风格来设置止损和止盈。还可以使用跟踪止损策略，以做多为例，在开仓初始阶段使用固定止损，随着价格的上涨不断放宽止损幅度并向上移动止损线，这样做的好处是可以适当容忍价格回撤，抓住更大的波段。在出现顶部特征之后，可以适当调紧止损，这样做的目的是保护更多头部利润。

　　在图 5-9 中，我们分别标出了几个关键价位。在 3761 开多之后，通常会寻找前期调整的低点，并以此设置止损。但在本案例中，前低 3710 距离开价达 51 个价位，对于以 5 分钟图做短线来说，这个止损显得有点过于宽松了。从以往的经验来看，该品种的一波行情通常有 70~100 个点，把止损设在 20~30 点比较合适，这样很容易以 3：1 的盈亏比在高位成功止盈。我们以 20 个点的容错空间在 3741 点（3761-20）设置止损位，这就是这笔交易承担的最大风险（1R）。如果确认价格跌破止损位，应该无条件离场。

　　同时，我们在距离开价之上 3R 的位置设置止盈位 3821（3761+20×3）。有人可能会问，为什么不以其他盈亏比设置止盈，比如 2R 或 5R？这个数字通常是由回测或长期盯盘得出的一个较优经验值，不是标准答案，它应该满

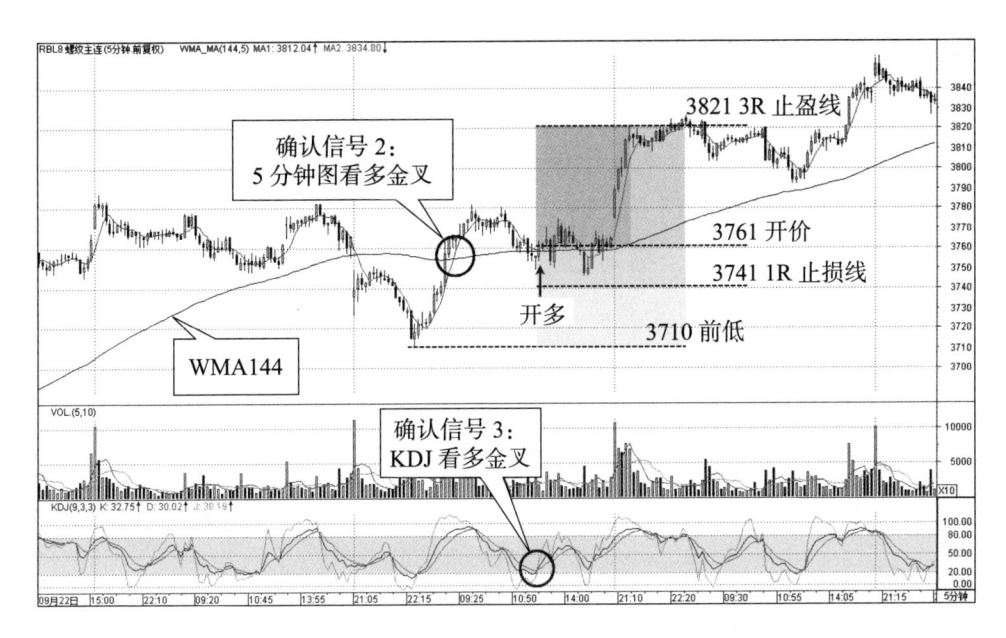

图 5-9 螺纹主连（RB888）5 分钟 K 线图多头止损与止盈设置

足大概率能够在波峰区间离场。如果是较小的 2R，止盈目标更容易达到，胜率会提高，但可能会让很多交易者过早地离场；如果是较大的 5R，止盈目标不容易达到，胜率会降低，但平均盈利有可能提高。一段时间内的最优止盈 R 值，只能在事后回测出来，我们假设是 3.14，这个数字能让这期间多次交易的利润达到最高，但后面一段时间的最优数字还会发生变化，你无法事先得知。如同你无法预测单次上涨的最高点一样，你更无法预测多次上涨的平均最高点。

当价格达到止盈位时，我们执行平多仓操作（9 月 27 日 21：25）。从图 5-9 中可以看到，价格到达止盈目标位之后，经过三浪调整，然后再次上涨并突破了前高，达到 3840 以上，又涨出 1R 以上的空间。有人可能会问，止盈是否设小了？这要从策略的目标来说，我们的目标是抓住短线的一波连续上涨，重点在"短线"和"连续"，显然后面是经过调整之后的另一波上涨。从 KDJ 指标可以看出来，它再次经历了从超卖区间到超买区间这一过程。

图 5-9 中从 3710 开始的三个上涨波段还是比较明显的，三次连续上涨的幅度分别为 72、80 和 64，可以为设置止盈提供一些线索。划分波动级别

和识别浪型是交易者要注意培养的一项技能。

再来看在空头趋势中的做空情况,如图 5-10 所示。

图 5-10 中用字母 A 及向下箭头标出的是在 60 分钟图上形成看空死叉的 K 线收盘时间(6 月 14 日 11:15),然后我们等待价格对 WMA114 均线进行一次回测。随后价格向上突破 WMA114 均线,但没有向上远离长期均线。当 MA5 自上而下穿越 WMA114 时,产生第 2 个确认信号,此后价格再次反弹并回测 WMA114 均线,J 线突破了 100 线,这可以看作到达了超买区间。当 J 线经过超卖区间向下穿越 D 线时,产生第 3 个确认信号,这时立即开空(6 月 15 日 14:10)。在完成开仓之后,我们可以在前高或最近的阻力位设置止损线,以 3R 幅度或支撑线设置止盈线,如图 5-11 所示。

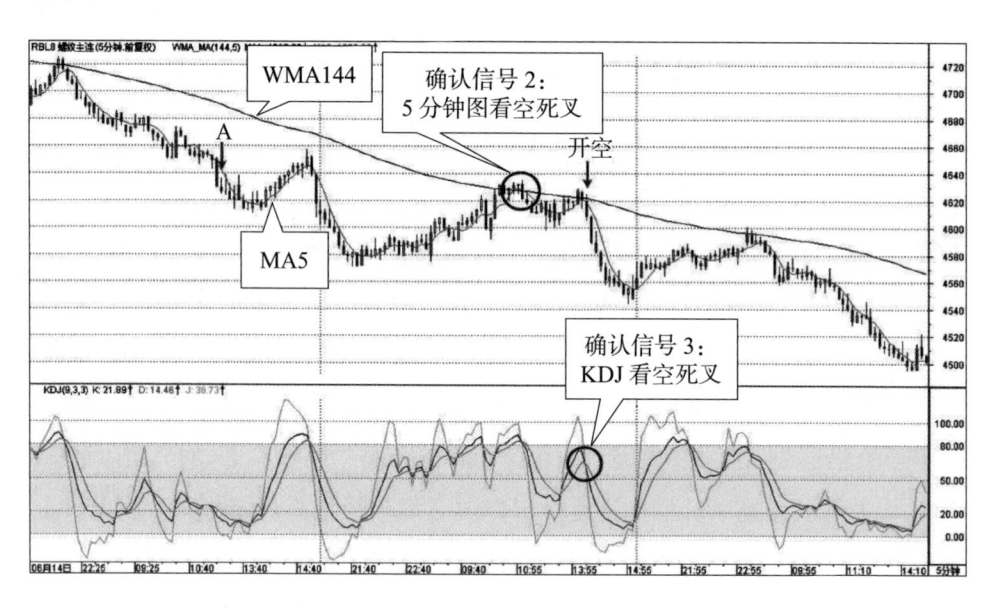

图 5-10　螺纹主连(RB888)5 分钟 K 线图 KDJ 指标看空死叉

在图 5-11 中,我们分别标出了几个关键点位。在 4608 开空之后,通常会寻找前一个反弹高点(4635),并以此设置止损。前高与开价相距 27 个点,这是一个适合设置止损的距离,而且前高是一个在技术上有意义的关键点位。

但为了方便起见，我们仍然以 20 个点的距离在 4628 点（4608+20）设置止损位，这就是这笔交易承担的最大风险（1R）。如果确认价格向上突破止损位，应该无条件离场。

同时，我们在距离开价之下 3R 的位置设置止盈位 4548（4608−20×3）。空单进场之后，该合约马上恢复了下降趋势。当价格到达止盈位时，执行平空单操作（6 月 15 日 14：55）。开空的 K 线波动幅度达 20 个点，为了方便起见，我们是以收盘价开仓，如果以盘中价开仓，则开价会提高，从而缩短与前高之间的距离（减小 1R 的数值），仍然大概率能在随后的连续下跌浪末端以 3∶1 的盈亏比止盈。

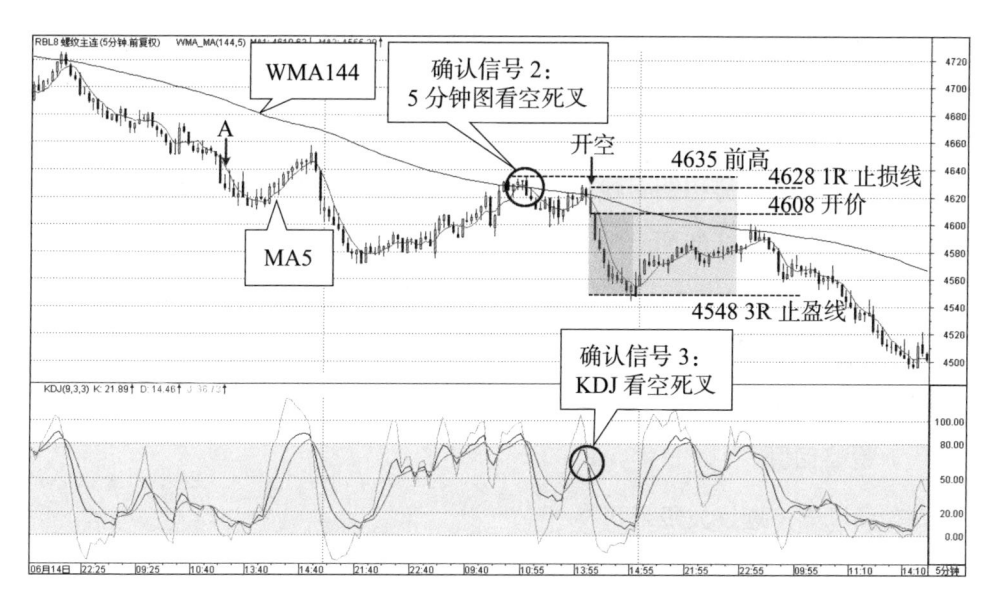

图 5-11　螺纹主连（RB888）5 分钟 K 线图空头止损与止盈设置

熟悉波浪理论的交易者仔细观察这个策略应该能发现其中的精妙之处。虽然这是以三种指标为基础构建的一种策略，但它的设计逻辑很容易让你抓住一个主升浪或主跌浪，例如上升趋势中的 3-3 浪（第 3 上升浪为延长浪时的次级别第 3 浪）。在上升趋势中，60 分钟图和 5 分钟图上的均线金叉（确认信号 1 和 2）可能分别对应着 1 浪和 3-1 浪。KDJ 指标在超卖区间出现金叉（确认信号3），则对应着3-2浪调整结束，后面可能就是3-3浪，也就是主升浪。

要记住，为了避免虚假信号，应该始终等到满足所有既定条件时再动手，例如出现所有交叉信号。在做多时，如果60分钟图在形成均线交叉之前出现一次小幅调整，均线交叉之后的几根K线中有长K线回撤，就会更容易产生合适的做多交易机会。

这个开仓逻辑可以作为一个"插件"，交易者可以自己选择开启交易时间窗口的趋势背景，在大趋势容易形成突破的位置，在小趋势中做短线波段。交易者可以仔细回顾一下本小节所讲的策略，思考一下有哪些值得借鉴的地方。

本小节给出了一个短线策略的案例，交易者可以按照自己的操作思路更换其他类型或周期的均线，在此方法的基础上确立起符合自身风格的交易策略，在大周期的趋势初期寻找小周期上的机会。用一个可能不太恰当的类比来说，这有点像杠杆作用，由于力矩够大，所以能够很轻松地翘动另一端的物体。类似的，由于大趋势的惯性够强劲，所以能够很轻松地抓住小趋势。

请记住，相信光，相信趋势。趋势会为你战胜对手盘送上神助攻，如有神助可能就是这种感觉。

◎ **策略回顾**

交易风格：短线波段

交易品种：波动流畅的期货合约

周期：60分钟图和5分钟图

指标：WMA144、MA5和KDJ

开多信号：两条均线产生金叉并且KDJ指标经过超卖区间产生金叉

开空信号：两条均线产生死叉并且KDJ指标经过超买区间产生死叉

止损：多头设置在前低或最近的支撑位，空头设置在前高或最近的阻力位

止盈：3R或技术上有意义的目标位

使用该策略的交易记录如下。

做多交易（图 5-9）

交易品种：螺纹钢主力合约

开仓价格：3761

止损价格：3741

止盈价格：3821

开仓时间：2022 年 9 月 26 日 11：25

平仓时间：2022 年 9 月 27 日 21：25

盈利点数：60

做空交易（图 5-11）

交易品种：螺纹钢主力合约

开仓价格：4608

止损价格：4628

止盈价格：4548

开仓时间：2022 年 6 月 15 日 14：10

平仓时间：2022 年 6 月 15 日 14：55

盈利点数：60

5.3 横盘中的"买在支撑、卖到阻力"策略

如果想在一个价格通道中进行波段操作，本小节内容就是你要研究的一种典型模式。

市场并不会经常呈现出单边趋势，甚至可以说，单边趋势在所有行情中的比重不到 1/3。在没有趋势的市场中操作，当走势没有朝着你预期的方向发展时，被迫止损出场会让人感到懊恼，虽然我们知道不应带有这种情绪。

横向整理是市场选择方向前的一种走势，这时市场中的多空力量没有分出高低，没有哪一方能占到绝对优势。在这种振荡市场中，你会发现在前期

关键支撑位买入（B）并在前期的阻力位卖出（S），这是一个不错的方法，如图 5-12 所示。

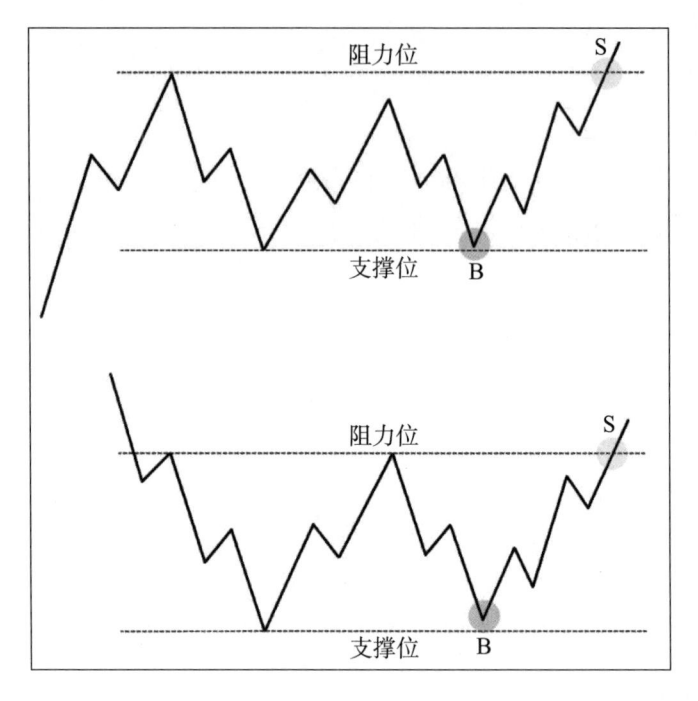

图 5-12 "买在支撑、卖到阻力"示意图

振荡市场总是让人难以把握，这是因为人们对市场的方向没有形成共识，市场没有形成趋势惯性。从市场分析角度来讲，最重要的一点是要注意波动幅度。波动的幅度越大，越流畅，则越好。还要注意，在振荡市场中，长期均线并不像它们在趋势市场中那样有效，因为长期均线会在振荡区间的中间位置缓慢移动，如图 5-13 中的 MA60，长期均线的方向转变会显得相当滞后。

该策略的重要一环在于确定关键低点（支撑位），这时下跌动能得到充分释放，价格快速拉回，市场很难再失守这个低点，但多头力量不够强劲到形成 V 形反转。我们的交易策略是，当价格回落到前期关键低点附近时买入，当价格回升到阻力位时卖出。为了防止价格进一步下跌，需要使用止损。

下面来看一个案例，如图 5-13 所示，是山西汾酒从 2022 年 4 月到 2023 年 2 月的走势图。

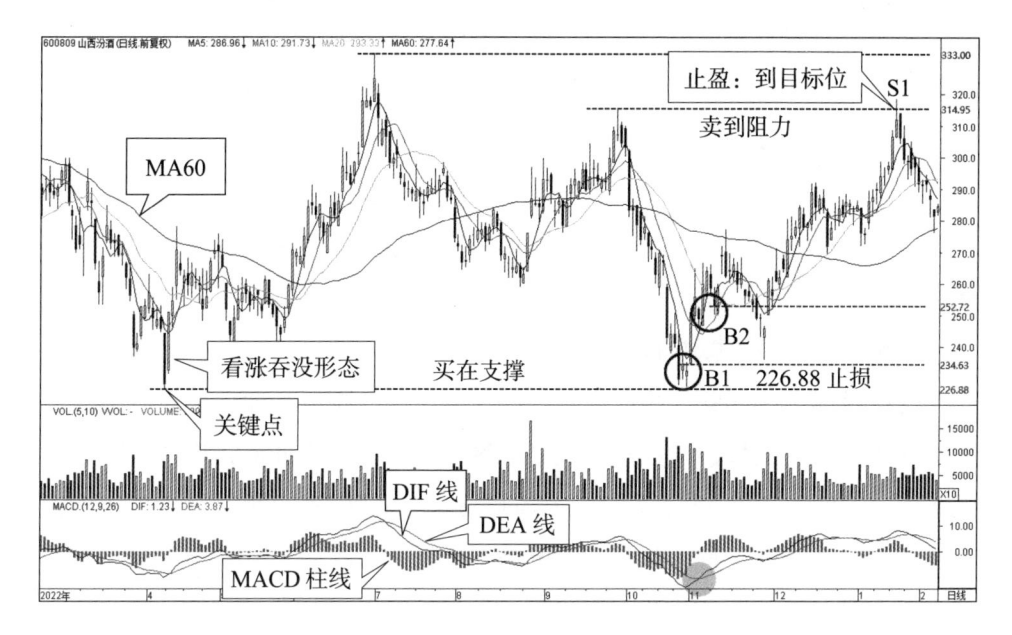

图 5-13　山西汾酒（600809）日 K 线图

下面是这个策略的实施步骤。

（1）在一波持续 10 根以上的下跌 K 线之后，寻找技术上的反转信号，例如图中的看涨吞没形态，穿过这个波谷的关键低点画出一条水平支撑线。

（2）经过反弹之后，间隔一定数量的 K 线，当价格再次回测支撑线时，在支撑位附近的阳线买入，如图中的 B1 买点。

（3）以支撑线设置止损，以阻力线（前期高点）设置止盈。本例中以 226.88 为止损位，以 314.95 为止盈位。

（4）当价格达到止盈价位时全部卖出，或者在接近止盈价位时开始减仓。

（5）在横向通道内可重复以上操作，但注意经常会发生"涨不上就下跌"的情况。

在买入时，B1 买点是左侧买点，属于抄底行为，市场还没有发生明显反转。这时在 MACD 指标图中位于 0 轴下方的绿柱线开始抽脚，稳健的交易者可以等到 DIF 线与 DEA 线形成金叉后再进场，或者利用均线的价托形态进场，如图中的 B2 买点。

该股在前期反弹过程中形成了两个阶段高点，也就形成了一高一低两个阻力位。较低的阻力位为上涨的第一目标位，较高的阻力位为第二目标位。在设置止损时可以设置在支撑位下方一定距离，这样做有利有弊，有利的方面是可以提高容错空间，不利的方面是可能遇到快速破位，产生滑价。还有一种方法是增加时间过滤条件，以连续两日跌破支撑位离场，这样做可以避免瞬间破位的噪音信号。

价格波动比较流畅并且形态具有一定高度的个股，是更好的操作目标，因为这类股票更加活跃，能提供较大的止盈空间。相反，如果一只股票看上去有许多杂乱的锯齿，只在一个较小的区间形成了价格通道，那操作的意义就不大。还有一点要注意，关键低点与回测低点之间不仅要间隔一定的距离，而且在这期间最好没有回测过深的价格，也就是说，从 K 线图上来看，两个低点之间的中下方区域应该是空白的，没有 K 线进入。

再来看一个在下降趋势末端出现的大幅度的横盘整理形态，如图 5-14 所示。龙佰集团的 K 线走势前期处于明显的下降趋势，MACD 指标运行在 0 轴下方的空头市场。直到在图中标出的关键点位置连续阴线之后，在低位走出了一根长阳线，这根阳线开盘在前日阴线的收盘价之下，但收盘在前日最高价之上，两根 K 线组成了一个看涨吞没形态。这是一个反转形态，预示趋势很可能向上反转。我们以这个低点 15.12 元为关键点画出一条支撑线。

随后该股走出了流畅的反弹行情，并形成了一个波峰，我们以这个高点 22.90 元画出一条阻力线。然后该股逐波下跌，回落到支撑线附近，按照既定策略在图中 B1 处的一根阳线发出买入信号，买入价格为 15.30 元。

买入之后，该股经过一波小幅反弹再次下跌，并在收盘时击穿了支撑位 15.12 元，这时若采用窄幅止损策略，会触发止损。但是在 B1 买入时，买点已经非常接近支撑位，这个容错空间显得有些过小了。合理的做法是，将止损设置在 B1 这波下跌的波谷低点 14.84 元或之下一定距离。

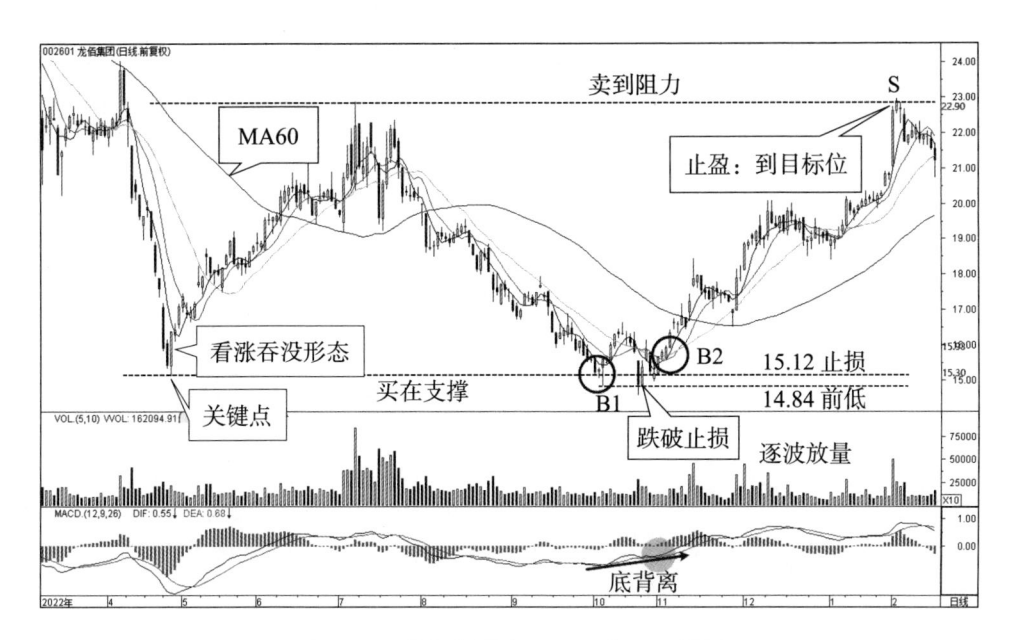

图 5-14 龙佰集团（002601）日 K 线图

即使在这里被迫止损离场也没有关系，该股发生底背离之后，在 B2 处产生了一个更稳健的买点——底背离之后的价托。如果你对这种形态有信心，可以适当加大仓位，止损的成本很容易得到弥补。这次买入时可将止损设置在这波上涨的起点 14.57 元。

B2 买点之后，该股逐波放量拉升，经过三波上升浪之后，到达阻力位，也就是止盈目标位，这时应该止盈离场，价格为 22.90 元。从止盈和止损幅度来看，这是一次很有"性价比"的交易，盈亏比超过 5 倍（6.97/1.36）。这就是选择波动流畅、波幅较大的个股的好处。

图 5-15 是千方科技从 2022 年 4 月到 2023 年 2 月的 K 线走势图。交易者很容易按照以上策略找到关键点，画出一条支撑线。然后，当价格回落时在支撑位附近的阳线买入，买入价格为 8.24 元。同时以支撑线 7.90 元设置止损，以阻力线 11.50 元设置止盈。在本案例中，买点所在的 K 线就是以后一段时间内的最低 K 线。买入之后，该股在向上突破 MA60 均线之后展开了一波呈三浪结构的调整，随后再次连续拉升，最终向上突破阻力位，满足了止盈条件。

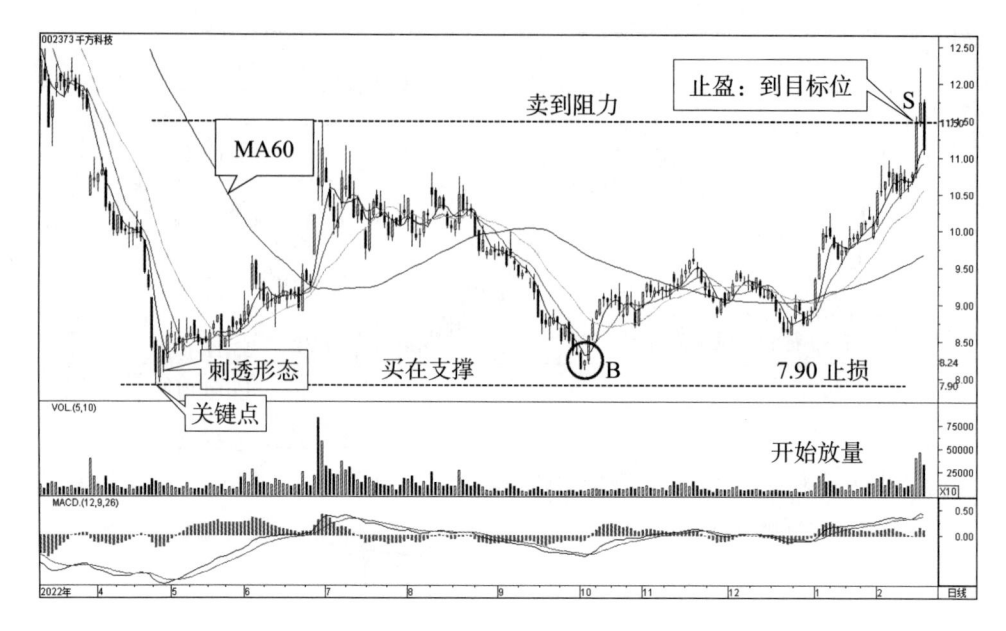

图 5-15　千方科技（002373）日 K 线图

  从以上几个案例可以看出，在 200 根左右的 K 线当中，好的交易机会就发生在少数几根 K 线之间，其他大部分时间里我们都在等待机会。好的交易者应该像猎豹一样潜伏，耐心寻找出击机会。一旦你在正确的方向乘上趋势，就能看着浮盈逐步扩大，慢慢收网，捕获猎物。

  这种策略为什么有效呢？如同多数交易策略一样，支撑位与阻力位属于明显的关键点位，大多数专业交易者都会使用这类方法。需要注意的一点是，要在相对高位及时离场，这也是很多交易者容易犯下的一个错误，他们在价格到达阻力位之后仍然抱有继续上涨的希望，不肯逢高兑现利润。

  这个策略的另一个好处是，它为你提供了一个清晰、明确的进场和离场位置，避免许多可能错过交易机会的复杂判断。

  最后来看一个在生物医药指数上应用该策略的案例，如图 5-16 所示。这段行情发生在 2020 年 8 月至 2021 年 6 月，该指数在高位盘整，MA60 均线横向缓慢移动，价格围绕这条长期均线上下波动。该指数从高位回落到阶段低位并形成一个波谷，波谷的成交量创出低水平的极值，由此判断这可

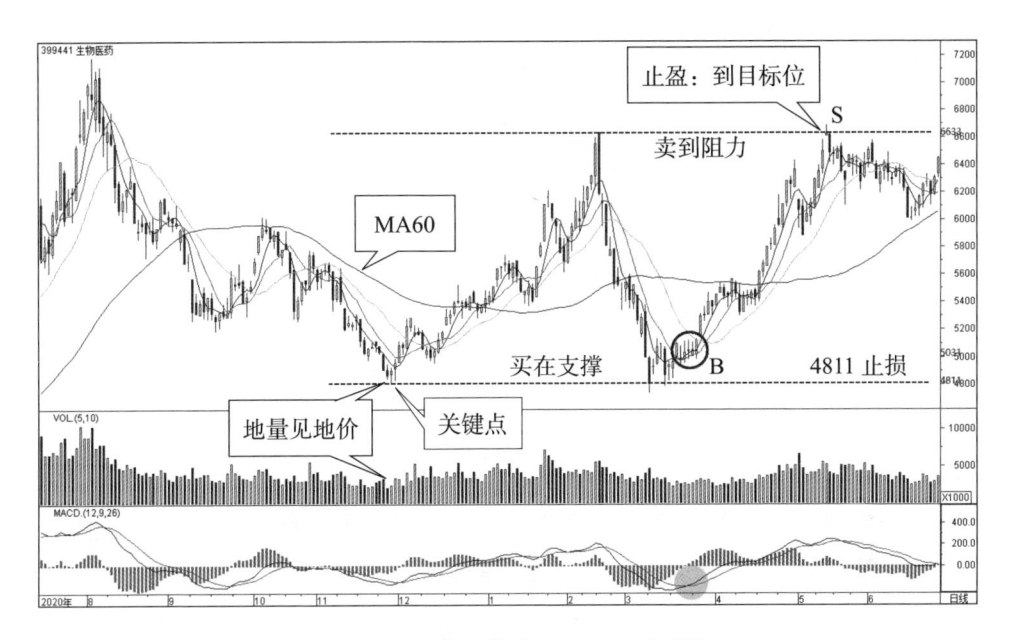

图 5-16 生物医药（399441）日线图

能是一个"地量见地价"的低点。我们以这个低点价格 4811 画出一条水平支撑线。

随着温和放量，价格开始逐波反弹并且创出一个波峰，我们把以高点 6633 为基准画出的水平线定义为阻力线。此后，等到价格回到支撑线附近时，进入做多时间窗口，准备买进。该指数小幅跌破支撑位之后，MA5 与 MA10 均线以及 MACD 指标同时形成金叉，发出买入信号，买入价格为 5031。同时，我们以支撑线 4811 为止损线。

买入之后，该指数再次开始温和放量，并一举向上突破阻力线，达到止盈目标 6633。到此就完成了一次波段操作。虽然不能实际上交易该指数，但该板块中的个股和 ETF 基金都会表现出同步波动，多数情况下它们的买点与卖点在时间上是同步的。

我们继续看止盈之后该指数的走势，如图 5-17 所示。图中画出了相同的横向通道线，该指数在高位形成了一个扩散三角形，然后再次回落到支撑线附近。同样的方法能否在同一个价格通道中反复运用呢？我们来尝试一下。

在支撑线附近产生了两个买点，B1 发生在回测支撑线的首个阳线，以收盘价 4836 买入，B2 发生在 MA5 与 MA10 均线以及 MACD 指标同时形成金叉时，以收盘价 5040 买入，同样以支撑线 4811 为止损线。

买点之后，该指数走出两小波反弹，但在向上突破 MA60 均线之后，马上开始放量下跌。该指数在支撑线附近小幅调整了几个交易日，然后放量下跌，并形成一个向下跳空缺口。这明显跌破了止损位，应该止损离场，这是一次失败的图形。该指数在高位的扩散三角形期间积累了足够多的下跌动能，虽然在支撑线上抵抗了一下，但空头已经占据优势。从趋势上来看，MA60 均线有着强大的压力作用，未能成功向上突破该均线，则向下突破支撑线的概率增大。最终，该指数跌破了支撑线，确认形成下降趋势。

在大规模的形态中间会有小级别的波段操作机会，这就是为什么要选择那些波动流畅、波幅较大的个股的原因。通常，同一个大规模的形态，很少有第二次在同一个支撑线成功交易的机会，道理很简单，因为涨不上去就会下跌。第一次成功交易既然没能有效突破通道线上轨，那么再次回到通道线下轨时就会有很多止损盘，这时的多头很难再重整旗鼓。

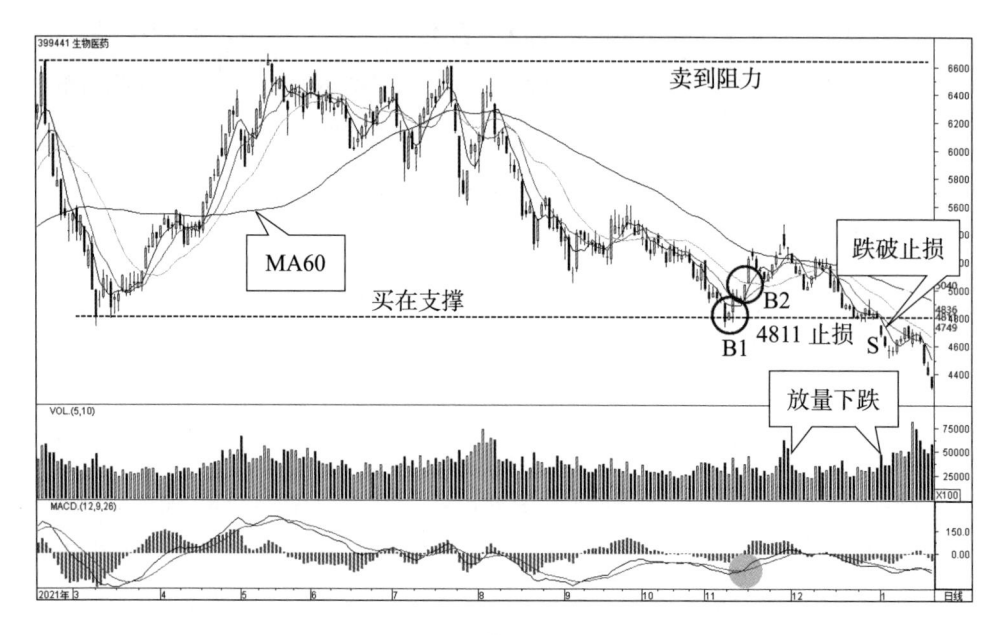

图 5-17　生物医药（399441）日线图

运用该策略时还应注意，由于该策略的持仓时间相对较短，相比趋势交易来说，你的进场和离场应该控制得更加精细。从仓位管理来讲，如果资金量大的话，你没有足够的建仓时间，因此，你需要在进场之初就使用足够大的仓位。如果你有加仓和减仓策略，当价格仍在通道内运行时，要把它作为一次单独的交易来对待。

回顾前面的几个案例可以看出，该策略针对的图形是宽幅的横向趋势。这种情况能够提供一些好的波段操作机会，但上升趋势仍然是更好的选择。为什么呢？道理很简单，如果把通道线的角度由水平方向变成向右上方倾斜，那么上升浪波动的空间会变大，持续的时间会变长，这无疑将更容易操作、更有利可图。

"买在支撑、卖到压力"策略是对经典技术分析方法的应用，这些技术已经在市场中流传了将近100年，过去有效，现在有效，将来同样有效。很多交易者在市场上拼杀多年，在尝试很多种新鲜的方法之后，又会回归到经典方法，正所谓"钱塘江上潮信来，今日方知我是我"。

使用该策略的交易记录如下。

做多交易（图5-13）

交易品种：山西汾酒（600809）

开仓价格：234.63

止损价格：226.88

止盈价格：314.95

开仓时间：2022年10月28日

平仓时间：2023年1月16日

盈利/亏损：34.23%

做多交易（图5-14）

交易品种：龙佰集团（002601）

开仓价格：15.30

止损价格：14.84

止盈价格：22.90

开仓时间：2022 年 10 月 11 日

平仓时间：2023 年 2 月 2 日

盈利/亏损：49.67%

做多交易（图 5-15）

交易品种：千方科技（002373）

开仓价格：8.24

止损价格：7.90

止盈价格：11.50

开仓时间：2022 年 10 月 11 日

平仓时间：2023 年 2 月 15 日

盈利/亏损：39.56%

做多交易（图 5-16）

交易品种：生物医药（399441）

开仓价格：5031

止损价格：4811

止盈价格：6633

开仓时间：2021 年 3 月 22 日

平仓时间：2021 年 5 月 17 日

盈利/亏损：31.84%

5.4　利用波浪理论中的第 2 浪和第 3 浪制定进场策略

长久做交易的人在长假休息过后，再回到交易日，看到 K 线都会有一种久违的亲切感，就好像重新回到熟悉的地方，经过喧嚣后的沉寂，K 线再次波动，交易世界轰然启动，一切场景又鲜亮起来。

对于技术分析者来说，我们始终在寻找重复出现的形态，原因很简单，只有在复现的规律中，才能制定有利的交易策略，这是交易世界中的基本结构。在三体宇宙中，"火鸡科学家"汪淼找到了三个太阳与地球之间的基本运行规律，就好像哥白尼发现了日心说，他借此得以从三体游戏的第一关晋级。

那么，交易者的"宇宙基本结构"是什么呢？当然是道氏理论和波浪理论中揭示的规律，简单来说，就是价格在不同周期中都会呈现出趋势，并且这些大大小小的趋势由呈"五上三下"结构的"碎片"及其变形构成。这种规律看起来很简单，几条原则就能说明，但它几乎可以解释一切价格走势。知道这些价格规律就能赚钱了吗？实际上，条件限定越简单的价格规律，可能越难以找到确定性。

本小节将讨论如何在波浪理论的第 2 调整浪和第 3 上升浪中确定进场策略，以及需要注意的一些问题。

了解波浪理论的最大好处，就是能够认识到行情发展阶段。在做交易时，最起码你应该知道相对低位与高位。做多时当然要在一段行情的低位进场，高位离场，也就是低买高卖。如果你对行情划分没有概念，那么你在行情图上看到的 K 线就是混沌的，分不清、理还乱。交易者在市场中听到的一些股评通常都会模糊行情级别和发展阶段的概念，人们都在说"高抛低吸"，却很少有人把这样一个简单的概念变成一个现实可行的交易策略。

◎ 为什么在 2 浪和 3 浪中寻找进场点？

面对反复波动的行情，一些交易者会感觉无从下手，这是因为在他们心中没有一个已经确定好的进场位置。而在一些有经验的老手眼里，行情已经被划分成不同区间，他们的头脑能自动过滤掉一些意义不大的行情区间。市场中经常会有人说，明天的走势很关键，实际上，只要参考周期足够小，每天的走势都很关键，而放大周期来看的话，并不是每一根日 K 线都很关键。

因此，我们的讨论对象是在交易者主要参考时间框架下的一个下降与上升趋势循环。如果你按照日线操作，就把下面的周期背景想象成日线，如果你按照 5 分钟 K 线操作，就把下面的周期背景想象成 5 分钟 K 线，其他周期亦然。

根据波浪理论，我们试着在经典的"五上三下"结构的八个波浪中确定有利的进场区间，如图 5-18 所示。你会选择在哪个或哪些位置进场呢？

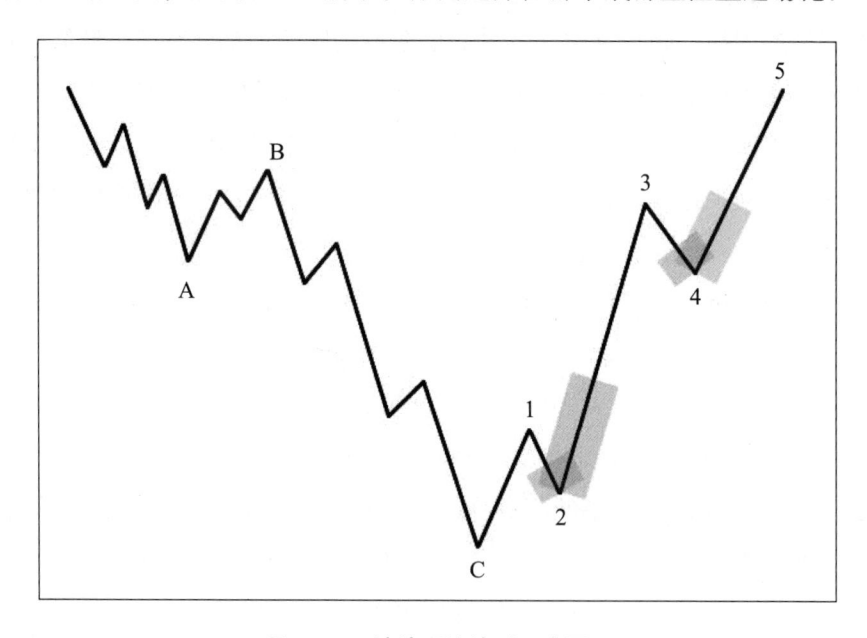

图 5-18 波浪理论浪形示意图 1

首先，在做多的情况下，我们可以大刀阔斧地砍掉 A、B、C 三个下跌浪。顺势交易者完全可以无视下降趋势，只在上升趋势中操作。价值投资者可能有不同意见，他们坚持价值投资，而市场越下跌，越能体现出价值。在我们看来，这种"越跌越买"的策略即使对于价值投资者来说也并不是优势策略。我们曾无数次提到过，谁都不能准确预测市场的未来走势，没有人知道自己抄底进场的位置是在真正的波谷还是半山腰。

然后再来看 C 浪之后的五浪上涨。我相信很多人都有过买在最低点的追求，但这是一个十分危险的想法。在走出波谷之前，没人能猜到最低点位。

运气好的话，在你的交易生涯中可能会有几次买到最低点位的情况，但这毕竟是小概率事件。

理论上讲，只要你能大概率判断出下降趋势已经发生反转，那么右侧交易很可能最终盈利，但实际操作起来仍有很多影响盈亏的因素。因为事前你并不能断定趋势已经反转，也不能准确判断上升趋势的运行时间和空间。由于要面对不确定性和持仓上的心理压力，没有完善策略的交易者很容易乱做或者做乱，即使面对事后看起来流畅的上涨行情。所以，你必须还要有一个合理的进场、止损和止盈策略，尽量不加干预地执行既定策略，才最有可能赚钱。

风险与回报始终是交易中需要权衡的两个重要因素。为了回避风险，我们要在相对低位进场，尽量不要被打掉止损。为了争取回报，我们不仅要在相对高位离场，还要从获利空间方面考虑在行情初始阶段进场。综合考量之后，我们在图 5-18 中用四个阴影部分标出的是比较有优势的进场位置，分别对应着波浪理论中的 2 浪末端、3 浪初始、4 浪末端和 5 浪初始位置，其中前两个位置无疑有着更大的上涨空间。

熟悉波浪理论的交易者知道，浪形是根据价格运行的形态、比例和时间来确定的。虽然说历史会重演，但在市场中很难找到完全相同的"两片叶子"。从某种角度来说，我们可以把市场走势分成三类，第一类是常见的经典形态，第二类是复杂形态，第三类是数不清的形态，但放大周期来看又可以数得清、解释得通。当然，难以处理的就是后两种情况。我们来看一个第 2 调整浪走出复杂形态的示意图，如图 5-19 所示。

从图 5-19 中可以看出，第 2 调整浪由 2-a、2-b 和 2-c 这三个次级别的小波浪组成。按照先前的两个位置进场，在 2-a 末端和 2-b 初始位置进场，后面会遭遇一波回撤，即 2-c。在回撤幅度较深并且止损偏紧的情况下，很可能会触发止损。但在 2-c 末端和 3 浪初始又会出现两个进场位置，当然这种"困境"在第 4 调整浪也可能出现。值得注意的一个线索是，第 2 浪与第 4 浪往往会交替出现复杂形态，不会同时出现复杂形态。

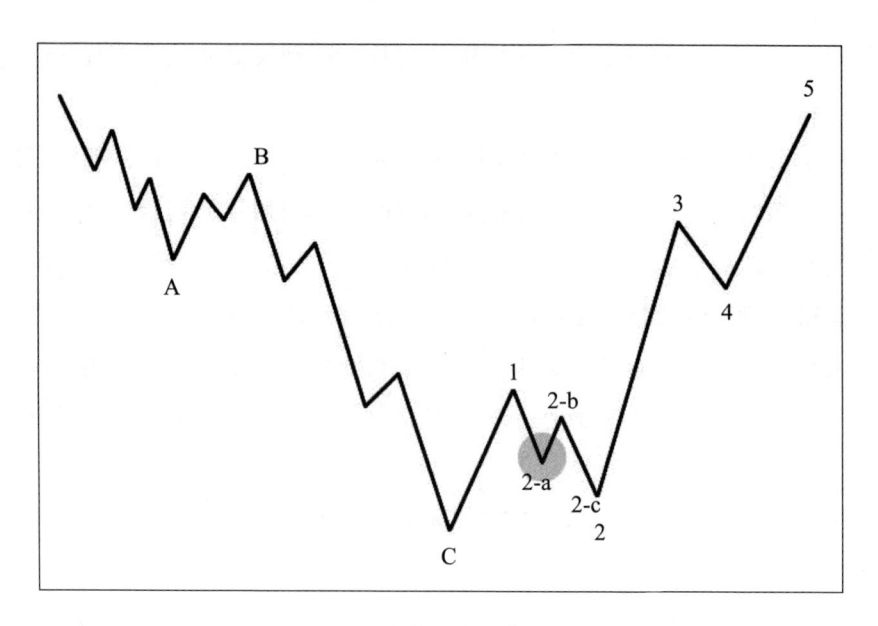

图 5-19　波浪理论浪形示意图 2

这就是一个值得反复琢磨的地方，别看走势很简单，但你有很多进场和止损策略可供选择，这会对交易结果产生千差万别的影响。你可以使用小止损、小成本的试错方法，也可以使用大止损、提高容错空间的方法。市场行情容易在触发你止损的价格区间快速反向，不给你回撤离场的机会。由于交易者在面对亏损时经常会出现侥幸心理，希望"赌一把"，以挽回亏损，因此我们建议使用相对严格的止损，把亏损限制在可控的、最低的限度之内。无论最终采取哪种止损策略，一旦验证其有效性并确定下来一种策略，你就不会只执行几次，而要执行成百上千次，甚至更多次。

◎ 进场位置示例

下面来看几个在 2 浪末端和 3 浪初始位置进场做多的案例。交易者不仅要注意开仓位置，还要注意止损位置，在做错的情况下，正确处理持仓的能力，决定了你账户资金的回撤下限。

图 5-20 是螺纹合约在 2023 年 2 月 2 日的 1 分钟 K 线图。从量价配合形态来看，该合约前期处于下降趋势，并且在下跌浪末端出现了一根巨量

阴线。如果在下跌波谷放出巨量，随后又出现快速反弹并开始放量，这很可能是一个反转信号。我们把这次反弹标注为 1 浪。

随后价格回测阶段低点，达到 1 浪半分位以下时，我们预测这里可能是 2 浪末端，这是一个多头进场位置。注意，我们并不能事先知道 2 浪调整会落到哪个价位，也不知道是否会形成一次失败的 2 浪（后面再次创出新低），这是我们猜测的位置。我们以一根阴线的收盘价 4079 开多，并以前低为关键点设置止损，止损价格为 4075。如果走出失败的 2 浪，我们就在价格跌破 4075 时止损离场。

此后价格开始进一步向上运行，当价格站上 10 日均线的时候，我们认为这里是可能的 3 浪起始位置，再一次开多，开仓价格为 4086。保守的交易者可以适当向上调整止损位，例如以 2 浪低点为新的止损位。

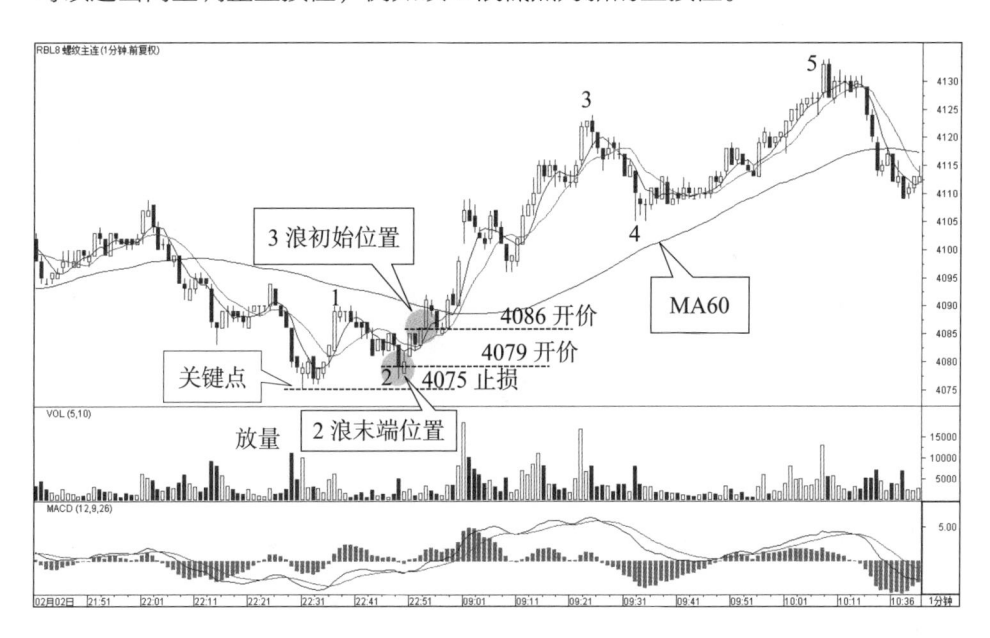

图 5-20 螺纹主连（RB888）2 浪末端与 3 浪初始的进场位置

到此为止，我们按照图 5-18 的思路完成了两次开仓，并且设置了相应的止损，后面就进入了持仓、止盈、离场阶段。随后该品种开始放量上攻，走出了预计的主升浪。我们在图中用数字标出了这波上涨的 5 浪结构。

交易者在操作过程中应该步步为营，每一个动作都要有相应的保护措施，做对了怎么办，做错了怎么办，这可以让你的每一笔交易都不至于失控。

2浪末端往往仍处在下降通道当中，稳健的交易者可以等到形成上升推动浪再动手。例如等到价格向上突破60日均线时，这是所谓的"出水芙蓉"位置，或者MACD指标的DIF线首次向上突破0轴以后。实际上，在2浪末端或3浪初始位置进场只需按部就班地进行，最关键的一步是前一步——判定关键点，你要用适当的过滤条件判断出哪里是大概率的阶段低点。

再来看一个在3浪初始位置开仓的案例，如图5-21所示。该合约前期连续下跌，并在低位明显放量。从MACD指标来看，长时间运行在0轴下方，并且连续发生底背离。下降趋势的惯性很强，稳妥起见，我们等到3浪初始位置再开仓，开仓价格为4004。在进场的同时以阶段低点为关键点并设置止损，价格为3993。

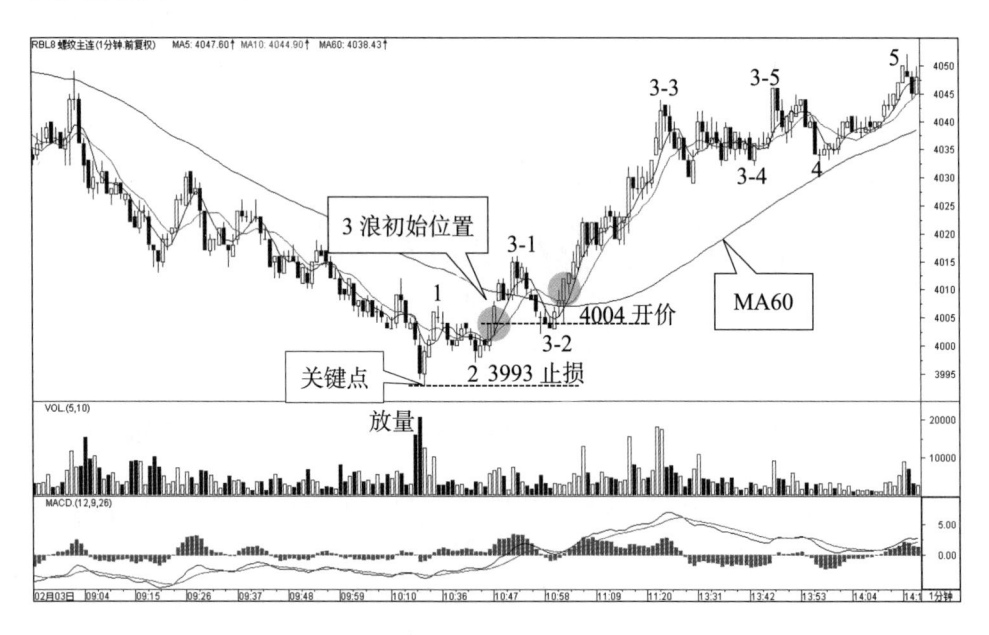

图5-21 螺纹主连（RB888）3浪初始的进场位置

随后价格向上突破60日均线，然后回测了一次1浪高点并得到支撑，继续延续向上推动浪。如果我们把行情图中的K线删掉，只保留均线，会清楚地看到，在 2 浪低点的左侧 10 日均线是逐波走低的，而在其右侧，10 日均线是逐波走高的。这就是推动浪和趋势转变的表现，也正体现了进场位置的意义。

按照波浪理论，可以把这段上涨行情划分出 5 浪上涨，其中第 3 浪走出了延长浪，仍然是 5 浪结构，这就是分形的概念。"每一片叶子"的结构是相同的，区别只是级别的大小不同。

在持仓阶段要注意适当持长，看着利润奔跑，你的心态会逐渐变得不一样。频繁炒短容易让人陷入短线思维，在开仓正确的情况下，白白放走大波利润。反正都要冒一次风险（1R 止损），不要为了眼前的小利，错过跟随趋势的机会。一旦在趋势中途空仓，你会重新感觉到无从下手。在做对情况下的持仓处理能力，决定了你账户资金的上限。

再来看一个第 2 调整浪是复杂形态的案例，如图 5-22 所示。从下跌波谷所处的位置和成交量来判断，标出的关键点位置可能是一个阶段底部，以此为基准考虑如何进场。我们仍然等到出现 2 浪调整时再出手，当价格从 1 浪高点回落之后，在位置 A 处小幅反弹，站上 MA10 均线并形成金叉，这时交易者有理由认为这里可能是 3 浪初始位置并开仓做多。不过，这次价格很快再次回落，在 B 位置跌过了 1 浪的半分位以下，这时是把前面的多单止损还是继续开多单呢？从价位来看，A 位置开多在 4171，B 位置收盘价为 4163，两者相距 8 个点的距离，偏短线的交易者这时很可能止损，而偏长线的交易者这时可能继续持仓并加开多单。

2 浪回落到 B 位置并没有结束，而是继续向下运行了几个价位，这对于在 A 位置开多单的人来说会产生心理压力了。因为价格已经非常接近关键点 4155，一旦向下突破，可能奔袭而下，快速触发止损，而且很可能产生较大的滑点。日内的大亏很多来自于这种危险点位，如何处置这种情况，值得交易者深思熟虑，结合自身操作风格制定出一套应对措施。如果你对关键点的判断正确率较高，可以博它不会破位下跌，减少止损次数，以少数的大亏（预期内且可控）来换取多次不必要的止损。如果你对关键点的判断正确率较低，就要及早止损，不要增加大亏的次数，要把单次亏损限制在最小程度。

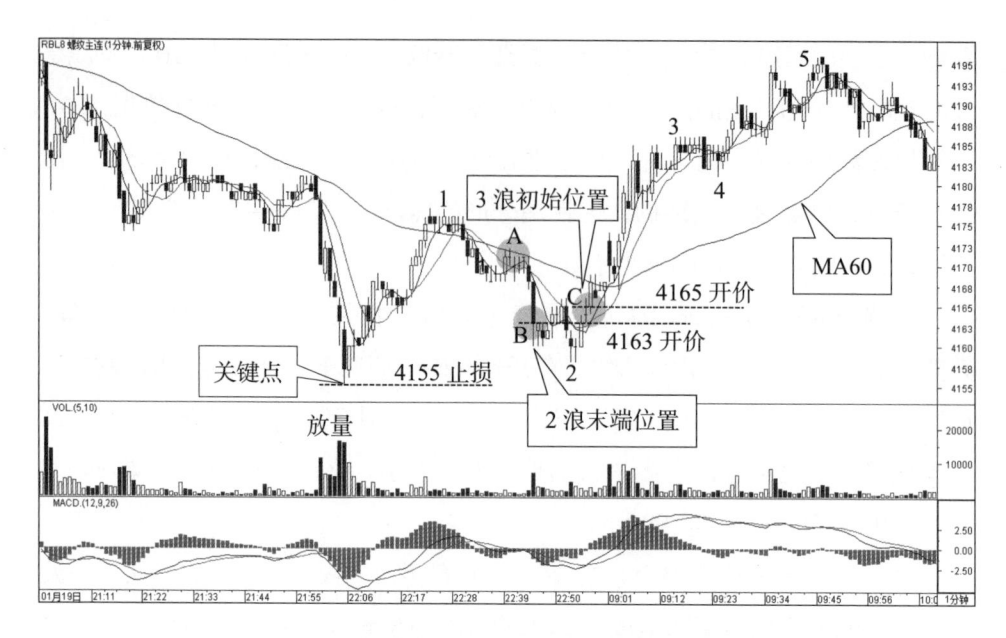

图 5-22　螺纹主连（RB888）1 分钟图波段交易

该品种在 2 浪末端距离关键低点 3 个价位的地方止跌，这是一次回撤幅度较深的调整。此后价格开始上涨，在 C 处再一次形成 3 浪初始位置的进场点。为什么说再一次呢？因为前面的 2-b 浪反弹，已经被证明是一次失败的 3 浪初始位置。这里可以对照图 5-19 来看。本案例中的两个波谷的点位相差不大，形成了一个双底形态。

在实盘交易中，我们遇到更多的是不完美的走势，这类数不清浪的走势是对交易策略的更大考验。图 5-23 就是一个难以按照波浪理论数浪原则标出波浪结构的案例。虽然我们可以勉强标出一种 5 浪结构，但这样会违背很多数浪原则，比如，第 1 浪通常是最短的，第 3 浪通常不是最短的，第 3 浪应该明显放量，第 4 浪不应跌破第 2 浪低点。这样来看，我们更应该把这段行情看作一次箱体振荡。

在左侧的下跌阶段，可以称得上是一段极端行情，急速下跌幅度达 70 点以上。创出最低点的 K 线，实体很长并且下影线同样很长，成交量远远超过一般的放量水平。后面反弹中的 K 线仍然带有很长的影线，说明波动十分剧烈。

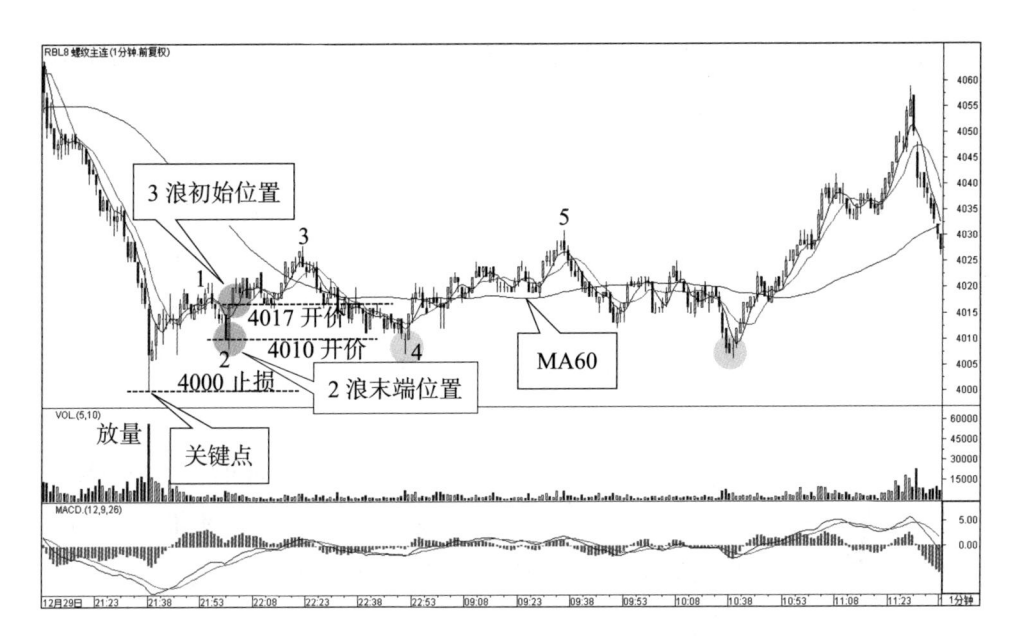

图 5-23　螺纹主连（RB888）1 分钟图

我们仍然可以找到 2 浪末端和 3 浪初始位置，并开多单进场。这时遮住右侧 K 线，你会认为到目前为止一切运行良好，在进场后的一段时间内，价格也没有跌回到开价以下。

在第 2 浪末端以 4010 开多单，同时以关键低点 4000 设置止损，随后的第 3 浪上涨创出了更高的高点，但其顶点 4028 不足以触发 2R 以上的止盈。直到后面第 5 浪突破第 3 浪顶点时才有可能以 2R 止盈，即以 4030 平掉多单。

由于底部波动剧烈，3 浪初始位置的开价 4017 远离止损价 4000，这是要注意的风险，这种情况可以把止损设在 2 浪低点 4008。这次开多的风险值为 17 个或 9 个点，通常止盈幅度为风险值的一个倍数，不管是 2 倍还是 3 倍，后面可能的第 3 浪到结束时都没能达到。第 3 浪的顶点为 4028，这是一个很难触发止盈的涨幅。所以说，虽然出现了上涨，但这次交易的结果很可能是平推或止损离场。很少有人能手持空单坚持到后面那波瞬间跌破 2 浪和 4 浪低点的调整，从而错过最右侧的那波拉升。

随着交易时间的增长，交易者会遇到很多在所使用策略擅长捕捉的形态范围之外的走势。这些走势偶尔会有大行情出现，为了进一步提高获利能力，交易者倾向于不断优化策略，试图纳入更多行情，当发展超过一定限度之后，就会产生所谓过度拟合的现象。直白点说，你的策略在后面增加的交易条件，交易程序增加的代码，很可能是为了抓住一些特定的行情而产生的，这与你确立该策略时的初始逻辑已经没有太大关系。过度优化会抽离策略的原始生命力，迟早会倏然塌落。过度优化的尽头就是推倒重来，为了使当前策略始终保持原始风格，交易者要注意保持平衡，避免过度优化。

最后来看一个失败形态并最终止损的案例，如图5-24所示。当价格放量下跌，呈现底部特征时，我们将阶段低点定义为一个关键点。随着价格反弹，我们标出了上涨1浪或反弹a浪的位置，此后价格调整，继续标出调整2浪或b浪的位置。根据既定策略，在可能的3浪初始位置进场做多。

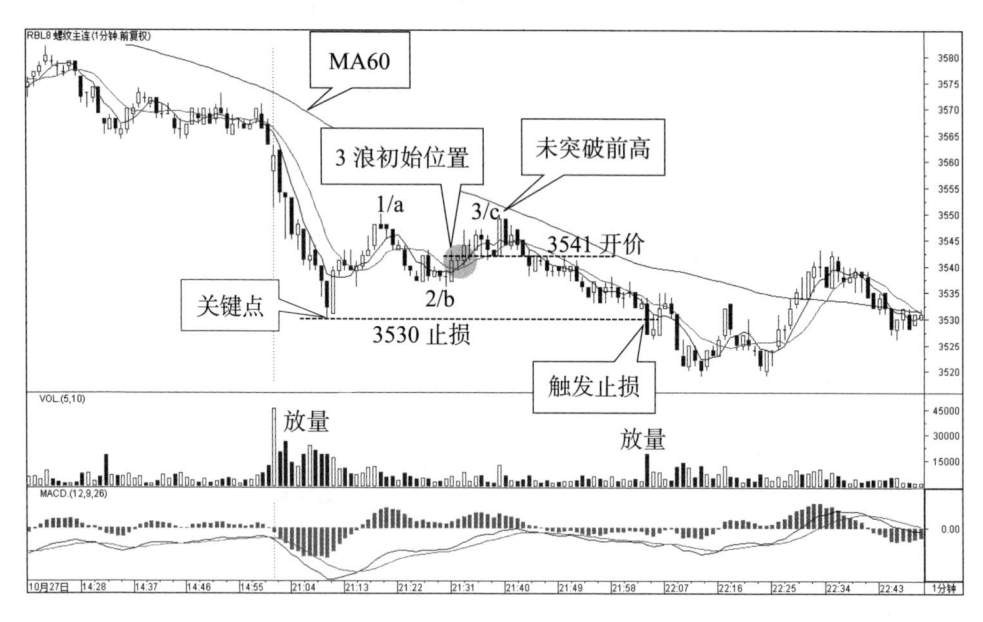

图5-24　螺纹主连（RB888）1分钟图波段交易

与前面案例不同的是，这次预期的3浪没能向上突破1浪高点，走出了一个失败的3浪，它实际为下跌途中的c浪反弹。当价格跌破2浪或b浪低点 3536 时，是一个危险信号。从形态上来看，关键点位（止损线）对价格的吸引力更大，向下运行的概率更大。"当我看见一个危险信号时，我不跟它争执，我躲开！几天以后，如果一切看起来还不错，我就再回来。这样我会省去很多麻烦，也会省很多钱。"利弗莫尔对待危险信号的态度如今仍然值得我们借鉴。

当价格跌破止损位时，可以确认之前的做多理由已经失去意义，应该执行止损操作，图中的 1、2、3 浪应该标注为 a、b、c 浪。在关键点会积累大量止损单，这是因为市场中的很多人都把它视为做多或做空理由是否成立的一个边界。向下突破 3530 时的阴线，伴随着放量现象，也印证了以上逻辑。

对亏损单的处理值得交易者深入研究。就图 5-24 来讲，起码有三个位置可供止损：开仓价 3541、b 浪低点 3536、关键低点 3530。但要注意，你不能从单次交易的角度来考虑，不能这次选择一种止损策略，下次又选择另一种止损策略。在止损发生之前，你不知道价格是否会上涨或下跌。有些短线交易者会使用平推的方法，当价格产生上涨但未达到预期涨幅时，回到开仓价就止损，不等到真正跌破关键点位再止损。从经验来看，100 个类似位置可能只会走出大概 20~40 个 3 浪，其余的都要止损。交易者要在充分权衡不同止损方法的利弊之后再做决定，这没有一个标准答案，只能依据自己的经验、回测中相关业绩指标的表现来确定一个相对优势的策略。

◎ **总结**

本小节这种对第 2 浪和第 3 浪的研究内容将会贯穿交易者的交易生涯，至少在你达到稳定盈利之前，都会不断打磨在这些位置的操作方法。一个角度刁钻的进场点能让你从一开始就具有优势，细节是魔鬼，细节也可以是天使。交易是一种看似简单的概率游戏，但其中的细节却蕴藏着万千变术。在交易中发现的价格波动规律不容易证实，但很容易证伪，市场中没有 100% 正确的规律，一切以概率的形式存在。从寻找确定性到接受不确定性，这是一次交易思维上的进阶。

我们提倡右侧交易，向下通道不要碰，即使你是价值投资者，也不会一直有进场资金，随着价格不断下行，你的仓位会越来越重，稍有波动就会产生大幅亏损。而实际上，下降通道经常会发生快速大幅下跌，这对抄底加补仓的方法会造成致命打击。

新手交易者几乎都会经历一段亏损期，随着账户资金的减少，交易方法也会发生改变。有一种值得注意的倾向是周期越做越短，短线的机会虽然更多，但无疑会提高不确定性，增加难度。即使在保证成功率的情况下，由于仓位比较轻，你的多次短线盈利可能不如把握好一次大波段行情。持长是提高盈利水平的一个重要因素，超越周期的持仓是利润的主要来源。

当你对以上方法达到"运用之妙，存乎一心"的程度之后，可以尝试更灵活地确定关键点，你能看出有些位置虽然没有达到大级别的低点，例如像上证指数日线上的1664那样的历史低点，但它实质上已经完成本轮调整，在这之后你就可以启动进场策略。

新确立的交易策略几乎可以肯定会存在盲区，你预想的获利方法会有漏洞。交易者需要注意，先对策略进行充分测试，然后进行模拟交易，最后再从小资金开始实盘交易。

本小节讨论的方法不仅适用于1分钟K线周期，也适用于所有周期的分析。每种周期之中的价格波动都符合一些基本的波动规律，这些规律是交易领域的"宇宙基本结构"。还有一点值得注意的是信号产生率，不管参照哪个周期的K线，通常平均每200根K线左右出现一次交易信号，这将是比较可靠、有优势的信号。当然不排除有高手能在更少的K线中持续找到好的交易机会。如果是偏短线的方法，平均每100根K线左右出现一次信号比较合适，这个比率同样没有固定标准。

◎ 需要思考的问题

（1）第1浪即走出长波上升浪如何应对？

（2）止损策略是宽幅止损还是窄幅止损？

（3）止盈的位置选择？

（4）如何确定大概率的关键点？

使用该策略的交易记录如下。

做多交易（图 5-20）

交易品种：螺纹钢主力合约

开仓价格：4079、4086

止损价格：4075

止盈价格：4124

开仓时间：2023 年 2 月 1 日 22：49、22：55

平仓时间：2023 年 2 月 2 日 10：01

盈亏点数：45、38

做多交易（图 5-21）

交易品种：螺纹钢主力合约

开仓价格：4004

止损价格：3993

止盈价格：4046

开仓时间：2023 年 2 月 3 日 10：46

平仓时间：2023 年 2 月 3 日 14：13

盈亏点数：42

做多交易（图 5-22）

交易品种：螺纹钢主力合约

开仓价格：4163、4165

止损价格：4155

止盈价格：4186

开仓时间：2023 年 1 月 19 日 22：44、22：56

平仓时间：2023 年 1 月 20 日 9：25

盈亏点数：23、21

做多交易（图 5-23）

交易品种：螺纹钢主力合约

开仓价格：4010、4017

止损价格：4000、4008

止盈价格：4030

开仓时间：2022年12月28日22：00、22：01

平仓时间：2022年12月29日9：33

盈亏点数：20

做多交易（图5-24）

交易品种：螺纹钢主力合约

开仓价格：3541

止损价格：3530

止盈价格：3563

开仓时间：2022年12月27日21：31

平仓时间：2022年12月27日22：03

盈亏点数：-11

第 6 章

资金管理

有性格的人才能拿着现金坐在那里什么事也不做。我能有今天，靠的是不去追逐平庸的机会。

——查理·芒格（Charles Munger）

纪律是进行市场分析与交易时最重要的事情。我知道，在市场中做交易时，我的敌人并不是市场。

——亚历克斯·埃尔德（Alexander Elder）

6.1 将止损线调整到保本线的误区

调紧止损是风险管理中的一个重要概念,但如果主观地将止损线调整到保本线,就有可能使你失去盈利的机会。

我们常说要亏掉该亏掉的,这是交易必然会产生的成本。有些经验不足的交易者不明白这种小亏的必然性,并试图避免。他们经常会做出一种不合理的操作,一旦产生浮盈,就将止损线调整到保本线,而且没有任何技术上的原因。他们之所以这样做,是认为这样就不会亏钱,因为最坏的结果就是打个平手。事实上,迅速降低风险并将止损线移到保本线,这是很多市场专家建议的做法,但他们却没有解释为什么要这样做,也没有讨论这样做的后果。要知道,有些专家也是不成熟的交易者,他们的建议一样会有值得商榷的地方。

让我们具体讨论一下,假设你打算在 20 元买进万科的股票,因为你通过分析认为这个位置是一个支撑位,并将止损位设在买入价格之下的 19 元,将止盈目标位设在 23 元。当万科的价格下落到计划的买价时买进,然后该股很快上涨到了 21 元,你心里想着"太棒了!",并决定将止损位向上移动到保本位置,你这样做没有任何技术上的原因,只是想做到至少不亏钱。但在该股达到目标位 23 元之前,先回撤到了 19.70 元,正好打掉了你的止损,因为你调整后的止损被触发了。

由于你不合理地改变止损位,导致不得不在支撑位附近交出筹码。请注意,你是卖在了支撑位。可是你不是应该"买在支撑位,卖到阻力位"吗?当价格走势对你有利时,为了降低风险而调整止损位当然很重要,但你只应该在有技术依据的前提下调整自己的止损位。如果该股在达到目标位之前走出了更高的低点，比如 20.50 元，则可以将止损位调紧到保本线或者更高的低点 20.50 元，这意味着如果价格向下突破最近的一个波谷低点，那么原来的操作思路就已经失效。总之，你不应该在没有技术原因的情况下，仅仅为了避免亏损而调整止损位。

为了更好地说明这个问题，我们借助两张图来进行具体分析。图 6-1 是韦尔股份的日 K 线图。该股整体处于上升趋势，但在图中发生了一次连续调整。我们在多头市场中等待下一次起涨点。MACD 指标的 DIF 线向上拐头当日，该股形成了一个向上跳空缺口（140.00～142.00 元），这是一个强烈的多头信号。假设我们的进场条件是 MACD 指标金叉并且价格向上突破前一根 K 线的高点时买入，见图中标出的突破买点（152.00 元）。

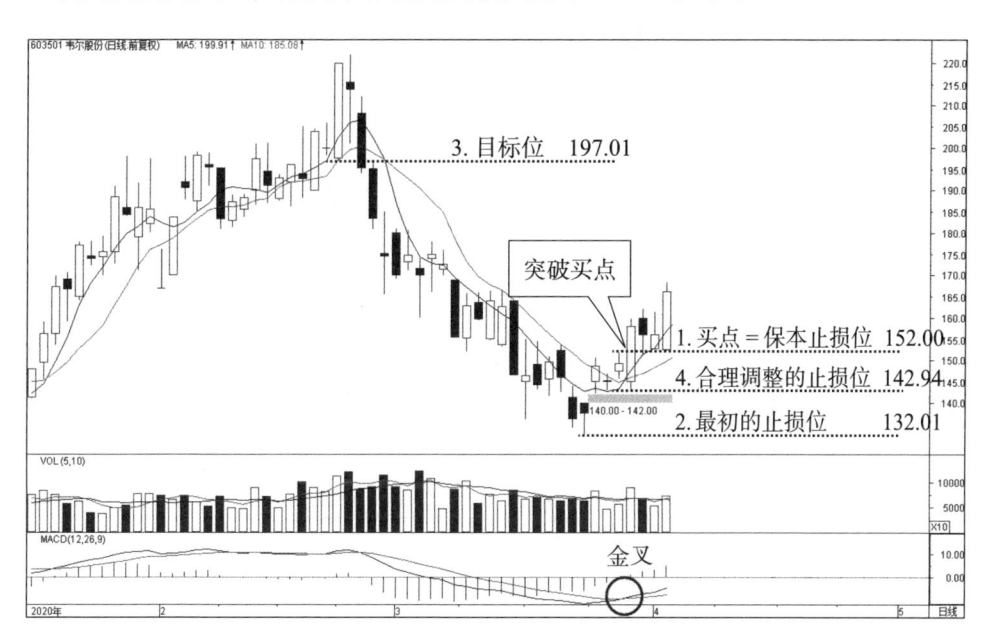

图 6-1 韦尔股份（603501）止损位的调整 1

买入之后，我们将初始止损位设置在前低 132.01 元，并将目标位设置在 197.01 元，这样盈亏比大约为 2∶1。在随后的三个交易日，该股回测买点价位，然后创出新高 168.50 元，这时为了降低风险我们决定调紧止损。合理的位置是买入时那根长阳线的低点，即 142.94 元，因为这根 K 线的低点是对缺口所在支撑位的确认，如果行情回到缺口之下，那么缺口将变成强压力位，这时持有多单将失去意义。

假设有另一位交易者决定将止损位移动到保本价，因为他认为即使后面发生反转，他也不会有任何亏损。但好景不长，该股回落并触发了新设置的止损，如图 6-2 所示。这位交易者按信号操作被迫以止损价（保本价 152.00 元）离场。紧接着，该股迅速拉升，最终在两周后到达了止盈目标位，使用合理止损的交易者可以收获 30% 以上的利润。

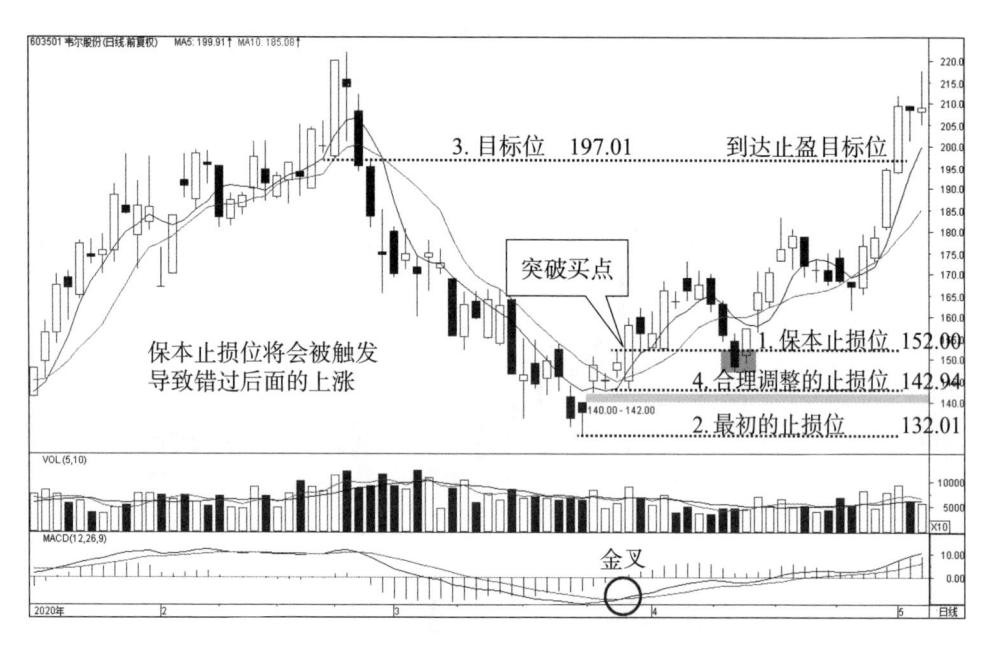

图 6-2　韦尔股份（603501）止损位的调整 2

这位交易者正好卖在了支撑线上。尽管在日线图上处于多头背景，在支撑线以上持股对他来说更有利，但显然他在调整止损位时没有想到这些。当你的交易方向与趋势方向一致的时候，要给行情一定的调整时间和空间，因为我们不会每次进场都正好乘上流畅的单边行情，正常情况下，行情会有一定的宽度。

合理调整的止损使盈亏比从 2:1 提升到了 4:1（大概用 10 元的止损博取 40 元的利润）。由于这个案例发生在日线图上，并且设置了较宽的止损，所以很多短线交易者会不习惯这种设置方式。即使这种情况发生在更小的周期，比如 60 分钟图，这种调整止损的方式也同样适用。

◎ 不要限制你的利润

调紧止损是风险管理的重要概念，但在没有技术原因的情况下将止损移动到保本线，可能会带来令人失望的结果，因为你买入的这个位置通常是理论上的支撑线或支撑区间。那为什么要在这个位置卖出呢？在图 6-2 的案例中，可以将止损位调整到高于买入价的位置，但这只有在该股走出更高的低点之后才可以。随着市场不断创出新高，你可以使用跟踪止损，将止损上移到更高的低点位置。

值得思考的是，如果该股走出了更低的低点怎么办？这样的话，持有多单将失去意义，这时应该终止这次交易。这是判断上升趋势结束的客观方法，并且是有效的技术确认。但在没有技术原因的情况下调整止损位，你就引入了主观因素，这会使你难以获得丰厚的利润。

在日内交易中，由于短线波动相当快速，留给交易者做决定的时间非常短，因此更容易为了减小风险而主观地调紧止损。再来看一个小周期的案例，图 6-3 是螺纹连续合约的 1 分钟图。在日线图上，当时处于明显的多头市场，图中的这段调整是在日线创出阶段新高之后的走势。这时我们仍然看多，等待回调后的做多时机。

在该合约连续放量下跌之后，RSI 指标反复进入超卖区间，表明行情已经跌过头，做反弹的机会即将来临。直到在下跌行情末端出现了看涨吞没形态时，预示短线开始走强。在均线金叉并且价格突破前高时，产生开多点，开多价格为 3693 点。我们将初始止损位设在前低 3680 点，并将盈利目标位设在前面放量向下突破的起始位置 3710 点。

开仓后的三根 K 线连续拉升，使价格达到了 3702 点，这时我们为了降低风险决定调紧止损。合理的调整位置是确认站上 MA10 均线时的波谷低点

3683点，这时的盈亏比接近2:1（用10点博取17点的利润）。如果行情再回到3683点以下，那么MA10均线上的这波连续突破就是失败的，持有多单再无意义。

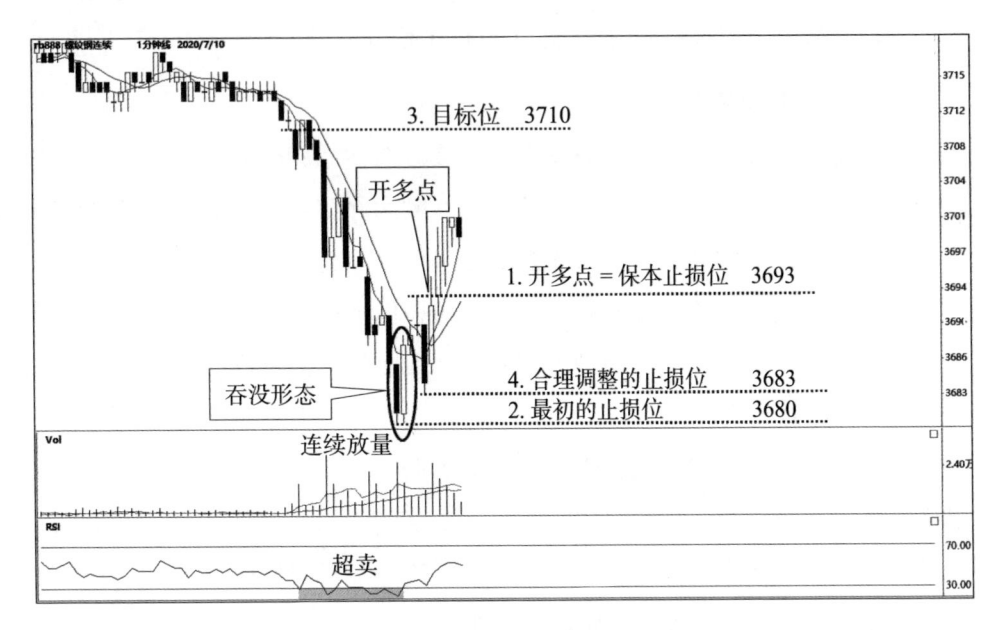

图6-3　螺纹钢连续（RB888）1分钟图买点与止损位

如果有一位交易者主观希望降低风险并将止损上移到保本价，结果会有什么不同呢？虽然开仓后该合约迅速脱离了成本，但并没有走出更高的低点，也就是说，还没有对突破进行确认，如图6-4所示。产生开仓信号的那波上涨之后，价格开始回测买点，最终跌穿了保本价，这位将止损调得过紧的交易者将会被迫止损。

价格在合理调整的止损位上方停止下探，确认支撑后开始突破前高，并最终达到了止盈目标位3710点。较宽的止损提高了回测支撑位时的容错程度。从波浪理论来看，由于MA10均线上的第1浪产生了连续大幅上涨，因此大概率会产生复杂形态的第2调整浪。第2浪经常会在第1浪的价托附近寻求支撑，很少会跌到这个区间以下，否则很可能是横盘振荡或重回跌势。

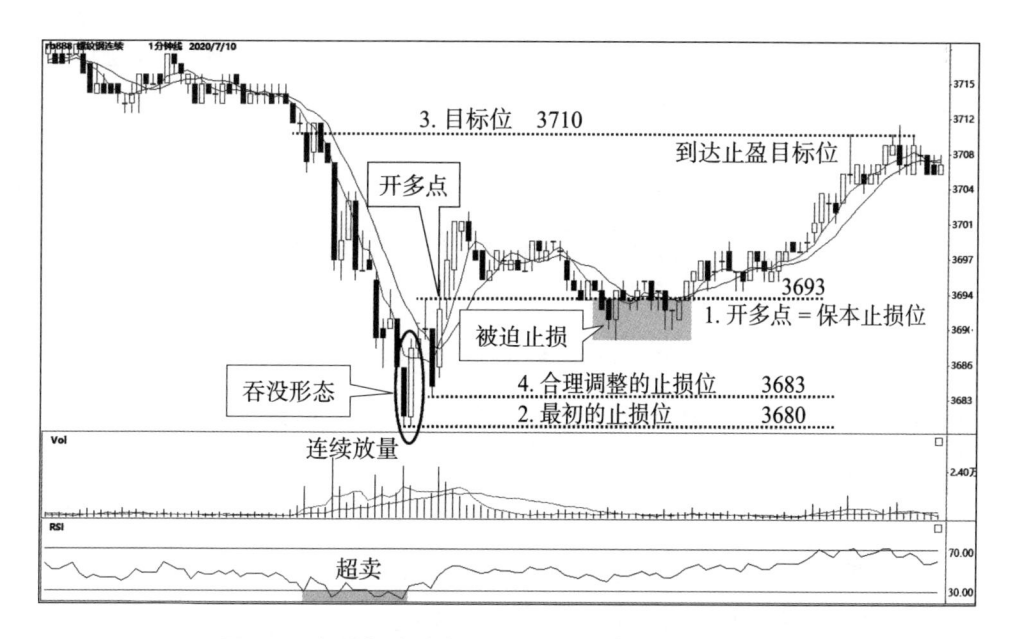

图 6-4　螺纹钢连续（RB888）1 分钟图止损位的调整

第 2 浪回撤的幅度很难精确预测，有时会长一点，有时会短一点，但止损为 2 浪回撤留出的空间可以由我们来控制，合理的止损应该位于 2 浪支撑位下方的一定距离。经验丰富的交易者还会利用这个位置来进场。

最后提出一个在止损和止盈时应该注意的细节问题。交易者应该思考并理解两种波动级别的意义，一种是同周期上的波动级别，另一种是不同周期上的波动级别。这会对提升你的交易业绩有所帮助。

在同一周期上，例如 1 分钟 K 线图，也会有大波动区间和小波动区间。如果你见到的第 1 浪比第 2 浪的规模更大，就可以期待后面会形成同样大级别的第 3 浪上涨。假设你的止损是相对固定的，你当然应该希望在波动更大的区间操作，因为这样你可以获得更多的利润。

不同周期的波动级别当然会随着周期的放大而放大，你的止损与止盈幅度也会相应放大。假设我们在不同周期 K 线图的同一种位置做多，以第 3 浪突破第 1 浪的顶点作为买入信号，将止损设置在第 2 浪低点，那么止损幅度就相当于第 2 浪的平均高度，这在 1 分钟图、5 分钟图、15 分钟图上可能分别为 10 个点、15 个点、20 个点。在止盈端也是同样如此，止盈幅度会随着周期的放大而以一定系数相应放大。

6.2　如何在低胜率时仍能实现盈利

在交易者通往盈利的道路上，胜率和盈亏比都很重要。但是我们应该把这两项指标控制到哪种程度呢？本小节将介绍如何利用数学期望值来衡量一个交易系统的盈利能力。

把你的单次交易放到众多交易中来看待，这样做有很多好处，最重要的一点就是避免短视行为，有利于严格执行交易纪律。

相信读这本书的大多数人都是主动交易者，有一部分还相当活跃。主动交易者希望通过择时交易取得优于被动买入并持有策略的表现。但是，很多价值投资者认为，从长期来看，很少有人能做到这一点。他们认为散户投资者最好投资于 ETF 基金，采用买入并持有的策略，长远来看，会取得高于市场平均水平的收益。我们认为，如果是在每隔一段时间就会创出历史新高的市场中，采用这种策略是可行的，哪怕创新高的间隔长达一年、两年，甚至更久一些都可以。

短线交易者，特别是日内交易者会投入大量精力和时间研究历史行情图，他们试图找到一种能够战胜市场的策略，这类策略存在的前提是市场不是完全"有效的"。我们相信价格并不是完全随机的，可以通过择时交易取得高于一般水平的进场与离场胜率。

市场中有观点认为，风险与收益成正比，不过这句话并不完全正确。在有些情况下（或者某些技术图形下），风险相对更小，而潜在的收益却更高，虽然不能说是无风险高收益，但可以说是低风险高收益。还有一些情况则正好相反，高风险并不对应着高收益。关键在于这些情况是可以重现的，并不是很少见的情况。

很多新手交易者都会极力追求成功率更高的买点,认为这是交易成功的关键,如果做不到就会失败。如果我们能够把握市场时机,能够确定价格何时转向,那我们就会成功。如果我们能猜到顶部,也能猜到底部,那么我们就是成功的交易者,否则就不会成功。

事实真是如此吗?我们是否需要知道市场何时转向才能成为成功的交易者?

绝对不是!

虽然做对的次数高于做错的次数是实现盈利的一个重要契机,不过,我们做错的次数可能要比做对的次数更多,而且在这种情况下仍然可以通过积极的资金或仓位管理策略来实现盈利。

但是,如果你做对的次数更多,你就会赚钱;如果做错的次数更多,你就会赔钱,是这样吗?并非如此。为了说明为什么这个说法不正确,我们首先需要引入数学期望的概念。

◎ **数学期望**

数学期望是一个事件的各种可能结果乘以其概率的总和。我们经常用这个指标值来判断是否值得冒险进行一种选择。对于具有多种可能结果的事件,其数学期望的公式为:

$$E(x)=\sum_{i=1}^{\infty} x_i p_i$$

该公式表明,对于具有 n 个可能结果的事件,该事件的期望值就是概率加权结果的总和。最简单的例子就是抛硬币,正面的结果为 1,反面的结果为 0,抛硬币的两种结果的概率均为 50%。抛硬币游戏的期望值为:

E=1×0.5+0×0.5=0.5

我们将两种结果确定为 1 和 0,并将其分别乘以各自的概率 0.5 (50%)。为了便于理解,假设我们可以对硬币做一些"手脚",使它有 80% 的概率会出现正面(1),那么抛这枚硬币的期望值就是:

$E = 1 \times 0.8 + 0 \times 0.2 = 0.8$

如果不是抛硬币，而是掷骰子呢？我们知道骰子有六个面，每种结果分别为 1 到 6。在正常条件下，骰子的每一面都有相同的六分之一的概率（大约 16.67%）。掷这个骰子的期望值为：

$E = 1 \times 0.1667 + 2 \times 0.1667 + 3 \times 0.1667 + 4 \times 0.1667 + 5 \times 0.1667 + 6 \times 0.1667 = 3.5$

需要说明的是，期望值可能不包含于可能的结果当中。对于掷骰子来说，期望值等于 3.5，这并不是可能出现的一种结果。因此，请记住，你从某个事件中获得的期望值可能与任何可能的结果都不相同。

◎ **将期望值作为盈利能力的衡量标准**

从上面的计算可以看出，要想计算期望值，需要知道两组数值：结果的实际值及其概率。因此，要将这个概念应用到交易中，只需要四个数值：

（1）你的平均盈利。

（2）盈利交易的概率。

（3）你的平均亏损。

（4）亏损交易的概率。

鉴于只有两种可能的结果——盈或亏，因此只要知道盈利概率，就可以知道亏损概率（1− 盈利概率）。

我们如何计算一笔交易的期望值呢？很简单，用平均盈利（X）乘以盈利概率（P），再加上平均亏损（Y）乘以亏损概率（1−P），得到的结果就是期望值。

公式为：$E = X \times P + Y \times (1-P)$

其中的平均亏损为负数。

假设你使用一种固定的方法做股票，每次交易的平均盈利为 15 元，平均亏损为 5 元，有 60% 的交易是盈利的，有 40% 是亏损的，你的下一笔交易的期望值是多少呢？

$E = 15 \times 0.6 + (-5) \times 0.4 = 7$ 元

可以通过期望值来衡量我们的方法是否有希望持续盈利：如果期望值的计算结果是正的，那么这种方法就是盈利的；如果期望值是负的，那么这种方法就无法盈利。上面案例中的期望值的意思是，你的每笔交易预期可以得到 7 元的利润。这无疑是能够持续盈利的方法。

◎ R 值

在交易中，我们还经常用到 R 值的概念，也就是通常所说的盈亏比。通常，我们以 1R 作为止损幅度，例如以 5 元设置固定金额止损，如果固定止盈目标为 15 元，那么你的盈利就为 3R（15／3）。这样就可以得到数学期望值的另一种形式，如果还是按 60% 的胜率计算，得到的期望值为：

$E = 3R \times 0.6 - 1R \times 0.4 = 1.4R$

结果当然仍是正值，R 为 5 元，这其实和上面的计算结果是相同的（1.4×5=7 元）。

一般认为风险回报比达到 1：3 就可以实现盈利，即如果平均亏损为 1R，那么平均盈利为 3R 就大概率可以在多次交易中获得正收益。在这种情况下，即使胜率低到 30% 仍然可以赚钱，因为其期望值为正的 0.2R。可以看出，你的盈亏比越高，就越容易实现盈利。我们经常建议交易者要"持长"做大波段，是更有利的做法，这就是它的理论依据。

但是在实际交易中，很多交易者会执着于提高进场的准确率，他们认为"做对"是最重要的事情。要知道，做对只是影响结果的一个因素，如果你每次都小赚离场，这种所谓的快进快出虽然可以让你获得交易上的满足感，但这并不是提高交易成绩的正确方式。提高胜率往往会以损失盈亏比为代价，所以越是短线的方法通常胜率越高，而盈亏比越低。这也反映了小资金散户的做股心态，其结果往往是落入频繁交易的陷阱，白白给券商打工，损失大量手续费，账户资金不断缩水。

◎ 做对的时候赚多少，做错的时候亏多少

让短线交易者最追悔莫及的情况可能就是选对了进场时机，可是却早早离场，眼看着后面的大波段利润成为与自己无关的事情。这是短线交易的天生劣势，因为你不能忍受行情产生稍大一点的回撤。为了准确率，你必须提前兑现利润。

影响交易结果的另一个因素同样重要，甚至可以说更重要，那就是盈亏比。你在做对的时候赚多少，在做错的时候亏多少，这是账户资金增长的关键。很多大资金账户即使不从绝对金额的增长来看，仅从增长比例来看，同样能够跑赢很多小资金账户，是因为他们做大波段，放大盈亏比。

如果我们想成为持续盈利的交易者——也就是说，我们希望自己的交易有一个正的期望值，一个正的"平均"交易，就必须深入研究期望值公式。在对这个公式理解透彻之后，你就会明白，为什么不一定非要准确地把握市场时机，或者始终准确地判断市场拐点。我们只要做到平均盈利远大于平均亏损（较大的盈利 R 值），就可以在胜率比较低的情况下保持正期望值。因此，为了提高盈利能力，我们需要在一定的胜率下（不需要太高），尽可能地提高盈亏比。

◎ 截断亏损，让利润奔跑

我们已经认识到期望值只是计算一组数字平均值的一种更可靠的方法，现在可以使用期望值以"平均交易"的方式来看待交易。期望值是正数，意味着你平均每次出手都可以获得收益。这有利于培养你的概率思维，把单次交易放到多次交易中来看待。

对于大多数人来说，通过减少平均亏损和增加平均盈利实现成功交易，这是要比真正成为择时交易高手更容易、更快捷的方式。为什么？因为要想提高你的胜率，就必须对市场形成深入的见解，熟练掌握一些技术分析工具，研究出比其他数十万市场参与者更有优势的交易方法。为了让自己总是猜对行情，准确地判断行情拐点和止盈目标位，你需要付出大量的努力，但结果往往收效甚微。在短期内更见成效并且更容易的成功交易方法，相信很多人都已经听说过，那就是截断亏损，让利润奔跑！

6.3　账户资金充足的重要性

通过交易赚钱是非常困难的，如果你认为这是一件很容易的事，那一定是你还没经历过漫长的熊市。交易是一个简单却不容易的行当，看似人人都可以从市场中分一杯羹，但实际上并不是看看行情，凭感觉下单就能赚钱。你会犯很多错误，也会得到一些赚钱的经验，而这些经验都是靠真金白银、不断试错才能得到的。如果我告诉你，在交易世界中有很大一部分交易者上下求索而不得其解，你一定会感到惊讶。总之，这几乎是一场零和游戏，资金从那些不成熟的交易者流向那些拥有专业知识，持有大资金账户以及更容易获得市场消息的交易者。

在你能够稳定盈利之前，可能需要几年的时间来积累相关知识。要知道，一位金融专业的本科生，通过四年的系统学习之后，也不一定能通过交易赚钱，更多人从事的是这个领域内的其他工作。如果你下定决心要从市场中赚钱，就要下功夫建立自己的优势，但仍有一定概率不能达到稳定盈利。

要想登上金字塔的顶部，交易者首先需要避免一些新手常见的错误。除了没有认识到自己的优势，缺乏一定的专业知识之外，还有一些问题可能阻碍交易者的进步，我们列出了以下几点。

（1）不执行交易计划。

（2）随机交易，凭感觉交易。

（3）冲动交易，表现为追高。

（4）过度交易。

（5）不注意设置止损和控制仓位。

（6）过早或过迟进场。

（7）过早或过迟离场。

这些问题都有可能成为你的短板，按照木桶原理，决定你整体成绩的正是你的短板。如果你存在以上某个或多个交易问题，那么你需要想办法解决掉它们，否则会一直被困扰。并且它们可能只是表面现象，交易者可能存在更深层面的交易心理问题，只是暂时没有表现出来；或者是交易者没有处于正常的交易心理状态，比如处于身体或精神上的疲劳状态；或者是在报复性交易，只是希望作对而不是在做对的事情。但有一个问题很多人甚至都不会考虑或讨论，那就是本金充足的重要性，这可能是一些交易问题的根本原因。

◎ **难以将风险控制在较低水平**

新手容易犯的一个错误就是投入本金不足，却希望获得较高的回报率。他们也许在交易账户中转入相对较小金额的本金，认为自己可以在短时间内使本金大幅增长，结果不是将每次交易的风险控制在3%～5%，而是经常让风险超过10%、20%甚至30%。这可能不是很大一笔资金，但如果交易者经常重仓或满仓交易，这是很不现实的，即使对于胜率较高的经验丰富的交易者来说也是如此。不管你前面赚了多少，当前的账户资金都是一个100%，如果全仓亏掉50%，则需要再赚100%才能回到之前的账户资金规模。

事实上，大多数交易者的胜率分布在50%～60%左右。这听起来可能不算太高，但如果盈亏比大于1，那么从长期来看，这个区间的胜率可以实现稳定盈利。少数一些交易者，他们的胜率较低。为了让少数的盈利单来弥补多数的亏损单，他们必须在盈利时尽可能多地获利，而高胜率的交易者却不必如此。因此，他们会感觉30%～40%的利润不够高，即使这可能是客观上从某种形态中能够获得的正常利润空间，这样他们就会倾向于过久地持有，设定过高的盈利目标。

市场可以给你3R的利润，而你却想要5R甚至6R的利润，这无疑是小概率事件。不可避免地，市场会发生反转并迫使你离场。较小的账户资金规模加上较低的胜率意味着几次连续的亏损就会对账户产生较大伤害，这会让交易者很难摆脱亏损状态，并处于不佳的交易心理状态，即使市场给你大赚的机会，也很难合理地进行操作。

◎ 合理的仓位

在使用小资金账户时，即使你有时希望将风险控制在较低水平，也很难合理地调整仓位。假设你识别并操作假突破形态，当价格突破前高或跌破前低之后，每次进场时的价位和止损位都是各不相同的。如果你用小资金账户交易价格较高的股票或期货，并且止损距离较大，你的仓位就应该降低，这时风险很可能高于原计划的3%～5%。因此使用小资金账户并不总是能够合理地调整仓位。

这样一来，交易者就会被迫放弃交易，或者打破他的交易原则并以较高的风险进行交易。因此，现在的风险是不一致的，例如，他可能在连续3次交易中分别承担5%、15%和10%的风险，结果可能导致交易业绩产生很大的波动，尤其是在一笔交易对他不利的时候。当然，对于不同的形态，你可以承担不同的风险，但一定程度上的一致性将会是理想的方式。

◎ 平滑的交易价格

在交易价格较高的品种时，如果你的账户允许你每次交易所动用的资金不足以满足在一个价格区间进场多个交易单，那么你可能需要等待一个更有利的但更不容易成交的价格，这将导致你可能错过一些好的进场时机。同样地，在离场时也会出现同样的情况。由于可出手的机会相对较少，你将不能平滑交易价格。

对于以关键点位为基础确立的交易策略，价格越接近关键点位，受到的支撑或阻力越强，挂单越接近关键点位，越有可能相差几个价位，甚至相差一两个价位而不能成交。使用资金规模较小的账户时，为了保证挂单成交，你可能不得不让出几个价位，这样就提高了进场成本。如果是需要精准控制交易价格的短线策略，提高的这一点进场成本也会对交易结果产生较大影响。

◎ 控制资金回撤

一些新手交易者根本没有认真考虑过资金回撤对账户的影响。我们多次提到过，当你亏掉50%时，你要使账户资金回到当初的金额，不是要用余下的资金盈利50%，而是要盈利100%。这意味着当你遇到较大的资金回撤时，你需要更大的努力才能回本。这可能使你做出很多错误的决定，比如摊平亏损，或者承担超出预期的风险。如果不能恰当地控制资金回撤，可能会使你产生亏损心理，并陷入不良循环，最终导致彻底地失控。

亏损是这场游戏的一部分，但你应该将其控制在较低水平。如果交易者产生连续亏损，应该马上降低交易频率或降低仓位，或者同时采用这两种措施，直到你能弥补最近的连续亏损为止。然而，如果亏损仍在继续，那么再一次降低仓位可能有助于控制连续亏损的影响，让你有机会找回市场节奏，重拾信心，或者将亏损填平。这是很多专业交易者的建议，但对于一些交易者来说，这很难执行。因为他们可能缺乏纪律，或者更重要的是，他们的账户资金规模太小，以至于能承担的风险仅够支撑很少量的股票或期货合约，很难对仓位进行调整。因此，有效地控制资金回撤在一定程度上可以归结为拥有一个适当资金规模的账户以及能够严格执行的纪律。

◎ 充足的资金让你有机会重整旗鼓

注意要正确理解本小节内容的意思，并不是建议交易者应该孤注一掷——绝非如此。有了充足的资金，一些小幅的盈利，比如股票上20%～30%的盈利或者期货上20～30点的盈利，足以让你积累利润，在提升信心的同时，使账户得到快速增长。借助相对较大的账户，交易者可以通过调整仓位来弥补连续的亏损，避免连续亏损对账户造成太大伤害。

相反，如果你使用的是较小的账户，将不可能始终如一地正确进行资金管理和风险控制。在大多数情况下，你的开仓比例和风险比例都会处于较高水平。在这种情况下，你不可能在每笔交易中仅承担3%～5%的风险，这容易导致你做出更多的错误决定。重仓交易会放大人性的弱点，这时的交易就像一辆快速行驶的赛车，你将很难对它进行正确的控制。技术分析大师威尔斯·威尔德（Welles Wilder）给出的经验是，"我甚至会说，能否在市场上赚钱，取决于你是否运用了恰当的资金管理方法。赚多少钱则取决于你进场和离场的位置。"

6.4 如何避免常见的交易错误

有时候知道不做什么与知道要做什么同样重要。为了帮助你克服通向成功交易之路上的障碍，下面将提出一些建议。

学习交易的道路可能充满艰辛，但要知道，通过遵循一些原则，交易新手可以缩短学习时间并降低发生错误的次数。本小节将提出一些具有操作性的指导原则，其中大部分源自实战经验。希望这些建议能够帮助你丰富交易经验，提高交易成绩。

我们无数次提到过纪律的重要性，但这只是通向成功交易的原则之一。通常，对交易有利的原则都会让交易者在心理上不舒服，所以有人说，交易是反人性的，至少交易不是普通人的心理能够驾驭的。走出你在心理上的舒适区，保持开放的心态，有助于你改正交易中的错误。

下面将详细讨论一些交易中需要遵守的原则。

◎ **避免摊平亏损**

在期货市场中，经常会听说有人因为一笔陷入亏损的交易而导致最终爆仓。他们不是尽早止损，而是通过加仓来降低平均成本。这种做法只会使风险加倍，加快亏损的速度。这种致命的交易错误被称为摊平亏损。如果你的交易计划就是在一个价格区间分批进场，那么降低平均成本没有错，因为这样可以避免集中在一个价位进场。但当你在初始仓位已经完全承担了1R的风险之后，在亏损的情况下加倍加仓，就会成为一个严重的问题，这会使你的风险远远超出正常范围。

如果你在摊平亏损的价位，不会在空仓的状态下建立新的仓位，那么你为了摊平亏损的开仓就是错误的。

更严重的错误是，一些交易者会在被迫止损后，在没有任何计划或者价格反转信号的情况下再次进场，也就是报复性交易。这种做法最典型的一种结果是，在你重新进场或摊平亏损后，发现这是一个错误的决定，市场并没有朝着预期方向发展，而是朝着相反的方向继续行进，这会使账户亏损迅速变得更大。交易者所有的精力和资金都被消耗在了这笔亏损交易之中，导致错失了其他投资品种中可能获利的交易机会。当交易者在尝试抄顶摸底时，或者在快速波动中寻找机会时，经常会发生这种错误。

◎ 永远使用止损

当价格走势不利时，一些新手交易者总是喜欢不断调整自己的止损位，因为他们总是抱有幻想，希望价格能够回头，让他们有机会回本离场。这种抱紧亏损的策略偶尔会有效，比如在振荡行情中，但这并不是应该提倡的策略。我们常说，最早的止损是最便宜的止损。如果你经常延迟出场，那么早晚会遇到行情持续反向的情况，这样的话，等到被迫止损时，亏损已经远远超过止损线。这也是久赌必输的道理，一次大的亏损，足以对账户造成难以弥补的伤害，更不用说还有由此导致的其他不良影响，比如心态上的影响。

为了避免落入这个陷阱，新手交易者应该考虑将止损设置得宽一些，并使用较小的仓位，以弥补加大止损带来的风险。宽止损有利于过滤市场噪音，防止你过早地离场。它应该设在最近的一根支撑线之外，如果突破这个价格区间，则说明原来的开仓理由已经失效。随着经验的增长，交易者将能够合适地调紧止损，并且能够在更合理的价位进场，这使得你可以在原有止损的基础上建立更大的仓位，获得更高的盈亏比。

◎ 宁可错过也不做错

冲动性交易是因为害怕错失机会或者担心盘后会后悔没有出手而产生的一种盲目操作行为，也是新手交易者经常犯的一个错误。避免冲动交易，说起来容易做起来难。当市场剧烈波动时，交易者容易变得兴奋，并恰巧在市场趋势末端、趋势反转之前进场。看到连续的拉升或者其他人赚钱时，交易者很容易头脑发热，不顾后果地冲进场。相对于浮亏的感觉，交易者似乎更不喜欢踏空的感觉，这可能是因为他们不希望自己的做法与众不同，也可能是因为觉得自己只要有持仓就存在赚钱的希望。但结果往往等到进场之后才发觉这是追高行为，后面可能是长时间的振荡或者要被迫止损。

我们常说，宁可错过也不做错，你不可能抓住所有机会，而一次错误可能需要一次、两次，甚至更多次盈利才能填平之前的亏损。随着不断积累教训，交易者可以很好地抵御追高或抄底的诱惑。但新手交易者怎样才能避免落入这个陷阱呢？

（1）使用客观的交易系统，能够最低程度地受到主观思想的影响，甚至可以从根本上杜绝临时更改交易计划。你要相信，盘后的自己要比盘中的你更聪明。比如使用多条均线与 MACD 指标建立一个交易系统，列出明确的、量化的进场与离场条件。

（2）根据更长周期的 K 线图进行交易，比如日线图，并且不关心日内价格波动。有些老手在做股票时只在开盘后 15 分钟和收盘前 15 分钟看盘，有交易信号时才会动手，他们认为盘中的更多时间没有必要盯盘。我们认为，这样做有一定道理，至少可以避免被市场带偏操作节奏，避免过度交易。

（3）提前制定交易计划。如果你不能建立一个完善的交易系统，至少应该有一个盘前计划，这样就能清楚地知道在哪个位置进场，以及达到什么条件时止损或止盈。

（4）限定一周或一日内的交易次数。新手交易者应该充分利用自己的亏损单，不能重复犯同样的错误，这就需要减少交易次数，筛选出胜率更高的位置，只做更有把握的机会。

随着经验的增长，交易者会变得善于解读价格走势，因此他们可能在价格触发止损之前就离场，并使亏损不足 1R。能够肯定的是，习惯接受小亏是一项能够明显提高交易成绩的技能，即使你的胜率保持不变。学会把小亏看成是一项必要的"成本",而不是对它们感到失望。请记住,即使有少于一半的交易是盈利的,优秀的交易者也能够赚钱,因为他们做到了让利润奔跑,并截断亏损。

交易是"善输、小错"的游戏,交易者倾向于认为自己的下次交易会盈利,但如果你用概率思维来考虑,把这1笔交易放在100笔交易中来看待的话,就会以更开放的心态来看待输赢。要知道,亏损的交易也可以是正确的操作。

◎ 有选择性地介入和防止近期偏差

一些交易者希望一直处于市场中,而不是有选择地进场并耐心地等待更好的时机,这是新手交易者的另一个典型错误。当市场不适合交易时,有经验的交易者知道在场外"坐等"的重要性。相反,很多新手根本没有注意到这点,并且无论针对哪种买点都使用同样的仓位。要知道市场上不只有做多的时间、做空的时间,还有去钓鱼的时间。

在大盈之后,新手交易者的交易频率容易增加,有一些在其他情况下不会考虑的交易机会也会出手,这种现象称为近期偏差。相反,一些专业的扑克玩家在牌面不利时,有耐心以很小的代价连续几轮选择弃牌,既不押注也不加注,而在牌面有利并且几乎稳赢时押大注。专业交易者大都不会受到近期偏差的影响,因为他们知道,这次的大盈与下次交易没有关系。相反,新手交易者往往会将得到的利润返还给市场,他们在遇到不利的形态时仍过度交易,这主要是因为近期偏差、报复性交易和错失恐惧。

为了避免犯下这些错误,你需要理解什么也不做的重要性。永远要记住,市场永远不会关门,这是一场马拉松,而不是一场百米竞赛。当市场走势不利于交易时,交易者需要注意到这个事实,并在场外"坐等"。这样做的前提是你应该对自己的策略有透彻的了解。例如,一个利用动量确立的策略,只能用于趋势明显的市场,而不是区间振荡的市场。即使持仓状态对你有利,也不意味着你应该兵分几路同时广泛参与相关品种。这时仍需有选择性地参与,并把精力集中在一个或少数几个品种。

通过使用更大周期的图表，经验不足的交易者也可以限制近期偏差和过度交易的影响，例如，交易那些在日线图上的形态，而不是5分钟图上的形态。虽然盯盘时间对于增长经验很重要，但坐在电脑前看行情，尤其当你使用多个窗口或多个预警工具时，会非常容易让你分散精力。通过减少屏幕数量和看盘时间，并且使用更大周期的图表，可以提高你的耐心，这对于提升交易水平很重要。当然，这也许意味着短期内有更少的交易机会，但从长期来看，这可以让你真正地受益。

◎ **遵守你的交易计划**

纪律对于很多新手以及一些有经验的交易者来说都是一个大问题。即使他们已经有了一个合适的交易计划，也总是很难遵守，尤其是在盈利之后，因为他们认为自己已经"成了"。当你能获得赚钱的兴奋感时为什么还要关注枯燥的事情呢？为什么还要回想自己的痛苦经历，反省自己以前犯过的错误呢？但经常见到的结果是，他们后来还会将盈利还给市场，过不了多久又回到了起点。这时他们决定再次踏踏实实地复盘，并建立一个新的计划，然后遵守一段时间，但是又会在以后的某个时间开始同样的循环。

要想在一个相对自由的环境中让自己遵守纪律，并不是一件容易的事情，毕竟吸引人们做交易的一个主要原因，是希望自己能够实现财务自由并成为自己的老板。但实际上，他们会发现市场成为了他们的老板，需要投入的工作量要比起初认为的多出很多倍。

交易者在收盘后建立的交易计划是在有充分时间思考的情况下做出的交易策略，它等于冷静状态下的你自己，至少代表了你 90% 的交易水平。但盘中的你则完全相反，这时你会变得迟钝，在不满足技术条件的情况下，会头脑发热做出错误的交易决定，这时你的交易水平会大打折扣。因此，遵守交易计划是最明智的做法。

◎ **正确的事情重复做**

为了跳出不断建立新的交易计划的循环，交易者需要明确地写出你的约束条件，建立可视化的计划。它应该包括各方面的交易事项，涵盖各种行情的应对措施。为了强化遵守计划的意识，你可以在遵守交易计划时激励自己，在不遵守时惩罚自己。另外，在日常生活中也要注意遵守纪律，如果你总是上班迟到或找借口不去运动健身，那么这些不好的习惯——缺乏纪律性——很可能表现在你的交易成绩上。很多心理学家认为，为了养成良好的习惯，人们需要重复做一件事。因此，为了准时上班，按时去健身，或者遵守交易计划，你需要日复一日地迫使自己重复这些行为。有人说经过 21 天就能培养出习惯，经过这种重复训练，这个习惯会成为你的一部分。

写出一个可视计划是一回事，但理解和遵守它又是另外一回事。达到"从心所欲不逾矩"，把这些交易原则内化成为你的一种习惯，你才能遵守它们。因此，你需要花力气使其成为习惯，不断在心理上暗示自己，否则的话，你可能很难在交易中取得成功。

◎ 设定符合实际的目标

新手交易者，尤其是使用小资金账户的交易者，通常会将盈利目标设得过于远大，因为他们希望只通过少数几次交易就让账户资金翻倍。这种做法忽略了市场不会直线上涨或下跌的事实。随着价格回撤不断迫使他们出局，这种交易方法很快会令他们变得消沉，即使有时会产生很大的浮盈，但由于目标太高，最终却以亏损收场。同时，由于这些交易者承担了全额亏损，但没有兑现利润，即使他们产生过 2R、3R 甚至 5R 的持仓利润，账户资金最终仍在不断缩水。

为了避免这个错误，盈利目标应该符合实际。虽然行情没有触及盈利目标，但当有证据显示趋势已经发生变化时，你在盈利状态退出交易也是没有害处的，为什么非要等到止损出局呢？

有经验的交易者不会拘泥于完全依据价格来进行止盈和止损，当走势的形态或时间超越了平衡时，比如虽然没有到上涨目标位，但已经走出了明显的 5 浪结构的上涨，出现了顶部特征，这时可以选择形态止盈；再比如虽然价格没到止损位，但已经长时间在开仓成本之下振荡，没有显示出上涨势头，这时可以选择使用时间止损。

◎ **确立离场策略**

随着经验的增长，你会发现交易中最重要的部分也许是离场策略。新手倾向于专注优化进场技术，因为他们认为，为了使风险最小化，最有可能提升的是进场技术。但他们没有意识到，只有当你离场时才会兑现盈利或者亏损。他们不太关注自己的离场策略，并且经常过早或过迟地退出正在盈利的交易。他们在大赚时，比如已经有了 3R 的浮盈，没有兑现利润，而是等到价格回撤到持仓成本时离场。这些错失了 3R 利润的交易者会这样安慰自己，"在这笔交易中我至少没有亏钱，因为我已在保本位置离场。"其实不是这样的，你损失了 3R 的利润。

◎ **合理调整止损位**

通常，交易者不喜欢接受小的亏损，因此他们会在产生利润之后，将止损移动到保本线。但这种做法可能对他们不利，因为这个止损位可能更容易被市场噪音触发。交易者应该只有在技术上出现新的关键点位的情况下才能顺着持仓方向调整止损位。

止损方面的另一种极端错误行为是不止损。一些交易者或者由于不懂止损，或者由于不想被频繁地打掉止损，开始使用所谓的死扛策略。市场中的振荡行情要多于单边行情，所以在一定程度上来看，死扛策略的确能减少亏损的次数。但是，不要忘了市场终究会出现单边行情，每扛回一次小亏，就离大亏更近一步。即使前 10 次你都能把行情扛回来，但只要有 1 次大亏，就足以使账户元气大伤。不止损就是不认错，而市场是有名的"专治各种不服"，你不可能依靠好运气来稳定盈利。把你的关注点放在如何把事情做得正确，而不是关注如何赚钱，这样也许更容易改正止损方面的错误行为。

显然，新手容易犯的大多数错误都可以通过简单地制定一个交易计划，遵守交易计划，以及保持耐心来避免。但是，如果不遵守以上的交易建议，即使有了一个经过验证的策略，也可能不足以确保你在交易中取得成功。新手交易者在进入市场之初往往不能做足充分的准备,在第一轮牛熊循环的操作中或多或少都会付出一些学费。从第二轮牛熊循环开始,他们才意识到遵守基本交易原则的重要性,这时候会逐渐建立并固定下来一套适合自己的交易原则。葛洪《抱朴子·内篇》有云:"非闻道难也,悟道难矣。非悟道难也,行之难矣。非行之难也,终之难矣。"

第 7 章
交易心理

行情总在绝望中诞生,在半信半疑中成长,在憧憬中成熟,在希望中毁灭。
——约翰·邓普顿(John Templeton)

投资并不是要在别人的游戏中打败他们,而是在自己的游戏中控制自己。
——本杰明·格雷厄姆(Benjamin Graham)

7.1 如何管理交易情绪——恐惧和焦虑

了解竞技体育的人应该知道，训练中的表现与比赛中的表现往往会有很大差异，除了少数比赛型选手之外，一般选手在正式比赛中的竞技水平都会较平时打一些折扣，这就是比赛压力导致的结果。正式比赛中的赛场氛围以及竞争对手给你造成的心理压力，都会影响临场发挥。市场交易活动同样会受到这种心理因素的影响，例如，有些人在模拟交易时能够客观地判断行情，严格遵守交易原则，而在实盘交易时就会是另一番景象，很容易受到不良情绪的影响。

在制定交易决策时避免情绪干扰，始终是交易者进行交易管理很重要的一部分。在交易中，我们会对一些刺激因素产生反应，了解其背后的原理，能够帮助我们找到克服这些不良情绪的方法。

让很多交易者产生亏损的一种普遍情绪就是恐惧。交易者的主要敌人总是从内心出现，无法抑制的恐惧经常会令交易者最终放弃持仓，退出这次交易。恐惧也是大量错误判断的潜在原因，恐惧情绪已经渗透到了我们的意识和潜意识之中。

成功的交易者必须学会克服恐惧和焦虑这两种根深蒂固的情绪。在人类的大脑中有一个叫杏仁核的组织，它是产生情绪、识别情绪和调节情绪、控制学习和记忆的脑部组织的一个边缘系统。杏仁核控制着我们的恐惧情绪。我们也许不能摆脱所有恐惧情绪，但是可以通过学习来控制它，这样就不会淹没在恐惧情绪当中，从而尽可能地避免交易账户的资金大幅缩水。

◎ 恐惧情绪

什么是恐惧呢？我们可以将恐惧定义为一种不愉快的情绪，它由人们对危险的感知而触发。这种危险可以是真实存在的，也可以是想象出来的，大脑并不能区分这两者的区别。对于交易来说，危险就是亏损。与恐惧情绪非常接近的是紧张和焦虑。

紧张是对过高的压力或要求的一种反应，而当一个人感知到潜在的威胁时就会产生焦虑。人们在关系重大的事情中面临危险时，就会自然产生这类情绪。

在交易领域，当我们决定是否进场、离场或继续持仓时会产生恐惧情绪。一旦涉及交易，人们就会担心可能产生亏损，这种想法是非常真实的。交易者进入市场都会有一个赚钱的计划，而且希望持续不断地从市场获利。如果方法得当并且足够幸运的话，我们不仅会赚钱，而且会变得富有。但是对于很多人来说，这个计划永远不会实现，其中一个原因就是恐惧情绪产生的困扰。

因此，如果我们想继续从事交易并取得成功，就必须要学会如何对待恐惧情绪，认识它在我们生活中的作用。为了取得好的交易成绩，我们必须学会控制它并把它的危害降到最低。

◎ 恐惧情绪在生物学上的产生原理

恐惧情绪是如何产生的呢？我们的大脑在感知周围事物的时候会产生一些想法，这些想法赋予被感知事物以意义。头脑中的想法会引发大脑产生一系列的化学反应。例如，一个人走在浓密阴暗的森林里，看到草丛中似乎有东西在靠近，他会马上感觉到可能遇到了危险的动物，他对当前处境的想法会让他产生恐惧情绪。这种感觉在大脑中会产生一系列的化学反应，会弱化一些神经系统，同时强化另一些神经系统。

位于额头和眼睛后面的神经区被称为前额皮质，主要作用是分布命令和控制肢体、心理，做决策和实行自我控制，是脑部的命令和控制中心。大脑较高层次的思考就在前额皮质进行，在人体处理复杂决定的过程中，前额皮质起到重要作用，特别是涉及短期目标的决定时。此外，前额皮质也可以利用脑部的记忆或者印象，在需要做决定的时候发挥大部分作用。

当我们感觉恐惧时，大脑中的化学反应会使前额皮质停止工作，也可以说这部分神经区域暂时"短路"了。大脑中的化学信息分子——神经递质，向位于大脑后部更原始的区域杏仁核发出一个信息，这会让它接管大脑，同时引发大量的恐慌情绪。多巴胺和去甲肾上腺素这类化学物质使前额皮质的神经回路关闭，这个区域是与高层次认知相关的区域，同时去甲肾上腺素和皮质醇会引起下丘脑和其他更原始的神经系统，例如杏仁核，对其余的神经系统发出警告，准备应对所面临的危险。这会让我们唤起与恐惧相关的大量记忆。

一旦走在阴暗森林里的人意识到草丛里的物体其实只是从树上掉落的一截藤蔓，他就会放松下来，这时大脑会释放酶来分解神经递质，之前暂时关闭的神经回路也会恢复通畅。随着恐惧情绪的消散，他很快会恢复到正常状态。

◎ 头脑中的想法是一种"物质"

这个例子正好说明了这样一个问题，为什么我们的想法（思想）可以说是一种实实在在的"物质"。这些想法是一种物理形式上的存在。

我们的想法控制着大脑对外部刺激物如何反应，控制着大脑产生的化学物质的成分和数量，也控制着大脑中的一个区域与另一个区域之间的通信。这些想法控制着当前大脑由哪个区域发挥主导作用，以及我们如何接收和处理从环境中获得的信息。

然而，我们接收到的信息不一定非要是真实的，才能触发大脑释放那些化学物质并产生一系列反应。即使我们获得的是不正确的信息，仍然可以导致杏仁核掌控大脑，从而导致我们被情绪所控制，最终导致由前额皮质控制的理性思维将会关闭。

研究人员无法确切地知道为什么大脑会以这种方式进化。为什么我们最高层次的认知功能在遭遇紧张或恐惧情绪时会被弱化？为什么在紧张或恐惧期间，我们的大脑反应系统会从前额皮质转移到位于大脑后部的更原始的区域？

脑干附近更原始的区域可以迅速启动"战斗或逃跑"的反应模式，可能是一种保护我们免受自然危险的机制。当你遇到一条准备咬人的蛇或一只即将发起攻击的熊的时候，你的大脑就会启动这种快速反应模式。在进化的过程中，为了生存，我们必须能够快速感知威胁并做出反应，这优先于理性分析、缓慢处理信息的前额皮质，而前额皮质可能会进行复杂的认知计算，比如被蛇咬伤致死的可能性，或者避免激发熊的攻击性的最佳方法。

这就引出了下一个问题。在当今高度发达的现实世界中，我们不太可能面临被熊吃掉的问题，而更有可能面临一些需要更高层次的认知能力才能解决的问题。在恐惧或焦虑期间往往会关闭的大脑区域，正是我们进化程度更高的大脑区域，我们需要靠它来解决日常活动中面临的许多问题。现代社会的压力往往要求我们在经过深思熟虑的分析之后做出选择，而不是"战斗、逃跑或僵住"（fight-flight-freeze）这三种反应。

◎ 慢性焦虑和急性焦虑情绪

焦虑（紧张）情绪对大脑的影响与恐惧情绪十分相似。焦虑可以是急性的也可以是慢性的，二者都会影响大脑的功能，都会导致大脑活跃区域的改变，但慢性焦虑的影响比急性焦虑更广泛、更持久。

当我们没有压力的时候，大脑中连接前额皮质和杏仁核的回路会通畅地运转。前额皮质（大脑的控制中心）让我们保持对基本情绪和冲动的控制。但研究表明，大脑回路的正常运转是一个脆弱的过程。

即使是低水平的焦虑也会造成大脑神经化学环境的不平衡，这种不平衡削弱了神经网络连接，反过来又使大脑充斥着脑干神经元释放的传递神经冲动的化学物质。随着这些信号化学物质的数量在前额皮质升高，它们会关闭神经元放电，因此神经元之间的连接点被削弱了，从而导致大脑中的神经网络活动水平下降。当发生这种情况时，控制行为的能力就会降低。通常情况下，我们的非受迫性交易错误可能与我们感受到的压力有关，即使是很小的压力也会影响我们的决策。

在交易中为了做出决策，我们必须观察和处理大量信息，为了更好地掌控决策过程并做出合理的决策，我们应该减少压力源和控制恐惧感，因为恐惧可能带来焦虑情绪。

◎培养控制感

研究表明，对抗恐惧和焦虑的负面影响的最好方法之一，就是培养你对周围环境和可能的选择的控制感。为了产生这种控制感，你必须在自己易于产生焦虑的情境中训练自己的反应和行为。训练自己处理让人焦虑的情况，这可以形成习惯，而习惯可以改变大脑回路。

这样做的原理是什么呢？前面提到过，实际上是你的想法触发了大脑中的神经信号，这些信号是前额皮质中与杏仁核进行交流的神经递质。你的想法并不是环境中实际发生的事情，相反，你的想法是你对环境中发生的事情的反应。

例如，假设你在交易中，行情的剧烈反向波动让你陷入了糟糕的情绪反应，你可能会感到恐慌，当杏仁核向大脑释放儿茶酚胺等化学物质时，大脑会做出反应，关闭前额皮质。这就会让你的大脑产生事与愿违的结果，因为前额皮质具有更高层次的认知能力，靠它才能处理好这种局面，可结果是，你暂时失去了理性思考的能力。

当你被恐惧情绪占据时，可能会回忆起过去在这种情绪下的情境，然后会做出高度情绪化的决策。你最终会在恐慌中平掉持仓，或者什么都不做。不管怎样，你都没有做出冷静、理性的决策。在这种时刻，你可能看不到可以提醒你采取最佳对策的信号，也许已经出现了明显的底部反转信号，你本不应该在头脑发热的情况下平掉还没到止损线的多头持仓。在压力之下大脑会释放大量化学物质，它会将控制权交给具备快速反射性反应能力的杏仁核，取代反应较慢并善于理性分析的前额皮质。这时，你的情绪决定了你的反应。

◎ 专注

专注就是集中注意力。把我们的思想集中在当前发生的事情，不去评价它的好坏。这意味着接受当前正在发生的一切，只关注细节，不关注结果。很多运动项目的顶级选手都表达过类似的观点。比如，一位乒乓球奥运冠军曾经提到过，运动员在大赛中要面对巨大的压力，而乒乓球本身的重量很轻，稍有多余的想法就会导致击球失误。这时运动员要把注意力集中在每次击球的细节上，重要的是"把球打到台子上"。

大多数时候我们都没有关注当下，没有专注于细节。我们要么处在上一笔盈利交易带来的亢奋中，忽视当前的危险信号；要么对上一笔亏损交易难以释怀，想着发掘机会扳回一局。所以对于大多数人来说，需要更多的努力才能保持专注力。良好的专注力可以让你发现消极想法和情绪的惯常模式，它们会导致你做出对交易不利的反应，并使你受到恐惧或焦虑侵袭。关注消极的思维模式可以帮助你学会避免陷入这些模式，从而控制你的反应。

◎ 为什么必须要把仓位降到安眠线

如果我们在开仓之初就把仓位限制在一定规模以下，使这次交易不会有大亏或爆仓的风险，并为大幅反向波动做好准备，那么培养专注力就容易得多。我们必须确保自己的仓位对于账户资金规模来说不会过大，这样无论价格怎样波动，都能承受住亏损。

股票大作手利弗莫尔在他的回忆录中讲过一个关于棉花期货交易者的故事。这个交易者非常紧张，他的朋友问他到底怎么回事。

"我睡不着。"紧张的这个人回答说。

"为什么睡不着？"朋友问道。

"我持有太多棉花，一合上眼睛就忍不住想起这件事，搞得我筋疲力尽。我该怎么办？"

"把仓位降到能睡着的程度。"朋友回答。

这个故事的寓意就是不要做任何可能打破你的内心平静、让你夜不能寐的事情。我们知道期货交易隐藏着较大的隔夜持仓风险，如果能把持仓规模降到能睡踏实的程度，那么你面临的风险就在可承受的范围之内，你自然不会过分担心交易结果。我们可以把这样一个持仓规模称为安眠线。交易本身已经够难的了，不要让你大脑中的化学物质再来阻碍你取得成功，这会让你的交易变得更加困难。

◎ 唯一值得恐惧的就是恐惧本身？

大脑是一个非常强大的器官，它有大约1000亿个神经元组成。这些神经元通过释放神经递质相互传递信息。神经递质是神经元之间相互沟通的化学信使，神经元被我们产生的思想激活，通过神经递质与其他神经元进行交流。有时神经递质会刺激神经元，使它们更加活跃；有时神经递质会抑制神经元，使它们不那么活跃。神经元的反应取决于通过你的想法接收到的信号。

人类的大脑作为一个复杂器官是如何工作的，还有很多未解之谜，但研究表明，神经元控制着我们所做的一切。重要的是，我们知道自己能掌控这一切。也就是说，当我们进行交易时，为了最大限度地执行正确的操作，我们应该选择思考那些对交易有利的想法。当我们经历恐惧或焦虑情绪时，我们可以控制自己。通过保持专注，提醒自己感受到的恐惧只是发生在大脑深处的化学过程，我们可以重新激活前额皮质。我们可以通过让自己思考对交易有利的想法来控制这个化学过程。

控制不住自己的情绪是交易者真正的死敌。我们在竞技比赛中经常会看到，经验不足的年轻运动员在大赛中会紧张到动作变形，头脑一片空白，在场上失去敏捷的反应能力，并且体力消耗非常迅速。同样，经验不足的交易者也会面临类似的困境。运动员可以通过高强度的教学比赛来培养自己在重压情境下的心理调节能力。交易者也需要一个训练环境，在实盘之前先进行大量的模拟训练。实盘当中的资金压力很难模拟出来，这就要求交易者重视小资金阶段的实盘交易，珍惜手中的弹药，不要等到把弹药打光之后才意识到控制交易情绪的重要性。

◎ 多巴胺与内啡肽

多巴胺是一种神经递质,当人们的需求被满足时,大脑就会产生多巴胺,它能够给人带来即时的愉悦快感。但同时,它又像一款廉价的毒药,让你在快乐中不断沉沦。成瘾性跟多巴胺也有关系,交易者随意下单寻求刺激的交易行为与多巴胺的分泌产生关联,你就有可能沉迷于这种行为,从而导致不良的交易习惯。这种交易行为就像开盲盒,你总是希望下一次能开出一个"隐藏款"(大赢)。

内啡肽是一种大分子肽类物质,当人体经历痛苦后,大脑下垂体会分泌内啡肽。内啡肽需要人克服本能,才能艰难获得,但一旦拥有,就会享受到自我提升的巨大满足感。例如,你经过长期复盘和回测之后确立了一个正期望的交易策略,然后耐心地按照交易信号收获了一次大赢,这时大脑垂体分泌的内啡肽使人体感到在很艰辛的同时也很幸福,于是下次你还想再次重复这种行为。

在交易世界中,普通交易者容易沉浸在多巴胺的快感中,而成功的交易者却在逼自己追逐内啡肽。

普通交易者沉迷于追逐市场热点,凭感觉下单,疯狂短线拼杀。交易世界本来并不复杂,但最难以战胜的是人性中的贪恋和恐惧。当欲望被劫持,大脑不断受到刺激,你就会不自觉地对"赌一把"式的交易成瘾。在不知不觉当中,你会忽略了时间的流逝,一直徘徊在交易的初级阶段。正如一句歌词中唱到的那样,"这个世界本来并不复杂,是欲望让你麻木感到害怕。"

有一部关于股神巴菲特的纪录片,名为《成为沃伦·巴菲特》(*Becoming Warren Buffett*)。在这部纪录片里,巴菲特并没有提供什么快速致富的秘诀,他只是在不停地看书、读报。他会在每天早上7点前准时起床,然后花5、6个小时阅读各种新闻和财报。他的办公室没有电脑和智能手机,只有大量的书籍和报纸。摒弃低级娱乐,保持终身阅读与学习,这就是巴菲特成功的秘诀之一。

亚里士多德曾经说过,"在追求快乐上,与动物相比,人追求的快乐应该更高级和伟大。"

多巴胺是动物性的"短时刺激快感",久而久之只会消磨你的时间,让你始终徘徊在交易世界的门口。内啡肽是"延时快感满足",需要你费尽心血才能得到,却能为你带来脱胎换骨的改变。

在多巴胺带来的短时快感中沉沦,最终回报你的只会是亏损的苦果。在内啡肽带来的痛苦中修炼,最终回报你的很可能是成功交易带来的延迟满足感。请记住,不要让那些低级的快乐拖垮你的交易生涯。做一个时时精进的人,去克制、去提升、去坚持,你才能迎来交易水平的真正跃迁。

7.2 利用检查单来促进成功交易

人类是一种容易犯错的动物,在简单的日常活动中如此,在专业领域的复杂活动中更是如此。这可能是由多个方面的原因造成的,首先是由于人收集、处理信息的能力有限,其次是由于人的专注能力有限,再有就是人类的本性。

交易活动本身当然也是一项专业的复杂活动,会受到来自内部与外部的多种因素的影响,在交易过程的前、中、后阶段均有许多需要监控的项目。制定一个检查单将能够帮助你掌控交易细节,严守操作底线。这样做不仅有利于总结交易经验,还能促进实现成功交易,提高日常交易效率。

高效的专业人员能够在他们的领域内始终表现出色,但他们也是容易犯错的人。交易同样是一项需要保证高效率的活动。很多交易者在执行交易计划时都会遇到各种障碍,而执行上的一致性正是发挥概率作用的保证。

那么高效的专业人员和成功交易者是如何做到持续高效的呢?

重要的是,他们知道如何避免干扰。

人们都会受到干扰,包括外部环境的干扰以及自身情绪的干扰,但对待干扰的不同方式会使结果大相径庭。我们必须专注于"主要事项",这可能成为区分平庸表现和高水平表现的关键因素。

为了专注于"主要事项",使用检查单会提供很大帮助。像飞行员、外科医生这类专业人员都会使用检查单,交易者同样有必要使用检查单。交易有其自身的复杂性,而它常会导致人类失误,会损害业绩表现。为了避免犯错,请使用检查单!

我们经常说,交易是一件容易但不简单的事情。在面对剧烈的价格波动的时候,人们很容易像着了魔一样,完全被眼前的信息冲昏头脑,并做出冲动性、随意性交易。你在盘后冷静下来,可能会意识到自己在盘中犯了愚蠢的错误。使用交易检查单的目的是在注意力短暂分散或忘记交易原则的时候发现这些错误。按照检查单执行交易,能够在执行关键交易细节时提供帮助。

◎检查单的必要性

1935年10月30日,波音公司研制出了一款299型铝合金机身轰炸机("飞行堡垒"),其出色的性能获得了军方的青睐,军方委派了王牌飞行员普洛耶尔·希尔(Ployer Hill)少校试飞该飞机。令人大跌眼镜的是,飞机刚飞起来不到100米高,忽然一头栽了下来,撞地爆炸。经过调查,事故原因是飞行员起飞前忘记解锁升降舵和方向舵。即使再优秀的飞行员也会因为飞行前检查操作行为太繁琐,忘记其中的关键动作,从而造成事故。于是,检查单应运而生。顾名思义,检查单就是把起飞前的检查步骤列在一张索引卡片上,飞行员按照这个顺序进行检查,大大减少了飞行员出错的概率。它被称为"用生命换来的宝贵经验"。

后来,检查单涵盖了航行的四个关键阶段,包括起飞、巡航、着陆和着陆后。所有飞行员都必须在飞行训练中使用检查单。随着飞行器变得更加复杂,飞行员不再可能凭记忆来保证安全飞行的所有设置,检查单成了关键安全项目不被遗漏的重要保证。

这一概念在今天的航空领域仍在使用,任何错误都会得到分析和记录,并制定出提高安全性和降低风险的操作程序。我们发现这一概念可以作为交易检查单一个很好的模板。

使用检查单有很多好处,包括:

（1）确保一致且完美地遵循预先确定的计划，并不受干扰。

（2）以更少的错误快速、高效地完成重复性任务。

（3）评估是否一切安排妥当，足以保证程序安全进行，如果不能通过全部检查项目，将会防止产生可能的不利结果。

（4）防止过度思考，从而有助于简化流程。

（5）消除决策中的背景"噪音"。

（6）专注于需要满足的条件。

（7）使复杂性井然有序，确保取得预期结果。

（8）帮助检查单使用者从"观察模式"转变为"认知模式"。

◎ 跟踪交易中的优先事项

交易中的"主要事项"是什么呢？巴菲特提到过投资中最重要的三条原则：第一条，保住本金；第二条，保住本金；第三条，始终牢记前两条原则。我们同样认为，保住本金是交易中的"主要事项"。

我们已经知道，检查单的目的是将一组复杂的行动分解为可控的步骤，帮助你专注于最紧迫的事项，帮助你在不遗漏关键步骤的情况下完成所需的工作，帮助你保持自律，确保获得最佳结果。

对于交易者来说，交易检查单应包括在进场和离场之前需要回答的一系列问题。

请注意，交易计划可能不等同于交易检查单。交易计划一般从全局视角看问题，而交易检查单则确保你遵守计划或原则。交易计划是用于定义你的交易目标、风险承受能力和个人风格的个性化计划，遵循它可以避免交易中出现不利的心理因素，并减少不良交易。

交易计划应涵盖（但不限于）以下内容：

（1）我的交易目标和目的。

（2）我要交易的时间框架。

（3）我将交易哪些市场品种。

（4）我的交易方法、资金管理和交易心理状态。

交易检查单侧重于微观层面的每笔交易，侧重于在进场和离场之前必须满足的条件。它有助于避免冲动交易，而这正是导致很多交易者亏损的一个主要原因。只有在交易计划得到良好的执行时，它才能发挥效用。

◎ **交易检查单范例**

那么交易检查单应该是什么样子呢？我们可以按照飞行员使用的清单样式建立一个交易检查单模板，将交易检查单分为四个阶段，涵盖交易的整个周期。

（1）交易之前。

进场信号

辅助检查

初始止损位

资金仓位

止盈目标位

（2）监控持仓。

止损

加仓

（3）准备离场。

止损或止盈

按信号离场

（4）离场后。

复盘

以上就是一份交易检查单应该包括的四个主要部分。下面将详细介绍这些主要部分，你也可以将更多详细信息、步骤和检查项目添加到自己的交易检查单当中。

（1）交易之前（"起飞之前"）。

在进行一笔交易之前，你至少应该完成三项事前检查以及两项可选检查，如前面的检查单所示。我们将详细介绍这五项检查项目，并为交易者列出了针对为什么买（卖），怎么买（卖），买（卖）多少，做对（错）了怎么办等一系列问题的检查。

进场信号。永远记住只执行有效信号并执行所有有效信号，而不是有选择地随意操作其中的某些信号。为什么？因为你不知道哪次交易会大赢或者亏损，通常只有持续执行所有有效信号才对交易结果最有利。

辅助检查。一旦有了一个有效的进场信号，你就可以继续进行辅助检查。辅助检查不是强制性的，但建议使用。如果你的交易系统足够完备，进场信号的筛选条件可能已经包括了辅助检查中的内容。辅助检查有什么作用呢？假设你的交易系统识别出了多个交易机会，该怎么办？辅助检查可以帮助你消除信号冲突并选择最佳机会。

一些辅助检查可能包括以下内容：是否存在长K线（大幅波动）？是否有明显的放量或倍量？上方是否存在阻力位？是否发生了背离？相对整体市场趋势来说，交易信号是顺势还是逆势？是否临近发布重要经济数据或公司公告？

初始止损位。在进行交易之前，你必须预先考虑到所有可能走势的应对措施，因为行情并不总是朝着预期方向发展。每一笔交易之前都要做好最坏的打算，这可以让你在心理上更容易接受最低限度的亏损。很多人在开仓之前都抱着必赢的想法，一旦发生亏损，很难认亏出局，这可能会让持仓越陷越深。请记住，最初的亏损是最小的亏损！

通常，50%的胜率并不算低，即使在这种胜率下，你也有一半的概率会产生止损。大多数交易不会走出你预想的完美形态，所以有人说，交易是一场善输者的游戏。

在交易之前，交易者需要根据当前价位或关键点位设置好初始止损位或者跟踪止损位，这会确保将亏损限制在最低限度，这是资金管理和风险控制的关键要素。卖点或者离场策略要比买点或进场策略更重要，在哪里或何时退出交易，往往更能影响整体交易结果，这也是本金安全的重要保证。好的交易计划应该体现出"以小博大"的交易理念。

资金仓位。仓位规模是控制风险最直接的手段之一，无论初始止损设置在什么位置，亏损都不应超过账户资金的一定百分比。用于确定这一风险的两种最常用的方法是固定金额法和百分比风险法。

固定金额法——这种方法通常受到新手或进阶中的交易者的青睐。方法很简单：将账户资金分成相等的金额，然后根据这些金额购买股票。交易者在交易中的亏损永远不会超过一个固定金额。

百分比风险法——这种方法受到专业交易者的青睐。简而言之，就是交易者准备损失账户资金的百分比，这个比例通常设置在 2% 到 5% 之间，超过 5% 的任何比例都被视为过于激进。

止盈目标位。顾名思义，就是当达到你的目标利润时的离场价格。止盈的设置不是想当然的，而应该是根据历史行情测算出的大概率的波段终止位置，或者是根据技术分析判断出来的阶段顶部。达到目标利润是交易中最好的情况，并应在进场之前设置好目标位。通常，止盈目标位有以下几种设置方式。

①以进场价位为基准的一定涨幅（上涨价格或百分比）。例如在 10 元买入，在 13 元止盈。

②风险回报比或 R 倍数。例如，止损与止盈之比为 1:3，在 10 元买入，将止损设置在 9 元，止损幅度 1 元就是 1R，那么止盈 3R 对应的止盈目标就是 13 元。

③斐波那契数列（例如 1.618、2.618 和 4.236）。这些数字也被称为黄金比例，在波浪理论中，经常以其作为测算推动浪终点的工具。在测算止盈目标位时，通常不以买入价格为基准，而是以当前一浪的起点为基准。例如在第 3 上涨浪初始阶段买入，测算止盈目标时以第 3 浪起点为基准，第 3 浪的终点可能落在第 1 上涨浪的涨幅乘以一个黄金比例的位置。

④跟踪止损。虽然名称上叫止损，但其实是一种动态止盈方式。使用跟踪止损的好处是，在相对低位时止损幅度较窄，随着价格上涨不断自动向上调整止损位，而且止损的幅度会逐渐变得更宽，这样就能抓住更大的上涨

波段。

⑤关键点位。我们还可以根据前面上涨或下跌的高点或低点来确定止盈目标位，这些关键点位在形成时应该伴有较大的成交量。

（2）监控持仓（"飞行之中"）。

在下单并完成一笔交易之后，我们继续进行下一组持仓过程中的检查。在此阶段，检查包括止损管理以及是否在盈利持仓的基础上加仓。

止损。在持仓过程中，应该始终监控持仓风险。止损是风险管理工具，应被视为一种限制亏损的机制，但是它也可以保护利润（例如跟踪止损）。跟踪止损是创造利润的工具，而止损是风险管理工具。

当市场不按预期方向发展，一旦满足止损条件，就应该无条件退出这次交易，永远不要让盈利单变成失控的亏损单。切忌不要随意调整初始止损位。市场中甚至少数私募基金的基金经理都倾向于在达到平仓预警线时向下调整平仓线，这是和很多散户一样的业余做法。守住你的止损线，也就是将亏损限制在最低水平。

止损可以分为多种类型，例如保本止损、跟踪止损、百分比止损、波动率止损、时间止损和恐慌止损。

保本止损，也就是通常所说的平推，这是从成本的角度来看，将止损设置在盈亏平衡的价格上。尽管保本止损可能是在看错行情时最理想的离场方式，至少没有产生亏损，但在实战中经常会遇到差几个价位没能回到保本价格的情况，尤其是在短线交易时。如果固守保本心理，很可能会因小失大。因此，为了保证成交，可以将止损设置在保本价格之上几档。

还有一些交易者有观望心理，当价格达到预先设定的保本止损时，不想退出这次交易，希望后面会迎来更有利的行情。如果这样对待止损，那么止损也就失去了它的意义。在风险更高、波动更快的期货市场，稍有迟疑就可能错过唯一的止损机会。有句话说得好，犹豫就会败北！

跟踪止损指随着价格的上涨而不断向上调整止损位，它应设置在触发概率较低的价位，注意只能向上移动，不可向下移动止损位。跟踪止损可以采用百分比均线，近 N 日低价通道线，有意义的支撑位或阻力位等。在《布林线 BOLL：波段操作精解》（北京联合出版有限公司出版）一书中，介绍过多种适合做跟踪止损的指标线，感兴趣的交易者可以详细阅读相关内容。

时间止损不仅可以确保资金使用效率，还可以降低风险。如果当前持有的股票已经超过了上涨周期，利润不再增长，你可以为其他机会释放交易资金。市场中有句老话，盘久必跌。买入之后一段时间，例如 20 根 K 线，如果持仓利润没有增长，那么可能市场并不处于上升趋势，可以考虑时间止损。

休整止损指交易者在某些特定情况下暂停交易，例如在连续亏损、触发账户整体资金平仓线之后，或者当交易者想要远离市场一段时间，进行复盘和学习时。交易者非常有必要经常留出专注思考和深度思考的时间，这能帮助你提升注意力，解决一些需要理清头绪的复杂问题，固化执行中的细节。

恐慌止损可以解决可能的"黑天鹅"事件或市场异常情况。如果发生此类事件，可能会使交易者产生极度恐慌的情绪，从而导致选择平仓或减仓操作。例如，2023 年 3 月，由于美联储不断加息以及银行产品期限错配，美国硅谷银行突破宣布破产，导致很多同类银行股在随后几天接连暴跌，交易者很少会遇到这种突如其来的情况，最好的避险方法就是暂时离场。

波动率止损是指在投机氛围浓厚的时期，价格会发生暴涨或暴跌，持仓有利的情况下，盈利暴增，我们可以把这看作市场的额外奖励，可以调紧止损或减仓。

最后三种类型的止损是由交易者自由裁量的。自由裁量的止损通常在无条件止损之前被触发。

加仓。在持仓过程中，如果再次出现进场信号，则可以考虑加仓。注意应该采用正金字塔式加仓，随着价格的上涨，加仓的金额应该逐渐减少。因为这时你在向上摊高成本，如果在高位重仓加码，会使持仓成本接近当前价格，一旦行情发生反转，很容易陷入大幅亏损。

在加仓时还有一条重要的原则，就是只能在盈利的仓位上加仓。为什么呢？因为如果持仓产生盈利，说明你做对了方向，处于顺势交易之中。有些新手交易者喜欢在亏损的仓位上加仓，认为这样可以摊低持仓成本，市场一旦反弹就能回本。但在逆势交易中，这是小概率事件。这种做法是一种交易误区，记住，永远不要摊平亏损！

（3）准备离场（"准备着陆"）。

你的止损或止盈是否被触发？你的交易策略或指标是否发出了离场信号？

离场比进场更重要。离场决定了一系列交易的盈利和亏损的分布形状，也决定了单笔交易的成败。一次好的离场可以产生一次好的交易。新手交易者往往更重视对进场的控制，却容易忽视对离场的控制。通过观察我们发现，随着交易经验的增长，交易者会更加关注离场阶段的持仓处理。

如果你能确保平均亏损低于平均盈利，那你的交易系统就是一个正期望的系统。一次糟糕的进场还可以挽救，但一次糟糕的离场却无法挽救。

触发离场信号的价格可能是静态的也可能是动态的。静态的离场价格在进场之前就已经确定，例如以开仓价格的一定百分比确定的止损位和止盈位，当价格达到目标位时应该无条件离场。动态的离场信号通常由指标生成，例如以布林线中轨作为跟踪止损线，这时的离场信号事前无法预测，只有在满足触发条件时才能确定离场价格。

（4）离场后（"维护飞机"）：复盘。

在商业航空中，飞行报告是标准操作程序的一部分，其目的是确定哪些事项进展顺利，哪些事项不顺利。"报告"或复盘是对交易者的最终检查，是必要的步骤。它为什么如此重要？因为这是你获得好的交易经验的最佳方式。

为了提高交易水平，你应该记录和复盘每一笔交易，这会帮助你看到交易行为中的弱点、发现新问题并改进你的决策过程。一丝不苟地进行复盘的交易者具有成熟的交易心态，他们努力让下一次交易过程变得更完美。

成功的交易者经常形容自己在交易过程中如临深渊，如履薄冰。市场中从来不缺少明星，但缺少寿星。交易者需要以空杯心态来对待每一次交易，不断改进与完善自己的策略，培养良好的纪律性和专注力。

请记住，盈利的交易可能是一笔好交易，但一笔好的交易并不总是盈利的交易。良好的交易是遵守交易计划的交易。正确执行信号而产生亏损的交易也是好交易！新手交易者通常将每笔交易视为"赢"或者"输"，而不是视为"好"交易或者"坏"交易。这种心态转变是必要的，因为交易是一个过程，而不仅仅是一个简单的结果。值得一提的是，很多高水平的运动员在大赛中都会强调关注动作细节，而不是关注结果，这与交易活动是相通的。

成功的交易者明白，"非知之难，行之惟难；非行之难，终之斯难。"如果你能严格执行自己的交易计划，那么随着时间的推移，交易策略的优势将会显现，结果将是一条正斜率的净值曲线。

根据你的决策与交易计划的一致性来审视你的交易，有助于淡化单次结果，减小结果偏差和幸存者偏差。

复盘可以帮助你客观地评估自己的交易策略和执行情况，让你能够更深入地认识到自己的交易策略有哪些需要改进的地方，利润主要来自哪类行情，如何更好地控制交易中的心态。

这一切都归结为保住本金，为此，我们需要管理自己和管理风险。为了这一目标，可以将以下几点添加到自己的交易检查单中。

①在进行交易之前，你是否采取了所有必要的步骤？
②你在每笔交易中是否采用了合适的仓位管理策略？
③你是否在交易过程中持续监控你的仓位？
④如果犯了错误，是否已经查明原因并做出改进？
⑤你是否有条不紊地遵循这份清单？

人类的情绪可能会阻碍成功的交易，因为市场可能非常不可预测而且不合理。检查单将想做的事情与需要做的事情联系起来。每个交易者都希望实现向上倾斜的净值曲线，一份好的检查单可以帮助你确保一致性，并且完美地执行你的交易计划。正确的事情重复做，可以帮助你随着时间的推移实现正斜率的净值曲线，从而帮助你留在这场游戏中。

7.3　前景理论与交易心理

经典的经济学和金融理论认为，人们在投资活动中是理性的。人们在进行投资决策时会进行理智的分析，当股票价格低于上市公司的内在价值时，开始买入股票；而当股票价格高于上市公司的内在价值时，开始卖出股票。价值投资者认为股市是一台"称重机"，有价值的公司会得到理性投资者的青睐。可是，彼得·林奇也曾说过，"通常，在几个月甚至几年内公司业绩与股票价格无关。"投资领域中存在价格长期偏离其内在价值的情况，主要原因是上市公司的未来价值具有许多不确定性，正是这种不确定性会引发投资者心理上的非理性因素。

前景理论，也叫展望理论，由行为心理学专家丹尼尔·卡尼曼（Daniel Kahneman）和行为科学家阿莫斯·特沃斯基（Amos Tversky）提出，他们将心理学研究应用在经济学中，在不确定情况下的人为判断和决策方面作出了突出贡献。针对长期以来沿用的理性人假设，展望理论从实证研究出发，从人的心理特质、行为特征揭示了影响选择行为的非理性心理因素。

前景理论认为人们通常不是从财富的角度考虑问题，而是从输赢的角度考虑，关心收益和损失的多少。

◎ **几个心理学实验**

案例1

A. 你一定能赚30000元。

B. 你有80%可能赚40000元，20%可能性什么也得不到。

你会选择哪一个呢？实验结果是，大部分人都选择A。

传统经济学中的"理性人"这时会跳出来批判：选择 A 是错的，因为 B 选项的期望值为 4000×80%=32000，结果要大于 30000。

这个实验结果说明：大多数人在面对收益时，往往小心翼翼、厌恶风险，喜欢见好就收，害怕失去已有的利润。卡尼曼和特沃斯基称之为"确定效应"，即处于收益状态时，大部分人都是风险厌恶者。

案例 2

A. 你一定会赔 30000 元。

B. 你有 80% 可能赔 40000 元，20% 可能不赔钱。

你会选择哪一个呢？实验结果是，只有少数人情愿"花钱消灾"选择 A，大部分人愿意和命运博一博，选择 B。

传统经济学中的"理性人"会跳出来说，两害相权取其轻，所以选 B 是错的，因为期望值为 (−40000)×80%=−32000，风险要大于 −30000 元。

现实是，多数人在面对亏损时会极不甘心，宁愿承受更大的风险来赌一把。也就是说，处于亏损状态时，大多数人变得甘冒风险。卡尼曼和特沃斯基称之为"反射效应"。反射效应表明，积极前景中的风险规避倾向伴随着消极前景中的风险寻求倾向。

案例 3

假设有一个赌博游戏，投掷一枚正常的硬币，正面为赢，反面为输。如果赢了可以获得 50000 元，输了失去 50000 元。请问你是否愿意赌一把？请做出你的选择。

A. 愿意。

B. 不愿意。

从整体上说，这个赌局输赢的可能性相同，就是说这个游戏的结果期望值为零，是绝对公平的赌局。你会选择参与这个赌局吗？

大量类似实验的结果证明，多数人不愿意玩这个游戏。为什么人们会做出这样的选择呢？

这个现象同样可以用损失规避效应解释，虽然出现正反面的概率是相同的，但是人们对"失"比对"得"敏感。想到可能会输掉 50000 元，这种不舒服的程度超过了想到有同样可能赢来 50000 元的快乐。即大多数人对损失和收益的敏感程度不对称，面对损失的痛苦感要大大超过面对收益的快乐感。卡尼曼认为人们面对同样数量的收益和损失时，认为损失更加令他们难以忍受，同量的损失带来的负效用为同量收益正效用的 2.5 倍。

案例 4：买彩票是赌自己会走运，买保险是赌自己会倒霉。

很多人都买过彩票，虽然赢钱的可能性微乎其微，但还是有人心存侥幸博小概率事件。同时，很多人都买过保险，虽然倒霉的概率非常小，可还是想规避这个风险。

在小概率事件面前，人类对风险的态度是矛盾的，一个人可以是风险偏好者，同时又是风险厌恶者。传统经济学无法解释这个现象，这就是弗里德曼－萨维奇悖论。

买保险还是买彩票？美国经济学家米尔顿·弗里德曼（Milton Friedman）和统计学家伦纳德·萨维奇(Leonard Jimmie Savage)发现，购买保险是规避风险，而投注彩票则是招致风险。但现实生活中却是同一个人会同时购买保险和彩票，甚至达到同一数量级。例如，2003 年，新加坡保险密度为 1620 美元，人均彩票购买量为 1550 美元。

前景理论指出，在涉及收益时，我们是风险厌恶者，在涉及损失时，我们却是风险偏好者。但涉及小概率事件时，风险偏好又会发生离奇的转变，人们在自己认为合适的情况下非常乐意赌一把。归根结底，人们真正憎恨的是损失，而不是风险。

实际决策中，个人对概率的估计往往不是按照贝叶斯法则（是指当分析样本大到接近总体数时，样本中事件发生的概率将接近于总体中事件发生的概率），而使用了心理学上启发性思维的方式得出，在思考时往往加入个人的情感因素，尤其是将小概率事件赋予相对较大的权重。而在面对中等以上的概率事件时，个体将赋予相对较小的权重。

案例 5：假设在商品和服务价格相同的情况下，你有两种选择：

A. 其他同事一年挣 6 万元的情况下，你的年收入 7 万元。

B. 其他同事年收入为 9 万元的情况下，你一年有 8 万元进账。

实验结果是：大部分人选择了 A。

事实上，这就是同侪悖论（在相同的条件下，人们总是喜欢把得与失、成功与失败的标准定格在和其他参照物的比较之下，从而做出不同的心理反应和行为反应）。

研究认为，人们在做决策时，并不是计算一个物品的真正价值，而是用某种比较容易评价的参照物来判断。

◎ **前景理论下的交易心理**

（1）确定效应。

在面对收益的时候，交易者倾向于提前获利了结。如果一只股票在开盘时大幅跳空高开，持有这只股票的交易者往往会选择兑现到手的利润，而不是"赌一把"继续上涨的可能性。人们会对确定的结果过度加权，而"赌一把"的结果仅仅是一种可能的收益。因此，大多数人在面对收益的时候是厌恶风险的。

（2）反射效应。

在面对亏损的时候，交易者倾向于延迟止损。如果一只股票在开盘时大幅跳空低开，已经跌过了预先计划好的离场价格，持有这只股票的交易者往往会抱着回本的心态，希望等它涨回来一些再离场，而不是尽早固定最初的亏损。在确定的亏损和"赌一把"之间，多数人会选择"赌一把"。因此，大多数人在面对亏损的时候是偏好风险的。

（3）损失规避。

在面对同样数量的盈利和亏损时，交易者会认为亏损带来的痛苦感要远远超过盈利带来的快乐感。如果交易者以同等仓位持有两只股票，一只跌停 -10%，另一只涨停 +10%，那么涨停所带来的快乐，难以抵消跌停所带来的痛苦。如果又有一只股票出现了好的进场机会，而交易者必须先卖掉其中一只股票才有资金操作，多数人会卖掉涨停的那只股票。大多数人对亏损比对盈利更敏感。

(4) 迷恋小概率事件。

不少交易者热衷于参与炒作"末日轮"权证和即将退市的 ST 股票，希望用小资金在疯狂波动的市场里博取几倍甚至几十倍的暴利。这和买彩票十分相似，末日期权一般都是虚值期权，没有内在价值，只有时间价值，随着时间的推移，只会变成一张废纸，而以暴利离场的可能性微乎其微，可还是有人心存侥幸博小概率事件。"博一博，单车变摩托"的业余心态并不可取。

(5) 参照依赖。

交易者在制定盈利目标时往往不是根据自己的操作风格、风险承担能力、交易品种，而是根据其他人的业绩。甚至一些专业的基金经理也是如此，他们并不是以跑赢大盘或者以为投资者获得最大收益为目标，而是以符合同行的平均业绩水平为目标。因此，大多数人对得失的判断往往根据参照物决定的。

至此我们完成了对前景理论的介绍。总而言之，人们在面对收益时，不愿冒风险；而在面对损失时，人人都成了冒险家。损失的痛苦比收益所带来的喜悦更敏感，而损失和收益是相对于参照物而言的，改变评价事物时的参照物，就会改变对风险的态度。可以看出，人类的天性确实会在一定程度上阻碍成功交易。交易者应该仔细琢磨一下前面几个心理学案例的意义，控制住灵魂对即时交易满足感的渴望，将有助于提升交易业绩。

7.4 后悔理论、过度反应理论及过度自信理论

行为金融学和投资心理学研究中有四大理论与我们的日常交易与投资活动息息相关，前一节介绍了主要的前景理论，本小节简要介绍另外三种理论：后悔理论、过度反应理论及过度自信理论。

◎ 后悔理论

后悔理论可以被应用在股票市场中的投资心理学领域。无论交易者在打算买进或卖出那些上涨或下跌的股票时，都会考虑自己的选择造成的不佳结果，最终会做出使自己后悔感更小的决策。

在交易过程中，人们经常会出现后悔的心理状态。在牛市中，人们会因为没有及时介入自己看好的股票而后悔，过早地卖出上涨中的股票也会后悔。在熊市中，人们会因为没能及时止损出局而后悔，出现浮盈没有兑现，然后又被套牢也会后悔。

市场中的股票经常会轮番上涨，交易者从选股开始就容易陷入后悔情绪。从股票池中挑选出来的那只股票经常是表现不佳的股票，后来听从了专家的推荐，换股之后又发现自己原来持有的股票不断上涨，而专家推荐的股票不涨反跌，结果更加后悔。面对亏损的股票不愿执行止损操作，也是同样的心理在作怪。由于人们在做出判断和决策时经常出现错误，而当出现这种失误操作时，通常会感到非常痛苦和难过。所以，交易者为了避免后悔，经常会优柔寡断。

实际上，从众心理正是交易者为了避免由于做出错误决策而产生的痛苦和后悔情绪。买进一只大家都看好的股票，会让自己感觉更轻松一些，因为大家都看好它并买了它，即使这只股票下跌也没什么。大家都错了，所以我错了也没什么。而如果自作主张买了一只大家都不看好的股票，一旦下跌就会产生很强烈的后悔情绪。此外，基金经理和股评专家也喜欢追逐时下受到市场热捧的股票，主要原因也是如果这些股票下跌，他们由于业绩不佳而受到解雇或者由于判断错误而受到批评的可能性较小。

◎ 过度反应理论

过度反应理论是投资心理学的重要理论之一，该理论说明市场总是会出现过度反应的现象。人们由于一系列的情绪与认知等心理因素，会在投资过程中表现出加强的投资心理，从而导致市场的过度反应。

2013年诺贝尔经济学奖获得者罗伯特·席勒（Robert J. Shiller）教授是这一领域的专家。他在2000年3月出版了《非理性繁荣》（*Irrational Exuberance*）一书，将当时不断飙升的股票市场称作"一场非理性的、自我驱动的、自我膨胀的泡沫"。一个月后，美国纳斯达克指数由最高5000多点跌到了3000多点，后来又经过近两年的下跌，最低跌到1100多点。互联网泡沫类似于荷兰郁金香泡沫、南海公司泡沫，这种群体性疯狂行为在投资领域内屡见不鲜。

为什么人们总会犯同样的错误呢？席勒教授认为，人类的非理性因素在其中起着主要作用，而历史教训并不足以让人们变得理性起来，非理性是人类根深蒂固的局限性。席勒曾在一项研究中发现，当日本股市见顶时，只有14%的人认为股市会暴跌，但当股市暴跌以后，有32%的投资者认为股市还会暴跌。投资者通常是对于最近的经验考虑过多，并从中推导出最近的趋势，而很少考虑其与长期平均数的偏离程度。换句话说，市场总是会出现过度反应。

在牛市中，随着股价不断上涨，人们面对获利的股票会变得越来越乐观，股价会涨到让人不敢相信的程度，远远超出上市公司的投资价值。在熊市中，随着价格连续下跌，人们面对亏损的股票会变得越来越悲观，股价也会跌到让人无法接受的程度。除了从众心理在其中起作用之外，还有人类非理性的情绪状态，以及由此产生的认知偏差。

当市场持续上涨时，投资者倾向于越来越乐观。因为实际操作产生了盈利，这种成功的投资行为会增强其乐观的情绪状态，在信息加工上将造成选择性认知偏差，即投资者对利好消息过于敏感，而对利空消息麻木。这种情绪和认知状态又会加强其行为上的买入操作，形成一种互相加强效应。当市场持续下跌时，情况则正好相反，投资者会越来越悲观。因为实际产生了亏损，这种失败的投资操作会加强其悲观情绪，同样也会造成选择性认知偏差，即投资者对于利空消息过于敏感，而对于利好消息麻木。因此，市场也就形成了所谓的过度反应现象。

◎ 过度自信理论

过度自信理论发源于社会心理学，是指由于受到诸如信念、情绪、偏见和感觉等主观心理因素的影响，人们常常过度相信自己的判断能力，高估自己成功的概率和私人信息的准确性。

心理学家认为，人们往往通过观察自身行为的结果来了解自己的能力，在这个过程中存在着一个自我归因偏差，即人们在回顾自己过去的成功时，会高估自己的成功，相比那些与失败有关的信息，人们更容易回忆起与成功有关的信息。

投资者倾向于认为别人的投资决策是非理性的，而自己的决策是理性的，自己是根据有优势的信息或方法进行操作的，但事实并非如此。行为心理学专家丹尼尔·卡尼曼认为，过度自信来源于投资者对概率事件的错误估计，人们对于小概率事件发生的可能性产生过高的估计，认为其总是可能发生的，这也可能是各种博彩行为的心理依据；而对于中等偏高的概率事件，人们容易产生过低的估计；但对于90%以上的概率事件，人们则认为肯定会发生。这是产生过度自信的一个主要原因。

在投资领域，投资者和分析师都倾向于认为自己具备的专业知识超出一般水平，并表现出过度自信，然而，提高自信水平与成功投资并没有多少相关性。基金经理、股评家以及投资者总认为自己有能力跑赢大盘，事实并非如此。行为金融学家布莱德·巴伯（Brad Barber）和特伦斯·奥丁（Terrance Odean）通过对1991年到1997年某大型股票经纪商38000个交易账户数据统计得出：男性的平均交易频率比女性高出45%，但平均年化投资回报率却比女性低1个百分点。过度自信的投资者在市场中会频繁交易，总体表现为年交易量的放大，但由于过度自信而频繁地交易并不能让投资者获得更高的收益。这类投资者更喜欢冒风险，同时也容易忽略交易成本，这也是其投资收益低于正常水平的原因。

一项调查显示，82%驾龄超过一年的司机认为自己超出一般水平。换言之，大部分人往往会高估自己的真实水平，投资市场也是如此。当投资者做出投资决策时，他会认为自己对当前的决策有足够大的把握，而事实并非如此，只是因为自己参与其中，便主观地认为自己具备了控制能力，这其实是过度自信导致的控制幻觉。拳王迈克·泰森（Mike Tyson）说过一句名言，"每个人都有自己的策略，直到他们脸上挨了一拳。"

7.5　成功交易者能够克服人性弱点

　　成功的交易者或者操盘手，他们必然掌握了打开财富之门的钥匙，这可能是技术上的、策略上的、心理上的或者硬件设备上的优势。普通交易者要想达到高手的水平，应该对市场有着独到的见解，发现市场的真相，使自己在某个方面或者多个方面具备优势。

　　这里我们讲一个源自意大利的老故事——"真相之外的真相"。

　　在一个夜晚，有一座被一盏孤零零的路灯照亮的桥。桥的周围一片漆黑，路灯下一个男人正跪在地上寻找着什么东西。

　　这时走过来一位警察，看他有麻烦，就问他在做什么。

　　"啊，没事，只是车钥匙丢了而已。"男人回答说。

　　于是警察就帮助他，两个人都开始寻找车钥匙。十分钟之后，警察不耐烦地站起来问道，"你确定是在这儿弄丢的钥匙吗？"

　　那个男人指着黑暗深处的一条小巷说，"不，不，我是在那儿丢的钥匙。"

　　"那你为什么在这儿找？"

　　那个男人回答道，"因为这里比较亮。"

　　我们知道钥匙丢在了哪里，就在那黑暗的地方，但更多的时候我们都会去那些更容易的地方、更亮的地方寻找，于是我们永远也不会找到。不要只想着在书本里寻找答案，而要用我们的眼睛去看，用我们的脑子去想。

　　在探索交易的道路上，我们也要具备"三省吾身"的精神，时常问问自己，经常在哪里找"钥匙"？是在显见的地方还是在隐秘的角落？凭什么赚钱？

自己有哪些优势是别人没有的？努力的方向是否正确？哪些地方还有短板？还有哪些潜力可挖？

以交易为生是很多人的理想，但首先你要具备一定的专业水平。如果你在交易之外的其他某个领域具有专业技能，你会更容易理解交易的门槛。你不会认为自己通过短期学习就能成为一名合格的律师或者医生，同样，交易者也需要专业训练，你也应该把交易当作一项专业来对待。

一些投身市场多年的人，他们并没有随着时间的积累而大幅提高自己的交易水平，他们还处在不断"悟道"和改进交易系统的循环中，总以为下一个交易系统会是成功的系统，但实际的交易结果却总是令人失望。这种将交易系统推倒重来的状态和新手并没有多大区别，之所以还没有真正悟到交易的要领，这其中可能有多个方面的原因。

◎ **对市场的认识**

我们常说市场如山岳一样古老，市场中的众多规律也早就被前人总结过，这些规律以不同理论的面貌展现。一些交易者想出来的所谓独创理论，其实多数已经被前人发现过，或者是对经典理论换个包装，在新的语境下来表述。所以说，很多技术理论和方法的核心是相通的，具体的技术也大多源于经典技术分析。

我们要想发现市场规律，就要在前人的基础上建立起自己对市场的认识。市场规律不是玄学，你要相信，只要你具备一定的逻辑思考能力和表达能力，就能够恰当地表述出这些规律。市场规律也不是浅显的，它的原则可能简单，但悟到和做到并不容易。

不管哪种理论，实践都是检验真理的唯一标准。即使是相互冲突的理论或者方法，在双向交易的市场中也可能同时赚到钱。发现带有自我属性的市场秩序，是成功交易者的特征之一，他们独到的眼光源于自己特有的市场语言。

靠师傅学到的只能是基础理论，修行悟得的才是符合自身特点的绝技。这就像同一个教练员培训出来的一批职业运动员，他们都应该具备各自的优势，在一定的基本素质基础上，有的人速度更快，有的人技术更好，有的人力量更大，有的人意识更好。

◎对自己的认识

人的天性是影响交易成功的一个重大障碍，正确的操作往往是反人性的，让人感觉舒服的操作往往是错误的。巴菲特所说的贪婪和恐惧正是人性的两个弱点，而佛学上讲的"贪嗔痴慢疑"则概括了人天性上的弱点。

孟子说，"行有不得，反求诸己"，意思是说做事没有达到预期，要在自己身上找原因，这对交易来说，同样有益。交易结果不如预期，其原因无非是方法不得当，或者自己预期太高。

多数情况下，交易者都倾向于高估自己的盈利能力，急于求成、追求暴利和盲目乐观。一些感觉交易者会根据主观印象，认为自己的方法已经是"圣杯"。实际上，人们会倾向于记住好的结果，忽略差的结果。还有一些系统交易者虽然借助软件来测试交易结果，但他们的交易系统中却有很多会在暗中提高交易成绩的漏洞，这也会使测试结果偏向乐观。

再好的系统，如果没有强大的内心支撑，也不会发挥作用。降伏其心是不少交易者最难克服的难题，解决办法主要靠自己修心，最终达到从心所欲而不逾矩。另外，现在交易软件的功能日益强大，你可以借助交易工具来约束自己。如果你想更专业化，还可以尝试程序交易。

◎正确的方向

在错误的方向上走得再快也是徒劳，方向性错误是交易者应该重点避免的。成功的方法是多样化的，但交易理念应该符合市场基本规律。比如，逆市交易的成功率肯定不如顺市交易来得高，你把大方向都搞错，这就人为提高了取得成功的难度系数。

希望以交易为生的交易者，在找到稳定的盈利方法之前，会面临很多关口，正确的路径可能只有少数几条，而错误的路径却有无数分支，真正能走出交易迷宫的人不多，更多的人则会迷失在里面。

◎ **科学的方法与艺术的眼光**

做交易是一种市场博弈行为，我们一直认为，市场中存在这样一种行为，即其中的高手或者聪明的主力资金在共同围捕弱势资金。这是市场中的一场共谋，就像座头鲸围捕鲱鱼一样，几只上百吨重的座头鲸用气泡圈住鱼群，然后冲向鱼群大口吞食。据说一只座头鲸一口能吃掉成千上万条鲱鱼。

散户虽然没有主力那样大的胃口，但也不应局限于短线的拼杀，应该着眼于更高处，跟随主力资金做大波段。

技术分析者对待股票图形，应该像围棋选手对待定势那样，能够正确地判断当前形势，并将应对措施了然于胸。价格走势是博弈的一种形式，你对当前局势的判断应该是在客观求证的基础之上，如果你对弈的局数足够多，自然会产生直觉上的判断，这就升级到了艺术的眼光。

再回到交易者凭什么赚钱的问题，有人说，必须要在图形上找到一个关键位置或者关键的几根 K 线，这种说法是正确的，但也是片面的。你不仅要有自己喜欢操作的图形，还要有配套的策略、资金管理以及心理控制。

人性在巨大的诱惑之下会变得不堪一击。很多交易者都高估了自己的自控能力，当你在由于各种原因形成的压力之下进行操作时，即使是有计划的交易者，也可能产生冲动交易。这就好像篮球运动员在比赛中的投篮命中率要明显低于训练时的情况。

成功交易者的一项重要素质是心理素质，他们应该具有超乎常人的控制力，真正能做到"泰山崩于前而色不变"。有些人天生具有强大、积极的心理素质，而更多的人是通过不断磨炼造就的。可以肯定的是，如果你没有一颗强大的心，你就不敢赢，也不能把持住大量的财富。

想赢怕输是一种比较常见的心理，交易者倾向于既想赚得大的利润，又不想承担太大风险。实际上，靠持长和重仓才能获得大赢，技术是基础，而上层的决定因素则是胆量和耐心。

后记

　　回想起来，与关键点位打交道已经有 10 余年的时间，终于在一年前决定和各位交易者分享这位市场中的"老朋友"。每个交易日都能和它见上几面，即便我没认出它，估计它应该也能认出我了吧。把时间拉长，回溯到 100 年前，它当然还见过传奇大作手利弗莫尔、量价分析鼻祖威科夫。它一直在市场中存在，并且会一直存在下去。

　　一旦跳动的价格固定下来成为一根 K 线的收盘价，这段周期的"量价时空"就结成了一块琥珀，不再有时间的流淌，却依然闪烁着具体的光芒。它保存着一些有意义的信息，在后面的一段时间里，市场对关键 K 线仍然会留有深刻的记忆。

　　市场中充斥着大量无效信息，甚至是虚假信息，作为技术分析者，我们唯一能抓住的市场真相就是价格！除了价格之外，的确有很多东西能让你充满想象，但大多数最终都会被证明是虚无缥缈、浮光掠影的东西。芒格说过，"要找到真正好的东西很难。所以，就算你 90% 的时间都在说'不'，你也不会错失太多的东西。"

　　世人慌慌张张，不过是图碎银几两，偏偏这碎银几两，能解世间万种慌张。新手交易者、年轻交易者不必太早托付这份慌张，要积极去做有难度的事情。先负重前行，再期待岁月静好，后面赚钱的日子会有很多，不要急功近利。修炼好内功才是最重要的事情，你最终能赚得的是靠时间沉淀下来的收益。

　　交易之路，道阻且长，还需要保持一份热爱，唯有热爱可抵岁月漫长。正如股神巴菲特在挑选自己的基金经理人时所说的，"我要盯着他们的眼睛，看他们爱的是生意，还是金钱。爱钱没关系，但是他们要更爱自己的生意。"

在这本书的写作过程中，得到了很多交易者朋友的支持和鼓励，感谢你们提出的建设性意见，希望你们能认可这是一本有干货并且有趣的书。如果你觉得有所收获，请推荐给身边的交易者朋友。希望我们继续交流与分享，愿你们取得更好的交易成绩！

最后还要感谢参与这本书出版全过程的编辑老师、设计人员等，是你们的辛勤工作让这本书最终呈现在了读者面前。